Wie viel wissen wir über das Leben unserer Eltern? Auch für Katja Thimm war ihr Vater viele Jahre lang vor allem eines: ihr Vater. Nur ab und zu blitzte etwas auf, das ihr zu verstehen gab: Horst Thimm, Jahrgang 1931, hat seine ganz eigene Geschichte.

Erst spät, als Erwachsene schon, begann sie ihn nach seinem Leben zu fragen. Und er fing an zu erzählen: Von seiner behüteten Kindheit in einem Forsthaus in Masuren, von der albtraumhaften Flucht als Dreizehnjähriger Richtung Westen, von seinen Arbeitseinsätzen in der jungen DDR, bei denen er, fast ein Kind noch, Leichen bergen musste, von seinen ersten Kollisionen mit der sozialistischen Staatsmacht und schließlich von seiner sechsjährigen Haft in einem Zuchthaus der DDR. Als er schließlich in den Westen kam, in die schon ziemlich saturierte Bonner Republik, eine Beamtenlaufbahn im Bundesgesundheitsministerium begann und eine Familie gründete, war er erst knapp dreißig Jahre alt und hatte doch schon ein ganzes Leben hinter sich.

Katja Thimm erzählt sensibel, eindringlich und mit einer eigenen Stimme vom Leben ihres Vaters, das einzigartig und doch typisch für die Generation der sogenannten Kriegskinder ist. Zugleich berichtet sie davon, wie die Erschütterungen des Krieges und zweier Diktaturen auch in ihrer eigenen Generation nachwirken und auf überraschende Weise noch immer gegenwärtig sind.

Katja Thimm, 1969 in Köln geboren, studierte Politikwissenschaft, Romanistik und Neuere Geschichte in Bonn, Paris und Hamburg. Sie war als Redakteurin beim Stern, beim NDR-Fernsehen und im Wissenschaftsressort des SPIEGEL tätig, seit 2009 ist sie Reporterin beim SPIEGEL. Für ihre Arbeiten wurde Katja Thimm mehrfach ausgezeichnet, u. a. 2009 mit dem renommierten Egon-Erwin-Kisch-Preis. 2012 erhielt sie für »Vatertage« den Evangelischen Buchpreis.

Weitere Informationen, auch zu E-Book-Ausgaben, finden Sie bei www.fischerverlage.de

Katja Thimm

VATERTAGE

Eine deutsche Geschichte

Fischer Taschenbuch Verlag

Veröffentlicht im Fischer Taschenbuch Verlag,
einem Unternehmen der S. Fischer Verlag GmbH,
Frankfurt am Main, Oktober 2012

Mit freundlicher Genehmigung der S. Fischer Verlag GmbH
© S. Fischer Verlag GmbH, Frankfurt am Main 2011
Druck und Bindung: CPI – Clausen & Bosse, Leck
Printed in Germany
ISBN 978-3-596-18400-2

Eins

Als der Rundfunkpfarrer im Radio zum gekreuzigten Jesus betet, zieht mein Vater um. Es ist Karfreitag, die Sonne scheint, und Vögel zwitschern. Ich steuere das Auto entlang der stuckverspielten Villen mit ihren Rosen und Rondellen in den Vorgärten. Die meisten Beamten und Minister leben mittlerweile in Berlin. Eine gediegene Behäbigkeit ist Bad Godesberg geblieben.

Mehr als dreißig Jahre lang arbeitete mein Vater in diesem Bonner Stadtteil, grüßte morgens um acht den Pförtner des Ministeriums, das, war wieder einmal eine Wahl vorüber, wieder einmal anders hieß. »Er arbeitet im BMJFG«, so plapperte ich in der Grundschule, stolz, mir dieses Ungetüm gemerkt zu haben. »Im Bundesministerium für Jugend, Familie und Gesundheit.« Irgendwann trug es auch die »Frauen« im Namen, irgendwann waren mein Vater und sein Minister nur noch zuständig für »Gesundheit«.

Manchmal, wenn er meinte, auch auf das eigene Wohlergehen achten zu müssen, fuhr er mit dem Fahrrad ins Ministerium und setzte mit der Fähre über den Rhein. Er besaß eine orangefarbene Pelerine, die er bei Regen überstreifte, und es störte ihn nicht, dass sie hässlich war. Er fand sie praktisch. Meist aber nahm er das Auto. Er brauste los im Siebengebirge und stand auf der Brücke über dem Fluss im Stau, denn hunderte andere Beamte der Bonner Republik hielten es wie er. Was er genau tat in seinem Ministerium, in seinem Referat für medizinische Information und Dokumentation, verstand ich nicht. Er ärgerte sich über Frau

Focke, Frau Huber, Frau Fuchs und Herrn Geißler – gesichtslose Namen meiner Kindheit, doch mächtig genug, ein Wochenende zu verdüstern. Als Rita Süssmuth, die er schätzte, in sein Ministerium einzog, war ich sechzehn und fragte ihn mit allem Hochmut der Heranwachsenden, warum er denn bitte dieser Tante mehr zutraue als all den anderen. Als 1994 die Abgeordneten das Gesetz über den Umzug von Parlament und Regierung nach Berlin verabschiedeten, wäre er, inzwischen dreiundsechzig Jahre alt, gerne mitgezogen. Er liebte Berlin. »Schade, dass du zu alt bist«, sagte ich leichthin, als er die Absage erhielt; ich würde bald selbst arbeiten, nur die mündlichen Prüfungen standen noch aus. Besuchte ich meine Eltern in den Semesterferien, konnte wie früher ein Minister das Wochenende verdüstern, er hieß nun Seehofer und mit Vornamen wie mein Vater, der, auch das hatte sich nicht geändert, abends wortkarg zum Gongklang der Nachrichten aus dem Ministerium nach Hause kam. Horst Thimm mochte es nicht, wenn jemand redete, während der Fernsehmann das Weltgeschehen verlas.

»Lasset uns beten«, spricht der Pfarrer im Radio. In ein paar Minuten werden im Godesberger Villenviertel die Kirchenglocken elfmal läuten, und der Westdeutsche Rundfunk wird Nachrichten senden. Ich höre gerne Nachrichten im Radio und lasse mich ungern dabei stören. »Lasset uns beten für alle, die sich der Last ihres Lebens nicht gewachsen fühlen, ewiger Gott, wir bitten dich.« Auf dem Autorücksitz klappern in den Kartons Bilderrahmen und Geschirr, dreimal Gedeck, dreimal Besteck, zwei Gläser für Bier, vier für Wein, vier für Wasser. Ein scharfes Messer. Der Lieferwagen des polnischen Kleinunternehmers, der beim Umzug hilft, ist bereits am Ziel. Er hat zwei Sessel transportiert, das Bett, einen Stuhl, einen Tisch, die Regale, die Bücher. Es ist Karfreitag, die Sonne scheint, Vögel zwitschern, und mein Vater wird fortan im Seniorenheim leben. Im Garten dieser Unterkunft blühen violette Krokusse.

Noch liegt er im Kellergeschoss in einem Übergangszimmer. Die weiße Wandfarbe in dem angemieteten Raum mit Duschbad muss erst trocknen, der Linoleumboden repariert werden. Es dauert seine Zeit, zwanzig Quadratmeter herzurichten für ein neues altes Leben.

In der Woche zuvor haben Verwandte der Vormieterin fliederfarbene Gürtelkleider aus dem Raum getragen und alte Pappkoffer aus dem zugehörigen Spind im Keller. Die Spinde sind mit Sicherheitsschlössern versehen, und mein Vater hört, wenn seine neuen Mitbewohner an den Türen rappeln, weil sie ihre Zahnbürste, ein Schmuckstück oder den Kuchen zum Nachmittag dahinter vermuten; sie rappeln so lange, bis der Hausmeister das Schloss mit einer Zange durchschneidet. Dann finden sie vor, was ihnen bei ihrem Einzug unnötig und doch unverzichtbar erschien. Den schwarzen dreiteiligen Anzug. Den Stoffblumenaufsatz vom Strohhut. Die Skiausrüstung.

Mein Vater hasst Abhängigkeit. Er will nicht an diesem Ort sein.

Wenige Wochen vor seiner Pensionierung hatte ihn der Schlag getroffen. Als er aus der Reha-Klinik entlassen wurde, konnte er wieder laufen und die Arme bewegen. Sein Geist und seine Seele aber waren verletzt geblieben. An einen starken Mann gewöhnt, verstanden das meine Mutter, mein Bruder und ich erst viel später. Er verließ bald mein Elternhaus und bezog eine eigene Wohnung; als wolle er vorführen, dass er das Leben weiterhin selbständig und sogar allein meistern könne. Bis zu jenem Samstag, an dem ich klingelte und er die Tür nicht öffnete, ging es gut.

»Mach dich nicht verrückt«, hatte er all die Male zuvor gesagt, wenn er schließlich doch auftauchte, wenn er nur mal eben zum Bäcker gegangen war, dem Diabetes zum Trotz liebt er süße Kuchen. An jenem Samstag aber saß er verrutscht im Sessel, und im Regal vertrocknete ein Käsebrot neben den blauen Bänden von Marx und Engels aus seiner Studienzeit. Die Ärzte blickten sorgenvoll. Lungenentzündung. Sepsis. Intensivstation. Er überlebte. Und träumte, wenige Wochen nach der Entlassung aus dem Krankenhaus, seine Kinder kämen zu Besuch. Er stand auf, bekleidet nur mit einem Unterhemd, die Tür fiel ins Schloss, und als er im benachbarten Hotel den dort deponierten Zweitschlüssel holen wollte, rutschte er aus. Die Temperatur sank auf minus fünf Grad in dieser Nacht. Am Morgen fand eine Nachbarin ihn in den Rabatten. Lungenentzündung. Sepsis. Intensivstation. Als er ein zweites Mal überlebte, allen Zweifeln zum Trotz, entließen ihn die Ärzte nicht zurück in sein altes Leben.

Zum Glück. Doch mein Vater hasst Abhängigkeit. Er will nicht an diesem Ort sein.

Im Grunde mag er auch das Rheinland nicht. Er spricht seit vierzig Jahren über diese Gegend, als sei er bloß auf Stippvisite. Mit Adenauer konnte er nichts anfangen, hielt dessen Strategie der Westintegration für eilfertig. Seine Helden waren Kurt Schumacher und später Willy Brandt. Bonn sei keine richtige Hauptstadt, fand er. Nur wenige Rheinländer verstanden ihn. Und doch blieb er im Rheinland, und sie wurden die vertrauten Bekannten.

Ich küsse ihn auf die Wange, angespannt, ob er sich dem neuen Leben fügen wird, das wir da gerade vorbereiten. Der Umzugshelfer hat die Möbel bereits abgeladen, Regal, Bett und Tisch waren zu sperrig für den Haupteingang, so blieb nur der Zugang über die Rampe. Sie ist für Särge bestimmt, es liegt die Totenkapelle hinter dieser Rampe. Ein Regalbrett nach dem anderen haben wir durch den Andachtsraum getragen, vorbei an der Bahre, die mit rotem Kräuselstoff bedeckt ist und von zwei Vasen mit künstlichen Blumen flankiert wird. Hier also werde ich mich einmal von ihm verabschieden, dachte ich, da mahnten die Hausmeister zur Eile: Dieser Raum könne plötzlich und jederzeit gebraucht werden.

»Die Arbeiten gehen voran, übermorgen kannst du bestimmt in deine neue Wohnung einziehen«, sage ich. In den vergangenen Tagen habe ich mir angewöhnt, den angemieteten Raum »neue Wohnung« zu nennen, weil das so selbstverständlich klingt, ich will den Schrecken mildern, will Trost für ihn und für mich. »Papa«, sage ich, halte mitgebrachte Hyazinthen vor sein Gesicht und denke, warum er schon wieder im Bett liegt, die Ärzte im Krankenhaus haben doch zwei Stunden Bewegung am Tag empfohlen, mindestens, die Muskulatur, die alten Beine. »Papa, riech mal, gehen wir spazieren?« Ich will ihn nicht länger in diesem Übergangszimmer sehen, in das der Tag nur durch zwei Kellerfenster dringt. »Nicht weit, nur hier im Garten?« Der Garten ist schön und hat einen Rundweg, auf dem sich auch verwirrte Menschen nicht verirren können. Die Äste einer Rotbuche überspannen Tulpen, Rhododendronbüsche, Liebstöckel, Petersilienstängel und Narzissen. Es wird nicht lange dauern, da wird mein Vater, der ein Försterssohn ist, auf die Gegenwart dieses Baumes nicht mehr verzichten wollen.

Er schiebt den Strauß beiseite. »Lass mal, Schatz. Die Blumen sind schön. Aber mach nicht so ein Bohei«, sagt er, wie immer schon, wenn ich mit hilflosen Gesten seine Kargheit zu durchdringen versuchte. Wenn er sich einsilbig in sein Arbeitszimmer zurückzog, und ich, ein Kind noch, beständig fragte, ob er nicht mit in den Garten kommen wolle, mit zu den anderen. Wenn er sagte, ich solle nicht so ein Bohei machen, das so viel wie »Geschrei« bedeutet, kniff ich die Augen zusammen. Auch an diesem Tag werden sie nass. Mit brutaler Geschäftigkeit mache ich mich am Staub des Übergangszimmers zu schaffen.

»Behalten oder wegschmeißen«, meint ein Pfleger, dem ich den Umschlag zeige, der im Staub zwischen zwei Regalbrettern steckt. »Manchmal sterben Bewohner auch im Übergangszimmer. Der Brief ist wohl liegen geblieben.«

Ich ärgere mich über seine Nachlässigkeit und blicke doch selbst in den Umschlag. Und nehme mir vor, nicht einen einzigen Notizzettel meines Vaters in dieser Unterkunft zu hinterlassen, wenn er stirbt. Noch weiß ich nicht, dass sich in einem Altenheim die Privatsphäre eines Menschen ohnehin nicht aufrechterhalten lässt.

Der Umschlag ist an einem 5. Dezember abgestempelt worden, der Absender hat ein Abziehbild in Form eines Nikolausstiefels darauf geklebt. »Meine Liebe«, heißt es auf der Briefkarte, und obwohl mich die eigene Schamlosigkeit unangenehm berührt, lege ich den Brief nicht weg, »hast Du Dich von unserem anstrengenden Besuch erholt? Ich habe ein paar Mal bei Dir angerufen, aber wohl immer zur falschen Zeit. Ich hoffe, dass die Rosen sich halten und Dir sagen, dass wir Dich liebhaben. Wie flott Du doch noch auf den Beinen bist! Gott segne Dich, lass Dich umarmen und lieb grüßen.« Ich finde auch einen Rundbrief in dem Kuvert, eine ferne Verwandte schreibt aus Ostafrika, von Bürgerkrieg und Gottes Segen. Der letzte Bogen, den ich aus dem Umschlag ziehe, ist vergilbt. Der Verfasser hat mit Bleistift ordentlich geschwungene Buchstaben auf das linierte Papier gezogen.

»Mein liebes kleines Mädelein«, schreibt dieser Mann am 3. Februar 1945, »wann dieser Brief einmal fortgehen wird, weiß ich zwar nicht, aber ich habe heute so das Bedürfnis, Dir, mein liebes Mädel, zu schreiben. Könnte man doch endlich ein Leben in Frieden und Ruhe führen, ewig in Gefahr, ich scheue sie zwar nicht, aber man könnte in Ruhe und Frieden viel mehr leisten.

Mir geht es gut, nur in Sorge um Euch bin ich, wann werde ich wohl wieder Post bekommen? Ich nehme ja immer noch an, dass wir über den Iwan Herr werden, meinen Optimismus habe ich noch nicht verloren.

Die letzten Wochen waren recht happig. Bei uns war der Iwan nicht durchgebrochen, aber weiter nördlich, und da mußten wir unsere Stellungen zurücknehmen. In den Tagen war eine Hundekälte, meine Füße und meine Finger habe ich etwas erfroren, seit gestern ist Sonnenschein, und heute ist es frühlingsmäßig warm. Der Iwan ist mit seiner Luftwaffe recht aktiv, ich fürchte immer noch, daß in unserem Gewächshaus die Scheiben kaputt gehen. Schrecklich ist das Elend der Flüchtlinge mit anzusehen, was die armen Leute aushalten müssen!

Wäre es doch nur bald Mai, daß wir heiraten können. Was soll ich Dir sonst noch alles schreiben, ich möchte Dir die Sorgen nicht vergrößern, und ›Abschiedsbriefe‹ schreiben liegt mir nicht, ich habe immer den Glauben, daß mir nichts passieren kann, wo mich Deine reine Liebe behütet und

Dein Gott über mich wacht. Ich bin so zuversichtlich, dass wir noch ein Mal ein glückliches Leben führen werden.

Sollte es nicht sein, so sollst Du alles haben, was Dich an mich erinnert und was Dir lieb und wert ist. Du sollst auch wissen, daß ich Dir immer treu geblieben bin trotz allen Versuchungen.

Es küßt Dich in Liebe und Sehnsucht

Immer Dein Mann«

Ob auch mein Vater Briefe schrieb, die ein Mensch in irgendeinem Zimmer hortet bis zum letzten Tag? Er hat nie viel von sich erzählt. Was Horst Thimm, Jahrgang 1931, erlebte, als er am 21. Januar 1945 mit seiner kleinen Schwester aus Ostpreußen fliehen musste, was er fühlte als Häftling in der DDR, 1953 und, ein zweites Mal, von 1954 bis 1960, wie er seinen Verstand rettete in seiner Einzelzelle, behielt er all die Jahre für sich.

Manchmal erfuhren wir ein Detail, nebenbei. Einmal backte meine Mutter Kuchen, wir Kinder liebten es, die Schüssel auszukratzen, und wollten ihn teilhaben lassen. Er wies den Teigtopf in einem Ton zurück, der keine Nachfragen duldete: Er habe oft genug aus einem Trog gegessen. Ließen wir die Fahrräder im Regen stehen, wütete er, wir sollten unsere Sachen nicht zerlumpen. Und doch reparierte er diese Fahrräder immer. Für ihn war ein Fahrrad ein Garant der Unabhängigkeit. Er war freigiebig, brachte morgens um fünf die urlaubsreisenden Nachbarn zum Flughafen, doch fuhr er sein Auto in die Reparaturwerkstatt, verstaute er zuvor ein Klapprad im Kofferraum, auf dem er dann zurückradelte. Im Gefängnis hatte er gelernt, niemanden um eine Gunst zu bitten. Vierzehn war ich, als ich erfuhr, dass er eingesperrt gewesen war; ich erfuhr es

zufällig, eine seiner ehemaligen Studienkolleginnen erwähnte diese Zeit bei einem Besuch. »Ich wollte nicht, dass
meine Kinder ihren Vater für einen Knasti halten«, erklärte
er mir später. »Wie hättet ihr das euren Freunden erklären
sollen? Die DDR war so weit weg, hier im Rheinland. Ich
hatte Angst, euren Respekt zu verlieren.«

Ob ich selbst sorgsam genug mit seinen Erinnerungen
umgegangen bin in den Tagen zuvor? Ich habe kaum einen
Briefumschlag aufbewahrt, der vorgab, nur Weihnachtsgrüße zu enthalten. Ich habe einen Umzugskarton gefaltet,
»persönliche Dinge« darauf geschrieben und das Soldbuch
meines Großvaters hineingelegt, mein Vater hatte es 1961
von der »Deutschen Dienststelle für die Benachrichtigung
der nächsten Angehörigen von Gefallenen der ehemaligen
deutschen Wehrmacht (WASt)« erhalten, in einem blassgrünen Umschlag mit rotem Stempelvermerk, »Kriegsgefangenenpost gebührenfrei«. Ich habe Fotos in den Karton
gelegt, schwarzweiß, ein kleiner Junge mit Locken und Lederhose, der mit einem Pferd in einem ostpreußischen See
schwimmt. Ich habe ein handgeknüpftes Netz eingepackt,
in dem er Dosenwurst und Margarine aus dem Gefängnisladen in seine Zelle trug. Ich habe einen kleinen fadenscheinigen Beutel dazu getan, darin das Geschenk eines
Mitgefangenen zum neunundzwanzigsten Geburtstag meines Vaters, ein Schachspiel aus gekneteten Brotkrümeln,
keine Figur größer als ein Kinderfingernagel. Obenauf
habe ich den gipsernen preußischen Adler gebettet, eine
Abschiedsgabe der Kollegen im Ministerium. Und ein
Holzquadrat mit einer Kurbel, die ohne Widerhaken durchdreht. »Klapsmühle« steht darauf. Ein Freund schenkte sie
meinem Vater anlässlich einer Beförderung.

Der polnische Kleinunternehmer hat am Telefon ge

drängelt, wann er denn die Kisten abholen könne. Ich schrieb »Bücher – Politik und Geschichte« auf einen zweiten Karton, »Krawatten und Hosen« auf einen dritten, schredderte Kontoauszüge der Jahrgänge 1965 bis 1990, blätterte Aktenordner durch, und wenn ich aufschaute, sah ich auf der gegenüberliegenden Flussseite die Godesburg und mir zu Füßen die Ausflugsdampfer der »Köln-Düsseldorfer«. Ich mag den Rhein lieber als die Spree, diese Stimmung irgendwo zwischen den sanften Aquarellen William Turners und den Schnappschüssen der Drachenfels-touristen.

»An den Generalstaatsanwalt von Groß-Berlin«, las ich. »Akz. II 49/54, Eberswalde, den 22. 2. 59.« Die Maschinenschrift auf dem Durchschlagpapier ist verblasst, nur die Punkte wirken wie gehämmert, als sei jeder Satz mit Wut beendet worden: »Bezugnehmend auf Ihr Schreiben vom 24. 3. 58 möchte ich heute meine Bitte um bedingten Strafaussatz für meinen Sohn, Horst Thimm, erneut stellen. Ist es denn immer noch nicht möglich, diesem, wenn er in jugendlicher Dummheit nun einmal gefehlt hat, die Möglichkeit zu geben, sich nun im Leben zu bewähren? Nach allen Briefen, die ich auf meine Bitten hin von Ihnen als Antwort bekam, musste ich ja fast annehmen, Horst sei ein Radaubruder ersten Ranges geworden, er sei aufsässig oder sonst irgendwie ein übler Mensch geworden. Bei meinen Besuchen habe ich mich dann befragt, konnte aber leider nicht hören, worin diese schlechte Führung liege.

Ich bitte meine Bitte wohlwollend zu überprüfen und ihr nach Möglichkeit stattzugeben.«

Es war das erste Mal, das ich einen Brief meiner Großmutter in den Händen hielt. Ich habe die Frau, der ich so ähneln soll, nie kennengelernt. Auch die Kopien ihrer vorherigen Gnadengesuche habe ich an diesem Tag gefunden; mein Vater hatte sie abgeheftet, und die Antworten auch.

27. März 1957: *… muss ich Ihnen leider einen ablehnenden Bescheid zukommen lassen …*

6. September 1957: *… muss ich Ihnen mitteilen, dass nach Eingang und Prüfung des Führungsberichtes der Strafvollzugsanstalt einer bedingten Strafaussetzung für Ihren Sohn Horst nicht zugestimmt werden kann …*

12. Dezember 1957: *… muss ich Ihnen mitteilen, dass ich meine Meinung hinsichtlich der Haftentlassung Ihres Sohnes nicht geändert habe …*

24. März 1958: *… teile ich Ihnen mit, dass ich nach Einholung und Prüfung des Führungsberichtes Ihr Gesuch abschlägig bescheiden muss. Ich stelle anheim, im Februar nächsten Jahres ein neues Gesuch einzureichen.*

Das Handy hat geklingelt, die Nummer des Umzugshelfers aufgeleuchtet. Ich habe nicht geantwortet.

Am Abend des Tages, an dem die Farbe getrocknet ist und mein Vater sich in den neuen Raum begibt, den er nun selbst »die neue Wohnung« nennt, blickt er sich um, findet Gipsadler, Klapsmühle und Einkaufsnetz vor, und erklärt: »Aber hier bringt ihr mich nur noch mit den Füßen zuerst raus.«

Er ist entschlossen, dies solle sein letzter Umzug sein, so entschlossen wie er, erschreckten seine Blutfettwerte die Ärzte wieder einmal, verkündete, er wolle sich im Leben nicht mehr kasteien. Sonst kein Angeber, maßte er sich den Hochmut an, sich sein Sterben auszumalen. Sei es einmal soweit, falle er, der Försterssohn, wie ein Baum.

Aber er war nicht gefallen. Ihn hatte wenige Wochen vor seiner Pensionierung ein Schlag im Gehirn getroffen und alles durcheinander gewirbelt, was er sorgsam und mühe-voll in sich verschlossen hatte: die Erinnerungen an die Flucht, die Erinnerungen an die Haft, die Heimatlosigkeit.

An jenem Tag, an dem er seinen Umzug vollendete, der nicht sein letzter sein sollte, hatte mein Vater einschließlich Krankheit und Alterseinsamkeit in vielen Punkten ein exemplarisches deutsches Leben vorzuweisen. Er gehört zu jenem Drittel aller Erwachsenen in diesem Land, die den Zweiten Weltkrieg als Kind miterlebten. Jeder neunte Mensch in ihrer Umgebung wurde getötet, einhunderteinundsechzig Städte ihres Heimatlandes wurden folgenschwer bombardiert. Wie er hat jeder vierte dieser Generation den Vater im Krieg verloren, wie er sah ein Großteil eine Schwester oder einen Bruder nie wieder. Er ist einer von mehr als zwei Millionen, die als Kinder ihre Heimat verlassen mussten, in manchen Statistiken sind es fünfeinhalb Millionen. Er ist einer von 180 000, die aus unterschiedlichen Gründen in einem Gefängnis der Deutschen Demokratischen Republik als Staatsfeind festgehalten wurden. Und ich bin eine von diesen hunderttausenden Töchtern und Söhnen, die kaum etwas wissen aus dem Leben ihrer Eltern.

Zu alt, um der 68er-Bewegung anzugehören, und zu jung, um den Nationalsozialismus zu verantworten, waren diese Männer und Frauen lange kein Thema öffentlicher Debatten. Sie selbst hatten früh gelernt zu schweigen. Inmitten der Kriegswitwen, der Trümmerfrauen und Verwundeten war kein Platz für verletzte Kinderseelen. In der Schule, in der Freizeit, manchmal auch im Elternhaus war ihnen eine Härte gegen sich selbst gepredigt worden, die der von Kruppstahl gleichen sollte. Jeder neue Tag bedeutete Überlebenstraining.

Als sie überlebt hatten, halfen sie Tote und Geröll zu beseitigen und zogen bei Morgengrauen los, um verbliebenen Hausrat gegen Nahrung zu tauschen. Sie nannten es hamstern, was putzig klingt, doch sie erlebten dabei Übergriffe von Besatzungssoldaten oder anderen Hamsterern, die ihre Handkarren plünderten. Sie wurden erwachsen, es kam Wohlstand über sie, und wenn bei Familienfesten Andeutungen fielen über das, was in der guten alten Zeit nicht so gut gewesen war, scheuten sich ihre eigenen Kinder, an den Tabus zu rühren – auch, weil Kinder lange Zeit keine leidgeprüften Menschen, sondern Helden zu Vater und Mutter haben wollen. Irgendwann dann fielen den Kindern die Eigenheiten der Eltern auf: Sie können nichts wegwerfen. Sie benutzen jedes Stück Alufolie mindestens zweimal. Sie lagern Vorräte. Sie verstehen ihren Körper als funktionierende Maschine, die sich mit Medikamenten ölen lässt. Sie ignorieren ärztliche Ratschläge. Ihr Verhalten sei generationstypisch, meinen Psychotherapeuten und Hirnforscher. Selbst die körperliche Selbstüberschätzung sei eine späte Folge des Krieges. Immer habe der Körper funktioniert, auch bei bitterem Mangel und unter größten Strapazen. Doch mit einem Mal sind diese Eltern alt und verlieren, mitten in Frieden und Wohlstand, den Körper als Verbündeten. Sie werden abhängig von fremder Hilfe, sie wehren sich dagegen. Die Hilflosigkeit früherer Zeit soll sie nie mehr einholen.

Es dauerte lange, bis mein Vater erzählte. Er brachte mir in all den Jahren zuvor Bücher, von denen er meinte, ich müsse sie lesen, Franz Kafka, Heinrich und Thomas Mann, er kaufte sie in Bad Godesberg in der Mittagspause, als wolle er seiner Tochter durch Literatur nahebringen, dass ein Leben zuweilen schroff und schmerzlich verlaufen kann. Im Sommer 2004, da war er dreiundsiebzig Jahre alt, besprach er die erste von neun Kassetten. Die jüngste endet im Herbst 2009. Ich brachte meistens ein Aufnahmegerät mit, wenn ich ihn in diesen Jahren besuchte, ich wollte mehr über meine Familie erfahren. Doch an manchen Tagen mochte er nicht reden. An anderen sprach er zwei Stunden lang druckreife Sätze, als habe er sie seit Jahren vorformuliert.

Historiker meinen, es falle den ehemaligen Kriegskindern nun leichter, Erinnerungen zuzulassen. Sechzig Jahre nach Gründung der Bundesrepublik spürten sie weniger Vorbehalt, weil anerkannt werde, dass die Kinder der Deutschen auch Opfer des Krieges waren. Entwicklungspsychologen argumentieren, es sei ein Gesetz des Lebens, gegen Ende auf die Anfänge zurückgeworfen zu werden. Jeder habe das Bedürfnis, die eigene Biographie rückblickend als sinnvolle abgeschlossene Erzählung zu begreifen. Dies sei die letzte große Entwicklungsaufgabe des Menschen, eine späte, identitätsstiftende Leistung. Das Gehirn trage die Verantwortung, sagen Hirnforscher. Die Alten müssten sich an ihre Kindheit erinnern, und an die schrecklichen Momente allemal. All die Jahre, in denen sie aktiv ihr Leben gestalten mussten, hätten hemmende Mechanismen die schwer erträglichen Erinnerungen unterdrückt. Doch im Alter versage das Gehirn diesen Dienst.

Ich glaube, es liegt auch an mir. Noch als Dreißigjährige hätte ich meinem Vater nicht ohne Widerspruch zuhören können. Ich war von einem friedensbewegten Pastor konfirmiert worden, beseelt ökologische Lehrer hatten mich in Gesellschaftskunde unterrichtet und linksintellektuelle Professoren meine Universitätsprüfungen abgenommen. Wie hätte es mir in den Sinn kommen sollen, Mitgefühl für einen Deutschen des Zweiten Weltkrieges zu empfinden?

Einen Mann gab es, der versuchte, uns vom Krieg zu erzählen, es war einer meiner Englischlehrer, er war prinzipienstreng und autoritär. Mein Vater fuhr mit ihm in den kalten Wintern der achtziger Jahre, als in Polen das Kriegsrecht herrschte, Hilfsgütertransporte nach Masuren. Wir nannten diesen Lehrer »Hass«.

Wie viele meiner Freunde brauchte ich lange, um meinen Eltern eine von mir unabhängige Biographie zuzugestehen. Solange ich mich gegen den Vater abgrenzen musste, und damit gegen sein Leben, ertrug ich die Nähe eines vorbehaltlosen Gespräches nicht. Mit vierzehn Jahren war ich ins damals noch sozialistische Polen gefahren, mit der ganzen Familie, Vater, Mutter, Sohn, Tochter. Wir suchten Pilze und angelten in den Masurischen Seen, wir schauten uns das Geburtshaus meines Vaters an. Er war zum ersten Mal wieder in Ostpreußen – und ich fand es revanchistisch, von »Ostpreußen« zu sprechen, und es war mir unangenehm, ihn bewegt zu sehen. Im Juni 2004 besuchten er und ich ein zweites Mal die Orte seiner Kindheit. Da war es anders. Dieses Mal wollte ich ihn verstehen.

Zwei

Nach seiner ersten Nacht in der neuen Bleibe machen zwei Männer meinem Vater ihre Aufwartung. Der eine ist ein agiler, beredter Herr. Gerade einmal sechzig Jahre alt, findet er das Leben im Altenheim praktisch. Der andere trägt einen Gehstock und näselt. Tumor, sagt er zur Begrüßung. Die beiden mustern meinen Vater. Dann fragen sie nach seiner bevorzugten Biersorte.

Anschließend kommen Damen. Spitzenkrägen, ausgehfeine Löckchen, auch ein Paar schwarzgelackte Pumps. Frauen stellen die Mehrheit in deutschen Altenheimen. Auch die Damen mustern meinen Vater. Am Ende des Tages hat er, den ich nie habe Karten spielen sehen, eine erste Skatrunde bei Radeberger Pils hinter sich und vor sich eine Verabredung zum Nachmittagstee.

Am Tag darauf legt er einen dunklen Anzug an. Wir hängen Bilder auf. Es sollen auf dem knapp bemessenen Raum nur solche aus Ostpreußen sein, hat er beschlossen; das Geburtshaus und das Wohnhaus in Wasserfarbe, ein Foto seines Heimatsees, eine als Wandteppich geknüpfte Stadtansicht Allensteins, das heute Olsztyn heißt. Und der ungerade Zwölfender, ein Hirschgeweih mit elf Enden, das einen Meter vierzig umspannt. »Eigentlich müsste er über das Terrassenfenster«, sagt mein Vater. »Das würde ein hübsches Ensemble mit der Rotbuche im Hintergrund ergeben.« Er hängt an diesem Schädelskelett, das er bei einem Präparator weißen und auf Holz hat schrauben lassen. Es wird ihm, in den Minuten zwischen Schlafen und Wachen, noch quälende Träume bereiten.

Der Hirsch stammt aus dem ersten Revier seines Vaters. Arnold Leopold Thimm, ein ostpreußischer Förster, starb als Hauptmann der Infanterie einen Monat, bevor Adolf Hitler sich das Leben nahm. Hauptmann Thimm war 48 Jahre alt und auf dem Rückzug seiner Truppe in Swinemünde angekommen. Er hatte den Bahnhofsvorsteher in dessen Häuschen aufgesucht. Die zwei Männer mögen geraucht haben, als Alarm gegeben wurde, sicherlich redeten sie über das Leben um sie herum, in dem einst glanzvollen Badeort der Insel Usedom stauten sich Lazarettzüge, und die Flüchtlinge aus Pommern und Westpreußen lagerten auf den Straßen und sehnten sich nach Eisenbahnen und nach Fährschiffen. Der Hauptmann lief hinaus, als Alarm gegeben wurde, er warnte die Soldaten. Sie warfen sich auf den Boden, Bomben fielen, er fiel. Neununddreißig Tage später war der Krieg vorüber.

Als sein Sohn Horst ihn zum letzten Mal sah, nahte das Weihnachtsfest. Im Jahr zuvor noch hatte die Familie am Heiligen Abend in der Diele Lieder gesungen, so lange, bis die vierte Kerze am Adventskranz heruntergebrannt war. Die Kinder waren von einem Bein auf das andere gehüpft, denn die Kerze musste vollständig herunterbrennen, im Forsthaus schätzte man keine halben Sachen. Dann hatte das Christkind sie beschert, im Wohnzimmer hatte der Tannenbaum aus dem Revier gefunkelt, und die Trakehner, die den Schlitten zur Kirche gezogen hatten, zehn Kilometer weit, hatten noch eine Portion Hafer bekommen.

1944 aber verlief das Weihnachtsfest angespannt und still. Der Krieg wütete inzwischen auch im lange so ruhigen Ostpreußen. Der Förster erhielt keinen Heimaturlaub am Heiligen Abend, und niemand sang. Kein Tannenbaum, keine Kirche. Die Försterin schenkte dem polnischen Zwangsarbeiterehepaar auf dem Hof wollene Kinderunterhosen für deren Tochter und ihrem Sohn Horst lederne Stiefel und einen Anzug im Knickerbocker-Stil. Der Anzug war eine umgearbeitete Forstuniform, die Stiefel waren Beutegut und hatten zum Rüstzeug eines russischen Soldaten gehört. Hauptmann Thimm hatte sie bei der Regimentskasse gekauft und in der Försterei deponiert, als der Sohn ihn ein letztes Mal sah.

1944 verlief das Weihnachtsfest angespannt und still, doch Horst Thimm, dreizehn Jahre alt, war selig. Den ganzen Heiligen Abend lang zog er Stiefel und Anzug nicht mehr aus. Bis zu diesem Moment hatte er immer die abgelegten Kleider seines älteren Bruders tragen müssen.

Es ist ein Sommertag im Jahr 2004, als mein Vater den ungeraden Zwölfender zum ersten Mal in den Händen hält. Wir sind nach Polen gefahren. Ich habe ihn gebeten, mir seine Heimat zu zeigen, solange es ihm noch möglich ist. Allein, wie er lebt, fällt ihm das Zusammenspiel mit fremden Menschen zusehends schwer. Oft vergisst er außerdem, das Insulin zu spritzen, und der schwankende Blutzuckerspiegel beeinträchtigt seine Stimmung und sein Gedächtnis. Er verwechselt dann Daten, Orte, Uhrzeiten, harrt stundenlang irgendwo aus, mal ärgerlich, mal traurig, oft resigniert. An manchen Tagen läuft er unsicher. Er verliert seine Kraft.

Mehr als zwanzig Jahre sind seit unserer ersten Reise nach Masuren verstrichen. Polen ist seit ein paar Wochen Mitglied der Europäischen Union, und längst besuchen nicht mehr nur Heimatvertriebene diese stille Gegend, die einmal die östlichste Provinz des Deutschen Reiches war. Mehr als dreitausend Seen, ein Vermächtnis der letzten

Eiszeit; ein Fünftel der elftausend Jahre alten Landschaft steht voller Wald. Die Wiesen sind feucht, Frösche quaken, Störche klappern, wir können sie durch die Fenster im Frühstücksraum dabei beobachten. Zu Füßen knorriger Alleenbäume wachsen Blumen, die gleichzeitig gelb und lilafarben blühen.

Es wird eine Reise, während der ich morgens an schilfgedeckten Häuschen entlang jogge und an Bäuerinnen, die ein Tuch auf dem Kopf haben und Schwermut im Gesicht. Es wird eine Reise, während der mein Vater die Gerichte seiner Kindheit wiederfindet. Von Hecht, Wild und Mohnstreusel befriedet, beginnt er zu erzählen.

Er hat einen eigenen Stil in diesen Tagen, ein bisschen unwirsch, ein bisschen belustigt, ein bisschen gerührt. Nun steht er an einem Jägerzaun, in weißen Turnschuhen, deren Trittsicherheit er preist, wann immer ich ihre Hässlichkeit anmerke, und blickt auf ein Haus aus rotem Backstein. »Hier wurde ich geboren«, sagt er, »Revierförsterei Jedwabno, Landkreis Neidenburg. Hier habe ich gelebt, bis ich sechs war.« Ein Kuhstall schloss sich früher an das Haus an, ein Pferdestall, der Schuppen für die Holzvorräte, das Plumpsklo. Familie Thimm besaß lange kein Badezimmer. Die Kinder schrubbten sich samstags in der Küche.

Die Sonne strahlt an diesem Nachmittag. Mein Vater kramt seine Brille aus der Jackentasche; er trägt sie oft auf dieser Reise, selbsttönendes Glas, das Augen und Tränen verbirgt. »Im Schuppen auf dem Hauklotz lag ein schönes leichtes Beil«, sagt er. »Ich war fasziniert von diesem Beil. Ich wollte Leder damit spalten, ich brauchte Riemen zum Werkeln. Dann ist es ausgerutscht. Ich habe es im Stroh verbuddelt, irgendwie musste ich die Missetat ja vertuschen. Dummerweise war da die Blutspur.« Er lächelt, ver-

23

halten und amüsiert, wie er meistens lächelt, wenn er sich oder andere gerade nicht ganz ernst nimmt. »Ich musste den Eltern versprechen, das Beil nie wieder anzufassen. Prompt habe ich es mir beim nächsten Mal wieder an den Daumen gehauen.«

Eine Frau tritt aus dem Haus. »Dschindobry«, sagen wir, guten Tag, und dass wir leider kein Polnisch sprechen. Selbst bei den Wörtern aus dem Vokabelteil des Reiseführers verhaspeln wir uns, verlieren uns in den Kombinationen der Zischlaute und in den harten, verhärteten und weichen Konsonanten dieser Sprache. »Dzień dobry, guten Tag«, sagt die Frau lächelnd, und dass sie ein bisschen Deutsch in der Schule gelernt hat und dass sie die Tochter jenes polnischen Försters ist, der das Revier in Jedwabno 1946 übernahm. »Kommen Sie herein!«, sagt die junge Frau, bringt eine Tischdecke, bringt Kekse, ruft den alten Förster an: Besuch, ein Deutscher, der Thimm, der Sohn. Wir nehmen Platz in dem kleinen Wohnzimmer, durch dessen schmale Fenster wenig Licht dringt. Mein Vater setzt die Brille mit den dunklen Gläsern ab, er wolle ja schließlich nicht wie ein halbseidener Ganove wirken, sagt er, und die Tochter des alten Försters bringt Fotos vergangener Jagden: Ein Mann hält eine Flinte im Anschlag. Ein anderer bricht einen Rehbock auf. Ein Dackel verfolgt eine Spur. An allen vier Wänden hängen die Trophäen solcher Jagden, Kronengeweihe, Schaufelgeweihe, Korkenziehergeweihe, es scheinen Hunderte um uns herum zu sein.

»In diesem Zimmer haben wir uns früher schon versammelt«, sagt mein Vater nach einer Weile. »Und in dem Raum über uns ist meine Mutter mit mir niedergekommen.« Die Försterstochter schenkt Kaffee nach, sie sieht, dass er die Augen reibt. »Danke«, sagt er. Und dass er Hilfe brauche. »Liegen hier noch die Amtsakten deutscher Förster? Vielleicht Kopien der Familienstammbäume?« Er wolle nichts wegnehmen, nur forschen, nach seiner Familie, er sei ja nicht mehr der Jüngste, überall habe er schon gefragt, bei den polnischen Kreisverwaltungen und dem Deutschen Bundesarchiv in Koblenz. »Papa«, sage ich, will ihn ablenken, weiß nicht, wie. Die Dringlichkeit, mit der er sein Anliegen vorträgt, ist mir unangenehm inmitten all der Gastfreundlichkeit.

Es ist das zweite Mal an diesem Tag, dass er diese Fragen stellt. Am Vormittag haben wir die Grundschule besucht, wohin er als kleiner Junge mit dem Tretroller fuhr, wo er Fußballspielen lernte und Rechnen und Schreiben; Aufstrich, Abstrich auf der Schiefertafel. Er saß auf den Treppenstufen, ein alter Mann mit trittsicheren Turnschuhen und ohne festen Halt, und die polnische Lehrerin begrüßte ihn und führte mit den Erstklässlern einen Kreistanz für ihn vor. Beifall, Dank, »dschinkuje!«, dziękuję. Er habe hier ja immer Gedichte aufsagen müssen, erzählte er ihr, ›Oh Täler weit, oh Höhen‹. Ob sie ihm helfen könne? Als Lehrerin kenne sie sich doch aus mit den Behörden. Ob sie wohl wisse, wo er die Akte seines Vaters finden könne? Den Stammbaum seiner Familie? Nein?

Auch die Tochter des Försters schüttelt den Kopf. »Nein. Leider nein«, sagt sie, und schenkt Kaffee nach, immer wieder, bis im Garten ein Mann ruft. Inmitten von Wicken und Sonnenblumen steht der alte Förster und hält den ungeraden Zwölfender im Arm. »Leider keine Akten«, sagt die Tochter. »For you«, sagt der alte Förster. »A surprise.«

In Umzugsdecken gehüllt liegt der Hirschkopf nun in diesem Altenheim in Bad Godesberg am Rhein. »Ich bin jetzt entschieden«, sagt mein Vater. »Der Hirsch muss über das Terrassenfenster. So kann ich ihn vom Bett aus sehen.«

Die ersten drei Dübel passen nicht. »Lass mich mal!«, sagt er und langt nach der Werkzeugkiste. Es fällt mir schwer, ihn von der Leiter fernzuhalten, er hält sich für zuständig, er hat in meinem Elternhaus alle Löcher gebohrt. Als das Geweih schließlich hängt, schiebt sich sein neuer Zimmernachbar im Rollstuhl durch die Türöffnung. »Nett hier. Nicht ohne, der Kamerad«, meint er und grüßt das Tier an der Wand. »Skat um vier bei mir«, sagt er dann. »Kommst du, Horst?«

Wann immer es ging, hat mein Vater jedes Du vermieden. »Das ist Jupp«, erklärt er mir nun, nachdem der Mann hinausgerollt ist. »Also Josef. Er sitzt im Heimbeirat. Guter Gesprächspartner. Wo sind eigentlich meine Ostpreußenbücher?« Er öffnet eine Umzugskiste, schält aus dem Seidenpapier eine Glasvase und den Adler aus Gips. »Hier offenbar nicht.«

Mein Vater sucht in diesen Tagen des Räumens und des Ordnens die Nachweise seines Lebens. Er muss sie suchen, er ist in einen Wettstreit geraten. Alle um ihn herum warten mit Erinnerungen auf, als spürten sie, dass sie in Zukunft einander ähnlicher werden, als sie es bereits sind, ähnlich gebrechlich, ähnlich vergesslich, ähnlich hilfsbedürftig. In einem Altenheim macht die Vergangenheit den Menschen unverwechselbar. Und es verliert sich der tröstliche Gedanke, dass Leben immer auch die Möglichkeit einschließt, durch neue andere Taten auch das Zurückliegende neu und anders zu deuten.

»Die Bücher sind im Regal«, sage ich. »Linkerhand unter dem Hirsch.« Mindestens dreißig Bände über Masuren habe ich eingeräumt. Es sind längst nicht alle, die mein Vater besitzt. Da er als schwierig zu beschenkender Mann galt, kamen mit jedem Geburtstag neue hinzu. Abhandlungen über die Ordensbauten Ost- und Westpreußens. Register mit Ortsnamen, die klingen wie aus einem Kinderbuch: Kartzpanupchen, Jukenischken, Katzenduden, Pudelkeim. Anekdotensammlungen über Grafen und Marjellchen. Merkwürdige Vertriebenenromantik. Marion Gräfin Dönhoff, die Klassiker von Siegfried Lenz. Und die beiden Bände, in denen die Försterei und seine Grundschule abgebildet sind. Gelesen hat er nur wenige dieser Bücher. Sie dienten ihm eher dazu, die Heimat zu horten. Als habe er versucht, den Verlust aufzuwiegen.

Mein Vater studiert die Buchrücken, zieht einen Band heraus, blättert, stellt ihn zurück, greift den nächsten. Ich hänge Hemden in den Schrank, sortiere Strümpfe, froh, dass er abgelenkt ist. So fragt er nicht nach jedem Stück, das ich den Altkleidern zuordne.

Es sind an die hundert Socken, deren Zustand ich überprüfe. Zeit zum Grübeln.

Am Vorabend habe ich vor dem Einschlafen in einer Textsammlung schlauer Gedanken geblättert: *Wir leben vorwärts und verstehen rückwärts.*

Wir haben eine Geschichte, wir sind Geschichte, wir verkörpern Geschichte. Und keine Generation ist imstande, bedeutsame seelische Vorgänge vor der nächsten zu verbergen.

Unsere Lebensgeschichten sind datengestützte Erfindungen: Wir nehmen nur wahr, was wir wahrnehmen wollen, und erinnern uns nur an das, woran uns zu erinnern nützlich erscheint. Nur deshalb halten wir den Verlauf unseres Lebens für eine plausible, zwangsläufige Entwicklung.

So gesehen ist die Biographie jedes Menschen eher Fiktion als Wirklichkeit. Und jede Geschichtsschreibung eine Erzählung.

Mein Vater unterbricht die Stille. »Wir müssen ihr Bild noch aufhängen«, sagt er und hält mir ein gerahmtes Foto entgegen. Ich hatte das Porträt seiner Mutter auf dem Regal abgelegt, eine Frau mit aufrechter Haltung und welligem Haar, in einer Bluse und mit einer Kette aus goldenen Gliedern. »Ja«, sage ich, und es klingt nicht freundlich. »Machen wir noch. Eins nach dem anderen.«

Wie viele Söhne und Töchter seiner Generation verehrt er seine Mutter, auch vierundvierzig Jahre nach ihrem Tod noch. Es waren die Mütter, die im Krieg Geborgenheit gaben und in den Wirren danach das Überleben ermöglichten. Ich habe Mühe, mir diese Frau in einem abgelegenen Wald vorzustellen, Brot backend, Kühe melkend, Füchse jagend. Gertrud Agnes Luise Thimm war die Tochter eines Medizinbuch-Verlegers und wuchs in einer Villa nahe Berlin inmitten chinesischer Vasen und dunkler Mooreichenmöbel auf. Beim Fünfuhrtee parlierte sie französisch, später studierte sie Chemie. Sie wäre lieber Tierärztin geworden, doch in der jungen Weimarer Republik schickte sich das nicht für ein Mädchen. Als Förstersfrau hatte sie dann immerhin die Pferde, Ostpreußens legendäre Trakehner, Warmblut mit Vollblut, ursprünglich gekreuzt für die Kavallerie. Bei Gertrud Thimm gingen sie am Kutschwagen, sie ackerten, sie ertrugen die Reitversuche der Kinder. »Steig auf!«, rief sie, wenn eines heruntergerutscht war, »dem Zossen zeigen, wer der Meister ist!« Als der Krieg begann, verblieben ihr Heidi, Kaline und Eri, drei altgediente Stuten, die oft gefohlt hatten. Die anderen Pferde zog die Wehrmacht ein. Heidi, Kaline und Eri würden später den Flüchtlingsschlitten ihres Sohnes über Haff und Nehrung ziehen. Doch an Flucht dachte auch Gertrud Thimm nicht, als der Krieg begann.

Noch immer hält mein Vater ihr Bild in der Hand. Er hält es so lange fest, bis es hängt.

»Da ist der Lenksee«, sagt er, als auf unserer Reise im Sommer 2004 blaugraues Wasser hinter einer Kurve auftaucht. Sonnenschein sprenkelt durch die Baumkronen auf den Waldweg. »Da habe ich meinen Freischwimmer gemacht.« 1937 zog die Familie in das gelbe Haus am Seeufer. Revierförster Thimm war zum Oberförster befördert worden. Neun Zimmer und nun auch ein Bad. »Unten links das Arbeitszimmer, oben die Mädchenkammer«, zählt mein Vater auf, »unterm Dach Sperlingslust, da übernachteten die Gäste. Meine Bude ist über der Veranda, mit Blick auf den See.« Er wechselt in die Gegenwart, als schlafe er immer noch dort ein. Als wir uns dem Haus nähern, tritt auch hier eine Frau hinaus. Doch anders als die Tochter des alten Försters hebt diese abwehrend die Hand. Dann wendet sie uns den Rücken zu und tritt zurück ins Haus.

»Man kann am See spazieren gehen«, sagt mein Vater schließlich.

Vom Ufer öffnet sich der Blick in den Garten. Sorgsam an den Zaun gebunden ranken auch hier die Wicken scharlachrot, und im Gras ruhen drei Hunde. Der Wind sprüht Wassertropfen in die Luft. Mein Vater hat die Brille mit den dunklen Gläsern aufgesetzt und ist um einen Plauderton bemüht. Sein Bruder und er hätten hier mal heimlich das Segelboot des Holzmühlenbesitzers ausgeliehen: getaucht, zum Badehaus, und dann den Kahn losgemacht, nicht ganz die feine Art. »Vielleicht mag sie auch keine Deutschen«, sagt er dann.

Ich zücke den Reiseführer, will der verhangenen Stimmung entkommen, dieser eigenartigen masurischen Mischung aus Lakonie und Melancholie.

»Ostpreußen – ursprünglich Stammland baltischer Pruzzen«, referiere ich. »Nach den Kreuzzügen siedelten hier die Deutschen Ordensritter. Mit der Reformation wurde der Ordensstaat weltliches Herzogtum. Im 15. Jahrhundert brachten masowische Bauern ihre polnische Mundart, das Masurische, mit. Nachdem Otto von Bismarck die deutschen Königreiche und Herzogtümer 1871 in einem Nationalstaat geeint hatte, wurde Masurisch als Unterrichtssprache verboten.« Wir folgen dem Trampelpfad am See, während ich lese. Mein Vater müht sich, Halt zu finden, Hilfe lehnt er ab. So spazieren wir nicht schneller, als die Mücken schwirren, samtene Farnwedel und die Nistplätze der Rohrweihen und Haubentaucher zur Seite.

Über das schwierige Zusammenleben von Deutschen, Masuren und Polen steht nichts in meinem Reiseführer. Es ist darin auch nichts geschrieben von dem herrischen Anspruch der Deutschen in dieser Gegend.

In Ostpreußen lebten, in aller Abgeschiedenheit ihrer Wälder, vor allem national gesinnte Deutsche. Über neunzig Prozent der Bevölkerung stimmte nach dem Ersten Weltkrieg für den Verbleib beim Deutschen Reich, und als Generalfeldmarschall Paul von Hindenburg 1925 das Amt des Reichspräsidenten antrat, waren die meisten Männer und Frauen in Masuren längst von seiner »Dolchstoßlegende« überzeugt: Die unfähigen Politiker der Weimarer Republik trügen alle Schuld. Am verlorenen Krieg. Am Versailler Vertrag. Und überhaupt. Als bei den Reichstagswahlen 1932 die Nationalsozialisten Deutschlands stärkste Partei wurden, lag die Zahl ihrer Unterstützer in Ostpreußen weit über dem Durchschnitt.

Für meinen Vater muss Paul von Hindenburg, der Hitler zur Macht verholfen hatte, ein Held aus der Region gewesen sein – ähnlich wie für mich Konrad Adenauer mit seiner Bocciabahn in Rhöndorf. Hindenburg war der mit der Pickelhaube, ein Ostpreuße aus altem Adel, seine Truppen hatten die russische Armee im Ersten Weltkrieg aus Masuren zurückgedrängt. Am Lenksee stand ihm zu Ehren ein Stein, im Klassenzimmer hing sein greises Bild neben dem Adolf Hitlers. Der Rohrstock des Lehrers tanzte mal in seinem und mal in dessen Namen; und erwartete mein Vater solches Unheil, schob er morgens beim Anziehen ein Stück Pappe zwischen Hose und Unterhose. Doch traf ihn die Strafe unvorbereitet, stand er schutzlos am Fenster der Schule und zählte, mit Blick auf Seen und Wälder, die Schläge, die auf ihm niedergingen: Auf-dass-du-fort-an-mehr-Eh-re-be-rei-test!

Auch seine Eltern, meine Großeltern, Herr und Frau Oberförster, kreuzten die Partei Hitlers an. Sie hielten es für eine gute Wahl. Mein Großvater war gar ein Mitglied der ersten Stunde. Wie konnte er nur? Ich hätte ihn gerne gefragt. Was über seine Gründe überliefert ist, klingt plausibel, es passt zu den Büchern, die ich im Studium gelesen habe. Die Gnadenlosigkeit, die Absolutheit, die Verbrechen, die menschenverachtende Barbarei, der meine Großeltern mit ihren Stimmen den Weg bereiteten, erklärt es nicht.

Arnold Leopold Thimm war sechzehn, als er in den Ersten Weltkrieg zog. Er stieg zum Fahnenjunker auf, er wurde Unteroffizier, er wurde Offizier, schnell brachte er es weiter als der eigene Vater, der immer ein Gefreiter geblieben war und eine kleine pummelige Ehefrau an seiner Seite führte, die ihre Haare zur Zwiebel zusammenband. Arnold Leopold Thimm lockte das sozialistische Versprechen der Nationalsozialisten: Jeder sollte alles erreichen können. Dass es nur Deutschen galt und an Gehorsam und Disziplin gebunden war, fand er, der als Jugendlicher gehorsam und diszipliniert in einem deutschen Schützengraben gelegen hatte, nur folgerichtig.

Es gefällt mir nicht, was ich von diesem Großvater erfahre. Das Versprechen einer nationalen klassenlosen Gesellschaft aber lockte viele in Ostpreußen. Mitte der zwanziger Jahre verfügten zwei Prozent der Grundbesitzer über fünfzig Prozent der Ländereien. Ein Großteil der Bauern war verschuldet. Und Hitlers Gauleiter versprach ihnen Gerechtigkeit. Erich Koch war ein grausamer Fanatiker, der sein Amt als Präses der evangelischen Provinzialsynode benutzte, um der Sache Hitlers Gottes Segen überzustülpen, ein Kriegsverbrecher, später zu lebenslanger Haft verurteilt. Doch den deutschen Bewohnern Masurens erschien er lange als Hoffnungsträger. Sein »Ostpreußenplan« garantierte den Bauern stabile Preise und Kredite, und auch seine Kulturpolitik befriedete die Sehnsucht, nicht unterzugehen. Er ließ die Frauen in Handarbeitsgruppen traditionell germanisch-masurische Trachtenmuster weben, obgleich es solche nie gegeben hatte. Er verordnete nahezu allen Orten masurischen oder polnischen Namens deutsche Bezeichnungen. Sutzken, ein kleines Dorf, hieß nun Hitlershöhe. Jedwabno, der Geburtsort meines Vaters, war mit einem Mal Gedwangen.

Ob ein Kind Kriterien für die Unrechtmäßigkeit eines Systems entwickeln kann, wenn es darin aufwächst? Mir hatte man es leicht gemacht; ich war in eine Demokratie hineingeboren worden, in einen Rechtsstaat, der sich zu dem Unrecht seiner Geschichte bekannte. Als ich laufen lernte, kniete Willy Brandt im ehemaligen Warschauer Ghetto, als ich mich aufs Dreirad setzte, bekam er den Friedensnobelpreis. Und als ich alt genug war, um zu begreifen, dass manche seine Ostpolitik bekämpft hatten, wusste ich mich in Übereinstimmung mit der Mehrheit, die seine Gegner als Ignoranten titulierte, als ewig Gestrige, als Rechtsradikale. Aber mein Vater? Als mein Vater laufen lernte, gewann die NSDAP zum ersten Mal die Wahlen und zog in den Reichstag ein.

Zweihundert Meter mögen wir am See zurückgelegt haben, da unterbricht er meine Gedanken und weist auf einen flachen Bungalow: »Im Nachbarhaus dort drüben wohnte Gustaf Katczinski.« Er wird den zweiten Mann der Försterei noch oft erwähnen; deutsch und polnisch sprechend, war er ein Mittler zwischen der Försterfamilie und den Arbeitern, die im Wald Zwangsdienst leisten mussten. »Es war ein Glück, dass wir Gustaf Katczinski hatten«, sagt mein Vater. »In der benachbarten Försterei führten die Spannungen zwischen Deutschen und Fremden in eine Katastrophe.« In der Nachbarförsterei hätten polnische Waldarbeiter nachts vor der Haustür gerufen, dass die Stute endlich fohle, erzählt er, und natürlich habe die Försterin die Tür geöffnet, um zum Stall zu eilen. Ein Fohlen bedeutete Kapital. Er klingt, als halte er ein Referat: »Sie haben Frau und Kinder niederknien lassen. Eine Tochter überlebte. Sie kam bei der Schießerei unter die Leichen. Sie starb später an den Schusswunden. Sie war eine Freundin von mir.«

Mein Vater hat die Verbrechen der Deutschen nie bestritten, und ich habe ihn Polen gegenüber nur achtungsvoll erlebt. Doch hätte er mir diese Geschichte vor unserer Reise erzählt, wahrscheinlich hätte ich ihn sofort unterbro chen, hätte von Zwangsarbeit gesprochen und von Unterdrückung und ihm vorgetragen, dass die Gräueltaten der Deutschen an den Polen ja wohl weitaus schlimmer waren. Ich hatte gelernt, jeden Bericht über deutsches Leid allein als Versuch der Relativierung auszulegen.

Nun sehe ich auch einen Jungen, der verstohlen den Mädchen hinterherblickte, die er bei Veranstaltungen der Hitlerjugend kennenlernte. Sie küssten einander nicht, sie tanzten nicht miteinander, sie priesen gemeinsam ihr Vaterland; und wenn es Frühling und auf dem Platz in der Ortsmitte ein Maibaum aufgestellt wurde, kletterten die Jungen hinauf, pflückten die im Wipfel hängenden Räucherwürste herunter, bissen hinein, und die Mädchen applaudierten.

»Und das Begräbnis?«, frage ich.

»Das Begräbnis war wie ein Staatsakt«, sagt er. »SA, SS, die örtliche Prominenz, die Pimpfe, die Spielmannszüge, Trompetenfanfaren am offenen Grab. Kritisch gesagt, eine einzige schreckliche Inszenierung. Es ging unter die Haut. Ein Trommelwirbel, der schmiss mich fast um.«

»Hast du geweint?«

»Ich habe geheult. Sie war eine Freundin.«

»Hatte deine Mutter Angst, euch könne Ähnliches widerfahren?«

»Unsere Arbeiter haben sich nicht mit dem polnischen Widerstand identifiziert. Wir haben uns zu Weihnachten ja auch Geschenke gemacht.«

»Was geschah mit den Arbeitern in der benachbarten Försterei?«

»Sie wurden erschossen. Das war doch keine Frage.«

»Man hätte sie auch inhaftieren können.«

»Es war Krieg.«

Es war Krieg, und die Kriterien für Recht und Unrecht müssen für ein Kind in Masuren an vielen Tagen ziemlich diffus geblieben sein. Jede Woche wurde der Försterei eine Ausgabe des »Stürmer« zugestellt, voll von entsetzlicher Propaganda über den gefährlichen Untermenschen aus dem Osten. Doch im Blockhaus nebenan erhielten die Waldarbeiter Pakete aus ebendiesem Osten, mit Brotlaiben darin, in denen Wodkaflaschen steckten; und sonntags luden sie ihre Landsleute von den umliegenden Höfen ein, sie tranken und tanzten und sangen Lieder aus ihrer Heimat, und der Junge liebte diese Feste. Die Försterin hatte im Esszimmer ein Bildnis des Führers im Kreise jubelnder Kinder aufgehängt, sie schmückte es mit einer doppelten Roggenähre, die Glück bringen sollte. Doch meist hing das Foto in dem Raum, der besonderen Anlässen vorbehalten war, unbesehen im Dämmerlicht. Der Bote nahm dort Platz, der die Nachricht vom Tode Onkel Huberts überbrachte: Ein Widerstandskämpfer habe den Onkel verwechselt, mit Hermann Göring, im Gegenlicht, und abgedrückt, leider! – doch welcher Segen, dass der Reichsmarschall dem Land erhalten geblieben sei, Heil Hitler! Auch der Junge huldigte dem Führer, tagsüber bei den Versammlungen der Pimpfe. Doch abends in seinem Kinderzimmer betete er zu Gott. »Lieber Herr, mach mich fromm, dass ich in den Himmel komm. Amen. Und bitte achte darauf, dass Papa und Mama nichts passiert.« Es war Krieg. Es war einerseits und andererseits. Und an vielen Tagen schien ihm das so selbstverständlich wie das Leben.

Vierzig Hektar Landwirtschaft. Roggen, Kartoffeln, Hafer, Gerste. Zwölf Milchkühe, drei Schweine, Ferkel, fünfzig Legehennen der Sorte ›Graue Italiener‹. Eine Heuwendemaschine, zwei Ruderboote. Zwei Ferngläser, ein Jagdstutzen, eine lange Büchse, zwei Doppelflinten, zwei Hirschfänger, zwei Waldhörner. Enten und Gänse, Pferde, Kutschwagen, Jagdhunde, ein Zwergdackel und Rauhaardackel Schnurz. Fünf Kinder.

Der Junge stritt mit der Kleinen, die er für eine dumme Nuss hielt, und vermisste die Älteste, die in der Stadt eine Hauswirtschaftsschule, »die Klopsakademie«, besuchte. Er hütete den Kleinsten, ein Baby, und achtete den Ältesten, der mit Segelflugzeugen umgehen konnte und schon mit sechzehn Jahren ein Flugzeugführer der Luftwaffe war.

Sein Hoheitsgebiet wurde der Hühnerstall. Jeden Tag betrat er ihn, ein Tuch und einen Nagel in der Hosentasche. Fünf Eier fasste das Tuch, warm und frisch, Nagel oben, Nagel unten, dann schlürfte er sie aus. Er rangelte mit Schnurz, den er liebte, und versuchte sich heimlich an den Jagdgewehren. Und so verboten es war, so stolz war der Förster, als sein Sohn Horst den Sohn des Vorgesetzten im Wettschießen besiegte. An dem Tag aber, an dem sein Sohn die Flinte ungesichert zurücklegte, zitierte er ihn zu sich: »Überlege, was du mir zu sagen hast.« Stundenlang stand der Junge in der Ecke, ein trotziges Kind in Lederhosen, das zu stur war, sich zu entschuldigen, und der Förster, der noch nicht im Krieg kämpfte, saß an seinem Arbeitstisch und beachtete ihn nicht.

Wir essen Eis im Hörnchen, als wir das Städtchen besichtigen, das Szczytno heißt und einmal Ortelsburg war. Eis im Hörnchen fordert meinen Vater inzwischen heraus. Er trägt nun immer viele Papiertaschentücher bei sich.

Er war neun, als er nach Ortelsburg kam und ein Wochenendpendler wurde. Der Rektor des Hindenburg-Reform-Realgymnasiums für Jungen hatte Horst Thimm als

Schüler akzeptiert. Obgleich ihm Zeugnisse nicht wichtig erschienen und er an Heimweh litt, war der neue Gymnasiast froh über die Entscheidung. Sie ersparte ihm ungemütliche Stunden, in denen sein ehrgeiziger Vater die Schulaufgaben kontrollierte. Er lernte Bruchrechnen, Aufsatzgliederung, germanische Mythen, und die Deutschen führten Luftkrieg gegen Großbritannien. Sie töteten Zehntausende Zivilisten; Kinder, Frauen, Männer, in London, in Coventry, Liverpool, Birmingham, Southampton, Bristol.

»War das ein Thema in der Schule?«, frage ich, als wir vor dem Gebäude stehen.

»Jeder deutsche Großangriff war ein Thema in der Schule.«

Das Gymnasium ist nun altrosa renoviert und beherbergt eine Akademie für Tourismus. Mein Vater scheut den Eintritt. Er habe doch keinen offiziellen Grund, meint er. Als wir das Gelände schließlich umrunden, weist er mit dem Kopf nach rechts. »Der jüdische Friedhof.«

Auch in Ortelsburg kursierten Listen mit den Namen jüdischer Ärzte und Kaufleute und dem Aufruf zum Boykott. Auch in Ortelsburg brannte die Synagoge. Der Bürgermeister schickte eine Rechnung an den Rabbiner. Betreff: Abriss der Ruine.

»Habt ihr zu Hause darüber gesprochen?«

»Nein.«

Geduckte Häuser reihen sich in der Altstadt aneinander. Schweigend passieren wir die Straßen.

Als mein Vater einen Herrensalon sieht, findet er seine Haare mit einem Mal zu lang. Der polnische Friseurmeister begrüßt ihn, die beiden gestikulieren, sie probieren englische Wörter aus, sie reden deutsch und polnisch aufeinander ein, dann haben sie sich über die Frisur verständigt. Fast eine Stunde lang wäscht, schneidet, föhnt und pinselt der Mann das weißgraue, lockige Haar. Die Haare meines Vaters wellten sich schon, als er ein Kind war. Seine Mutter liebte diese Locken, er durfte sie viele Jahre nicht abschneiden, noch als er ein Schuljunge war, umspielten sie seine Stirn. Der Friseurmeister lacht und reicht die Hand zum Abschied. »Danke, thank you, dschinkuje!«, sagt mein Vater. »Das wollte ich hier schon lange einmal erledigt haben.«

Wir spazieren weiter, hin zu dem Haus, das früher seine Schülerpension beherbergte. An dem schmalen Bau sind zahlreiche Klingelschilder angebracht, neben der Haustür viele Fahrräder angeschlossen. »Vielleicht Studentenbuden«, mutmaßt mein Vater. Mäuse flitzen um die Mülltonnen im Treppenflur. Aber das sehe nur ich. Er scheut auch hier den Eintritt.

Drei unverheiratete Frauen führten die Pension. Sie teilten sich die Einkünfte und einen Kanarienvogel mit Namen Hansi. Sechs Jungen in einem Schlafraum, und draußen auf der Flaniermeile zwischen Bahnhof und Kino jede Menge Mädchen. Zu viele für eine erfolgreiche Schulkarriere, befand Oberförster Thimm, der seinen Sohn regelmäßig inspizierte, nach einiger Zeit. »Internat! Möglichst weit weg. Königsberg also«, lautete sein Urteil. Es herrschten Drill, Schläge und Willkür im Internat. Ein adliger Mitschüler ließ den Försterssohn die Stiefel putzen, und die Lehrer erstickten seinen Protest. Sie fanden, er solle sich unterordnen. Bald fielen Bomben auf die ostpreußische Hauptstadt, und die Eltern holten den Sohn zurück nach Hause. So ging er wieder in Ortelsburg ins Gymnasium, reiste montags mit dem Fahrrad an, kehrte freitags Schule, Jungfern, Kanarienvogel und Mädchen den Rücken und strampelte, klappernde Schreibgeräte im Tornister, auf der holprigen Chaussee zurück in den Wald.

Füchse, Marder und Bienen finanzierten seine Schulbildung. Die Pelze aus dem Forstrevier fütterten die Ledermonturen der Fliegersoldaten, der Honig füllte die Mägen lokaler Parteigrößen. Der Junge pflegte die Bienen, wenn er zu Hause war, fünfundzwanzig Völker. Schwärmten sie im Sommer aus, kletterte er auf die Kiefern und holte sie zurück. Seine Mutter sorgte sich, er stürze hinab, doch sie brauchte seine Hilfe. Seit ihr ein Bienenstock in den Schoß gefallen war, ertrug sie keinen einzigen Stich mehr. So war Horst Thimm zum jüngsten Imker der Provinz geworden.

»Erbhofbauer« nannten ihn die Nachbarn. Auch er konnte sich nichts anderes vorstellen, als einmal die Försterei zu übernehmen.

Allen Schulunterricht fand er lästig. Vom Gegenteil war er nicht zu überzeugen, ihn reizten die Pausen, in denen er bei der Tochter des Bäckers Rosinenschnecken erstand. Er mochte die Ausflüge; Proviant im Tornister, zog die Klasse zum Oberlandkanal, wo die Schiffe auf den wasserlosen Abschnitten zwischen den Seen mit Seilbahnen befördert wurden. Ihn faszinierten die Gerüchte in den Ortelsburger Hinterhöfen: Irgendwo im Wald müssten die Großkopferten ihre Bunker haben, mutmaßten die Leute, wenn sie Göring einmal wieder im Schnellzug von Berlin nach Königsberg erspäht hatten, den Reichsmarschall mit seinen Orden, links Lametta, rechts Lametta.

Als der Tag vergeht in Szczytno, essen wir zum Ausklang ein zweites Eis. »Eine Insulinbombe, weiß schon«, sagt mein Vater. »Aber vielleicht ist es die letzte Gelegenheit, in

Ortelsburg ein Eis zu essen. Was machen wir morgen?« Es rührt, ihn so zu erleben. Ich bitte um ein Taschentuch und schlage vor, die Wolfsschanze anzusehen, die Bunker irgendwo im Wald.

Wir sind viele Stunden unterwegs in den Forst von Keçtrzyn. Obwohl die Wegweiser zum ehemaligen Führerhauptquartier großflächig aufgestellt sind, verpassen wir in einem Moment der Unachtsamkeit die Abfahrt. Das Auto schlingert über modrige Waldwege, und in den Reifen verfängt sich heruntergebrochenes Geäst. Beklommen rollen wir einen umgestürzten Baumstamm zur Seite. Es ist kühl, es ist feucht, es ist dunkel. Ein Irrweg. Wüsste ich es nicht besser, ich sähe Panzer im Unterholz.

An unserem Ziel kassiert ein Mann Parkplatzgebühren. Auf der Auffahrt einer ehemaligen SS-Baracke, die nun als Hotel genutzt wird, liegt ein blonder Schäferhund. Souvenirläden. Beton und Mücken. Matsch. Und eine Gedenktafel, die daran erinnert, dass Claus Schenk Graf von Stauffenberg am 20. Juli 1944 versuchte, der Welt an diesem Ort einen Dienst zu erweisen.

Es muss ein Bilderbuchsommer gewesen sein 1944. Die Tage waren sonnendurchglüht. Die Kinder schwammen mit den Pferden in den Seen. Auf den Feldern standen Gerste und Roggen, durch das Blattgrün fleckte Licht auf die Alleen, und noch hatten Bomber die Störche nicht vom Himmel vertrieben. Er muss wunderschön gewesen sein, dieser letzte Sommer zu Hause.

In der Nacht zum 30. August bombardierten sechshundertfünfzig britische Flugzeuge die ostpreußische Hauptstadt Königsberg. Auf den Landstraßen irrten erste Flüchtlinge aus Litauen und aufgescheuchtes hüterloses

Vieh. Kanonendonner drang von der Front an den Lenkssee. Sechseinhalb Wochen später erreichte die Rote Armee deutschen Boden. Erstmals spürte die Zivilbevölkerung die Macht der Sieger. Im Forsthaus gingen Nachrichten ein, vereinzelt, dann immer mehr. Zweihundertfünfzig sowjetische Divisionen. Kaum einer wagte, die schlimmsten Befürchtungen auszusprechen.

Bis zum letzten Moment hinderte Gauleiter Erich Koch die Menschen in Ostpreußen an einer rechtzeitigen Flucht. Längst standen in vielen Scheunen die Wagen gepackt, auch in der Tenne der Oberförsterei. Doch jedem, der sich eigenständig aufmachen würde, drohte der Gauleiter harte Strafe an.

Am 30. Januar, es war der zwölfte Jahrestag seiner Machtergreifung, beschwor Adolf Hitler in seiner letzten Radioansprache noch einmal den Endsieg. Auf den Schlachtfeldern starben die Soldaten, und die Bewohner Ostpreußens hatten inzwischen den Fluchtbefehl erhalten. Es fuhren keine Züge mehr, und bis nach Berlin, bis in den Westen, waren mehr als fünfhundert Kilometer zurückzulegen.

Horst Thimm, dreizehn Jahre alt, hatte sich in den Treck eingereiht. Spiegelglatte Landstraßen, hunderttausende Flüchtlinge. Verendende Pferde, verendende Menschen.

An unserem vorletzten Tag in Masuren erzählt mein Vater auch davon. Wir haben im Garten des Hotels Kuchen gegessen und Kaffee getrunken, als er Teller und Tasse beiseiteschiebt. »Dann lass es uns mal hinter uns bringen«, sagt er und knöpft sorgsam seine Jacke zu. Das Wetter ist noch immer schön, Sonne, ein leichter Wind, außer uns zieht sich niemand zurück in den Aufenthaltsraum. Eine Hummel trudelt summend durch das Zimmer. Von fern dringen Traktorengeräusche durch die geöffneten Fenster, und die Fetzen einer klagenden Melodie. Die Hotelleitung hat einen Musikanten engagiert, der auf einer Ziehharmonika Volksweisen spielt. Mein Vater bietet mir einen Sessel an. Dann zieht er einen Stuhl für sich heran, mühsam, der Teppich ist dicht, der Lehnstuhl schwer. Hilfe lehnt er ab.

Bis zu diesem Moment haben wir die Bilder ruhen lassen, die auch zum Gedächtnis meiner Generation gehören, dutzendfach aufbereitet, dutzendfach verfremdet in Fernsehdokumentationen und Fernsehspielen. Mein Vater breitet eine Landkarte auf dem Couchtisch aus. Die Stimme flach, berichtet er von dem flüchtenden Jungen, der er einmal war.

Drei

»Am 21. Januar 1945 klingelte kurz nach dem Mittagessen, gegen vierzehn Uhr, das Telefon. Der örtliche Polizeichef ordnete die Flucht an. In der Scheune war schon der Leiterwagen vorbereitet, mit dem wir sonst die Ernte einbrachten. Er war mit einem Sperrholzdach versehen, zum Schutz gegen Schnee und Regen.«

Die Eltern waren nicht da, als das Telefon klingelte. Der Vater war inzwischen in den Krieg eingezogen, die Mutter wenige Tage zuvor nach Eberswalde gereist, wo die krebskranke Großmutter im Sterben lag. Vor der Abreise hatte sie noch bestimmt, womit der Wagen beladen werden sollte. Tisch- und Bettwäsche, die Federbetten und das Geschirr, das seit Generationen in der Familie benutzt wurde, ihr heißgeliebtes Rosenthal-Teeservice, Blaue Blume, und die weißen Teller und Schüsseln der Königlichen Porzellan Manufaktur. Sie hatte so viel wie möglich auf den Wagen laden lassen.

Auch ihr Sohn Horst hatte eingepackt, was ihm wichtig erschien. Er hatte den Anzug und die Stiefel vom Weihnachtsfest in seinen Tornister gesteckt und ein paar alte Silberbestecke der Mutter, die sie schon zur Taufe geschenkt bekommen hatte. Sie würde sich darüber freuen, dachte er. Der Tornister lag ganz oben, das Wichtigste wollte er griffbereit haben. In der Nacht vor dem Aufbruch stahl jemand den Rucksack vom Wagen. Der Junge fühlte sich untröstlich. Er wusste noch nicht, welche Verluste eine Flucht mit sich bringt.

Ein Lieblingsspielzeug hatte er nicht eingepackt. Doch er hatte sich um die Jagdwaffen des Vaters bemüht, die er hütete wie ein kleiner Narr. In Ölpapier eingepackt, lagen sie nun in einer eigens hergerichteten Kiste. Ein Tischler hatte sie gebaut und mit Zinkblech ausgeschlagen. Ursprünglich sollte sie im Lenksee versenkt werden, aber er wollte sie unbedingt retten. Ganz unten im Gepäck hatte er sie verstaut.

Sein ältester Bruder hielt sich in der Försterei auf, als das Telefon klingelte. Er war verwundet und wenige Tage zuvor zum Genesungsurlaub heimgekommen. Mit ihm hatte sich ein Soldat aus Böhmen einquartiert, den er im Lazarett kennengelernt hatte. Dieser Mann konnte nicht mehr nach Hause fahren. Der Junge hatte ihn deswegen noch bedauert, nun musste er selbst sein Zuhause verlassen. Natürlich hatte er in all den Tagen zuvor den Leiterwagen in der Scheune nie vergessen. Aber insgeheim hatte er gehofft, sie könnten die Kisten bald wieder abladen und die Dinge an ihren alten Platz räumen. Nun, nach dem Anruf des Polizeichefs, mussten sie sich verabschieden.

Der Bruder und sein Begleiter packten ihre Rucksäcke. Einen Moment lang dachten sie darüber nach, mit dem Jungen zu fliehen, doch dann folgten sie trotzdem dem Marschbefehl. Sie fürchteten, als Deserteure wegen Feigheit vor dem Feind mit dem Tod bestraft zu werden. Die Augen nass, sahen die Brüder einander beim Abschied an. Sie sagten nichts, nur »Pass auf dich auf.« Es war, so hatte es der Junge gelernt, wie es sich für Männer gehörte.

Der Bruder hatte noch geholfen, die Vorräte auf den Wagen zu laden: Dauerwurst, Brot, eingewecktes Obst und Gemüse, vorgebratenes Schweinefleisch. Die Haushälterin kam dann auf die Idee, rasch noch alles Geflügel zu schlachten. Es sei so kalt, dass es sofort gefrieren und haltbar werden würde, meinte sie.

Das Schlachten vollzog sich in einer furchtbaren Weise. Der Junge hielt es kaum aus, dabei war er daran gewöhnt, dass die Tiere, deren Fleisch er aß, getötet wurden. Zwei Waldarbeiter hielten die Hühner an den Beinen fest und legten sie auf den Hauklotz. Dann köpften sie das Federvieh, eines nach dem anderen. Auch der mächtige Truthahn verlor seinen Kopf. Jeden, den er nicht kannte, hatte dieser Vogel angegriffen, hatte sich aufgeplustert und gehackt, einmal auch den Polizisten erwischt. Kopflos lief er nun über den Hof, bis er zusammenbrach. Überall Blut. Am Morgen hatte es Neuschnee gegeben. Es war ein beängstigendes Bild für Kindergemüter.

Der Junge half dann, die Tiere in Säcke zu packen. Hühner ohne Kopf, nicht gerupft, nicht ausgenommen.

Im nächsten Moment standen Soldaten auf dem Hof. Es waren Infanteristen einer biwakierenden deutschen Einheit. Sie belegten die Zimmer der Försterei, sie schütteten Stroh für zusätzliche Schlafplätze auf, mitten im Wohnzimmer, sie schlachteten eines der Schweine, sie hatten plötzlich auch Wodka und Wein aus dem Keller, sie brachen die Türen der Schränke mit Gewalt auf, einfach so. »Stell dich nicht so an«, sagten sie zu dem Jungen. »Die Russen kommen später sowieso.«

Als die Pferde angespannt waren, Heidi, Kaline und Eri, wollte der Junge die Dackel auf den Wagen setzen, die Hunde kamen mit ihren kurzen Beinen im hohen Schnee nicht recht voran. Schnurz, den er besonders mochte, biss nach ihm. Auch der drahthaarige Spürhund, der bei den Entenjagden immer die Fährten gesucht hatte, ließ sich

45

nicht anfassen. Schließlich liefen sie davon. Der Junge rief und rief, umsonst. Vielleicht waren sie verschreckt; das Hühnerschlachten, die deutschen Soldaten. So war der Abschied von den Hunden.

Dann verließ der Wagen den Hof. Hinter dem Wagen fuhr ein Nachbar, ihm folgten die Waldarbeiter. Es war inzwischen beinahe fünf Uhr, es dunkelte bereits. Der Junge hielt die Zügel; die achtjährige Schwester, die Haushälterin und Ruth, das Pflichtjahrmädchen, saßen um ihn herum. Ruth lebte seit ein paar Monaten bei der Familie des Försters. Die Nationalsozialisten hatten eingeführt, dass junge Mädchen ein Jahr lang in der Landwirtschaft oder in einem fremden Haushalt arbeiteten. Sie mussten die Arbeitskraft der Männer ersetzen, die nun Soldaten waren. Dass aus der eigenen Familie kein Mann an seiner Seite war, führte dem Jungen den Ernst der Situation vor Augen. Er war ja erst dreizehn. Irgendwie ahnte er auch, dass er in diesem Wald wohl nie wieder leben würde. Tränen hatte er nach dem Abschied von seinem Bruder keine mehr. Wem hätte er seine Weichheit auch zeigen sollen? Der Haushälterin? Um Himmels willen, er mochte sie nicht leiden. Tränen galten ohnehin als unmännlich. Auch einen dreizehn Jahre alten Bengel hielt man für eine Pflaume, wenn er weinte. Vielleicht hätte Ruth ihn verstanden, sie war fünfzehn. Doch sie hatte genug mit sich selbst zu tun. Von ihrer Familie getrennt, war sie auf Gedeih und Verderb auf das Miteinander mit den Fremden angewiesen.

Nach einer kurzen Fahrt durch den Wald gelangten sie auf die Asphaltchaussee Richtung Bischofsburg. Eine erste Übernachtung war bei Verwandten des Nachbarn in Kallenau eingeplant, nicht weit entfernt der Försterei. Doch beinahe hätten die Flüchtlinge bereits diese erste Etappe nicht geschafft. Von allen Seiten strömten Menschen auf die Straße, die mit Eis überzogen war, und die eisernen Reifen der vollbeladenen Wagen fanden kaum Widerstand auf dem gefrorenen Asphalt. Der Junge lenkte vorne mit den Zügeln, die Waldarbeiter steuerten hinten, jonglierten, ließen die beiden Hinterräder abwechselnd gegen die Chausseebäume rutschen, um den Wagen in der Spur zu halten. Es rumpelte bei jedem Aufprall, und sie sorgten sich um die Deichsel. Doch anders hätten die Pferde den Wagen nicht halten können. Sie fassten ohnehin kaum Tritt, obwohl sie Stollen unter den Hufen hatten. Erst mitten in der Nacht, als der Wagen Kallenau erreichte, kamen sie zur Ruhe.

Auch am darauffolgenden Morgen schneite es. Die Erwachsenen entschieden, dass der Junge den unhandlichen Wagen und alles große Gepäck stehen lassen sollte. Er bekam stattdessen einen Spazierschlitten und legte ein Holzbrett darüber, darauf band er je einen Koffer für die Schwester, die Haushälterin, für Ruth und sich selbst, und einen zusätzlichen mit den Lebensmitteln. Der Schlitten hatte kein Dach, doch es gab eine Pelzdecke; und Heu und Hafer, die im Fußraum als Pferdefutter verstaut waren, wärmten auch. Leicht, wie er war, zog der Schlitten an den anderen Flüchtlingen vorbei, allerdings musste der Junge ihn nun ganz allein lenken. Der Nachbar und die Waldarbeiter hatten ihre großen Fuhrwerke behalten und kamen viel langsamer voran. Sie führten nun auch Eri mit sich. Es war dem Jungen schwergefallen, sich von dem dritten Pferdchen zu trennen, doch der neue, wendige Spazierschlitten war als Zweispänner gebaut. Viel später erfuhr er, dass Eri die Flucht überlebt hatte. Sie diente dem Nachbarn, der dann in Westfalen ein Fuhrunternehmen eröffnete, noch lange als Zugpferd.

In den folgenden Nächten schliefen sie auf dem Schlitten, der Junge, die kleine Schwester, das Pflichtjahrmädchen und die Wirtschafterin. Dann, im Kreis Heilsberg, gewährte ihnen ein Bauer Quartier. Der alte Mann bereitete seine Flucht vor. Er war nicht mehr »kriegsverwendungsfähig«, so hieß es damals, und auch sein Sohn war nach einem Kopfschuss für untauglich erklärt worden. Die beiden schlugen dem Jungen vor, sich ihnen anzuschließen. Sie hatten nur wenige Dinge eingepackt. Der alte Bauer meinte, er könne, so wie nach dem Ersten Weltkrieg, bald auf seinen Hof zurückkehren. Er bot der Wirtschafterin, dem Pflichtjahrmädchen und der kleinen Schwester einen Platz auf seinem nahezu leeren Wagen an. Sie hatten es bequem dort. Das Fuhrwerk war überdacht, und es stand ein Kanonenofen darauf, auf dem sich die Vorräte braten ließen.

Die beiden Männer handelten aus Mitmenschlichkeit. Sie wussten, was sie da auf sich nahmen: ein Kind als Schlittenlenker, eine hysterische Hausangestellte, ein quengelndes Mädchen, eine Fünfzehnjährige ohne Familie. Für den Jungen war der Bauer ein Gottesgeschenk. Er musste nur noch hinterherfahren.

Zwei Tage und zwei Nächte lang legten sie den Weg ohne Unterbrechung zurück. Zum Glück übermannte den Jungen nicht der Schlaf; schläft ein Lenker im Treck ein, kippt die Fuhre bald um. Die Schießhandschuhe seines Vaters mit ihren beweglichen Daumen und Zeigefingern schützten seine Finger vor Frost, und am Körper trug er eine Überfallhose, eine Pluderhose mit festem Bund, darunter lange Unterhosen, solche mit einer Klappe hinten, um die Notdurft zu erledigen. Richtige Kinderunterwäsche. Einen Pullover, auf dem Kopf eine Schirmmütze, mit Watte gefüttert, sie hatte zur Uniform der Pimpfe gehört. Als Wagenlenker verfügte er außerdem über die Pelzdecke. Über Kälte konnte er nicht klagen.

Inzwischen war der Flüchtlingstreck kilometerlang. Und weiterhin stießen aus allen Ecken Ostpreußens Wagen hinzu. An einem Nachmittag, als der Treck an einem Gehöft vorbeizog, öffnete sich das Gutstor und eine Frau führte, hoch zu Ross, ihren eigenen Treck hinaus. Sie befahl einen ihrer Männer zu sich, wies auf Heidi und Kaline, der Knecht lief auf den Schlitten des Jungen zu und griff in die Zügel der Pferde. Sofort verloren sie die Spur, und der Schlitten stellte sich quer. Genau das hatte die Gutsherrin beabsichtigt. Nun konnte sich die große Gruppe ihrer Leute in den vorbeiziehenden Treck einfädeln.

Die Deichsel brach, als der Knecht den Pferden so abrupt in die Zügel griff. Hätte der Sohn des alten Bauern nicht geholfen, der Schlitten wäre vor den Toren des Gutshofs liegen geblieben. Der Sohn sprang vom Wagen, eine Axt in der Hand, und fällte in dem Hain am Wegrand eine junge Birke. In Windeseile befreite er sie von Ästen und Spitze und ersetzte mit dem Stamm die Deichsel. Und die Pferde hielten still, so begütigend sprach er auf sie ein. Fortan ließ der Junge den alten Bauern und seinen Sohn nicht mehr aus den Augen.

Das Wetter schlug um, als sie Braunsberg erreichten. Es taute.

Der Wagen des Bauern auf seinen Gummireifen rollte nun phantastisch, aber der Junge geriet mit seinem Schlitten in Schwierigkeiten. Unter den Kufen krachte jeder Stein und schlug Funken. Es war eine schreckliche Schinderei für die Pferde. Dann griffen mit einem Mal russische Flugzeuge an. Bomben fielen auf Braunsberg. Der Junge blickte noch auf ihr Feuer, da schoben sich zwei Nüstern an seinem

Gesicht vorbei, und in seinem Rücken krachte es. Die Pferde des Hintermannes waren losgestürmt, sie zertrampelten die Koffer auf dem Schlitten des Jungen, auch der Verpflegungskoffer zersplitterte. Der Junge suchte die Überbleibsel im Gelände zusammen und verstaute sie im Fußraum des Schlittens. Es wurde eng.

In der Dämmerung gelangten sie nach Neu Passarge. Dann begann der Weg über das Haff, jenes Meeresbecken, an dessen Ende, etwa acht Kilometer entfernt, die Nehrung lag. Es hielten Soldaten Wache am Eingang zum Haff. Sie untersagten dem Jungen die Weiterfahrt. Sie hatten einen Bretterverbund über das gefrorene Brackwasser gelegt, damit sich das Gewicht der Flüchtlinge und ihrer Wagen besser verteilte. Doch das Eis war am Ende des Tages zu weich geworden für schwere Fuhren, und der Schlitten des Jungen war wieder voll bepackt. Er hatte die Schwester, das Pflichtjahrmädchen und die Wirtschafterin zurückgeholt. Die vier wollten einander bei der gefährlichen Überfahrt auf keinen Fall verlieren. Der alte Bauer, so verfügten die Soldaten, solle die Fahrt mit seinem leichteren Wagen noch antreten. Bevor er losrollte, versprach er, auf der anderen Seite auf sie zu warten. Seinen Sohn aber wies er an, zu bleiben. Der Sohn sollte dem Jungen helfen, ein anderes Fahrzeug zu suchen. Der alte Bauer wusste, dass der Zweispänner mit seinen Kufen auf der sandigen Nehrung vollkommen nutzlos gewesen wäre.

Als die Nacht anbrach, tauschten die beiden den Kufenschlitten gegen einen kleinen, wendigen Panjewagen aus, der verlassen unter einem Baum stand. Laut hörte der Junge sein Herz schlagen. Der Wagen war deutlich als Eigentum der Wehrmacht zu erkennen. Doch die Soldaten, die ihn am nächsten Morgen in die Spur schickten, sagten nichts dazu.

Eine Weile lief die Fahrt gut. Aber dann überfiel den Jungen doch der Schlaf. Er erwachte ruckartig, als sich die Pferde aufbäumten und er einen Soldaten zwischen ihren Zügeln hängen sah. Der Mann baumelte über einem Einbruchsloch im Eis, es ragten die Reste eines untergegangenen Flüchtlingswagens aus diesem Loch. Der Soldat hatte die gefährliche Stelle abgeschirmt, und weil der Junge schlief und die Warnrufe überhörte, hatte der Mann in die Zügel von Heidi und Kaline gegriffen.

Irgendwie schaffte es der Junge, die Pferde, deren Vorderhufe in der Luft hingen, auf den Hinterhufen rückwärts gehen zu lassen. Dann stand der Panjewagen wieder in der Spur und der Soldat auf festem Boden. Der Junge konnte sich nur bedanken. Der Mann hatte ihnen das Leben gerettet. Er muss auf dem Land aufgewachsen sein, er weiß, wie man mit Pferden umgeht, dachte der Junge. Der Schrecken hielt ihn lange wach.

Auf der Nehrung stieg die Straße zunächst bergan. Ein Kutschwagen schob sich lange hinter dem Panjewagen den Hügel hinauf. Sechs Männer und Frauen saßen auf dem Landauer, der voll beladen war; sie schienen alles Greifbare mitgenommen zu haben. Zwei Schimmel zogen den Wagen, der Junge fand ihr klares Fell wunderschön. Plötzlich, als die Straße abfiel, wurden sie unruhig, sie schnaubten und wieherten, dann rollte der Landauer los, rollte ihnen in die Hacken, überrollte die Schimmel. Das Bild ist dem Jungen geblieben: der Bauer, der die Arme in die Luft warf, als wolle er sagen: Jesus Maria, hilf! Ob er überlebt hat, hat der Junge nie erfahren. Da müssen die Aufhalteriemen geplatzt sein, dachte er damals, und dass er helfen müsse. Und doch sah er zu, dass er wegfuhr. Er fühlte sich zu nichts anderem in der Lage.

Er selbst kam zügig voran. Hinderlich war nur die Wirtschafterin. Mussten sie anhalten, um einem Panzer Platz zu schaffen, krähte die Frau: »Lassen Sie mich durch! Ich bringe die Kinder eines deutschen Offiziers ins Reich.« Die Soldaten, die auf der Nehrung den Treck zu steuern versuchten, waren verärgert, für sie gab es keine privilegierten Flüchtlinge. Meist waren sie besänftigt, wenn sie den Jungen erblickten, den Steppke mit den Zügeln in der Hand. Manchmal meinte er auch, ihren Respekt vor seiner Leistung zu spüren. Doch womöglich bildete er sich das ein, um besser durchzuhalten.

In Kahlberg übernachteten sie ein weiteres Mal. Der Ort war ihm aus Erzählungen vertraut. »Perle der Nehrung« hatten ihn die Bekannten genannt, die dort einmal den Sommerurlaub verbracht hatten. Nun waren in einer Schule Strohschütten für Flüchtlinge hergerichtet, und das Pflichtjahrmädchen, die Wirtschafterin und die kleine Schwester hatten es schön warm dort. Der Junge blieb bei den Pferden. Er blieb gerne bei ihnen. Er fütterte und tränkte sie, so gut er konnte, er deckte sie zu. Sie waren seine Verbündeten. Sie durften sich nicht erkälten.

Niemand fand Schlaf in dieser Nacht. Die russische Artillerie schoss übers Haff hinweg bis nach Kahlberg. Der Junge erlebte nie, dass sie den Flüchtlingstreck angriff, er hatte trotzdem große Angst.

Ganze Aussteuern lagen auf der Nehrung. Die Bauern aus der Elchniederung waren mit riesigen Ackerwagen unterwegs, auf denen sich der Hausrat in mehreren Etagen stapelte. Die Wagen liefen auf breiten Eisenreifen, sie waren für die sumpfigen Böden der Niederung gebaut, und nun erreichten diese Reifen den sandigen, widerständigen Untergrund der Nehrung. Stück für Stück luden die Bauern von ihrem Wagen, um die Pferde zu entlasten. Überall standen

Kisten, Körbe mit Kochtöpfen und Wäsche. Dazwischen Großmütter, tot, mit dem Rücken hingesetzt an die Kiefernbäume, mit denen die Nehrung bepflanzt war, um den Sand zu halten. Kiefern treiben ihre Pfahlwurzeln weit in die Erde.

Und die Kinder. Ersttagskinder. Frauen waren schwanger auf die Flucht gegangen und mussten auf der Nehrung entbinden. Ihre Babys fielen vom Wagen herunter, lebend, und der Nächste fuhr über sie hinweg. Die Mütter hatten keine Kraft zum Stillen. Schwangere Frauen liefen neben den Fuhrwerken, weil die Pferde nicht noch mehr tragen konnten. Flüchtende Kriegsgefangene, flüchtende Zwangsarbeiter. Niemand sprach mit dem Jungen über das, was er da sah. Die Erwachsenen um ihn herum waren ihm fremd. Und sie verkrafteten diese Anblicke selbst nicht.

Manchmal schaffte es ein Pferd nicht mehr. Ausgespannt stand es dann auf der Nehrung herum. Kein Futter, keine Pflege; irgendwann legte es sich zum Sterben hin. Die fliehenden Fußgänger machten sich über diese Pferde her, sie schnitten mit dem Messer Fleisch aus dem noch lebenden Tier. Der Junge sah die Fasern vibrieren. Und die Pferde, die zeigten ihm einen Gesichtsausdruck, als wollten sie es nicht glauben.

Nie hat der Junge den Soldaten vergessen, der diese Pferde mit einem Karabiner erschoss. Gnadenschüsse. Drei Tage fuhren sie über die Nehrung.

Was er dachte? Man muss hier durch, dachte er. Irgendwie das Ziel erreichen. Es war ja auch nicht möglich, mal eben zu wenden und zurückzufahren. Der Treck hatte eine Eigendynamik, wie eine Schlange sah er inzwischen aus, wie eine kilometerlange Ziehharmonika, die irgendwo in der Ungewissheit enden würde. Der Junge und seine Leute wussten immerhin, wohin sie wollten. Ihre Sehnsucht, das alles irgendwie zu meistern, hatte ein Ziel. Treffpunkt Eberswalde: Da wartete die Mutter, und wenn er es schaffte, auch der Vater. Die Brüder. Und die ältere Schwester.

Tatsächlich war sie zu dem Zeitpunkt bereits tot.

Gehungert hat er nicht. Es existierten noch Läden auf der Nehrung. Ruth lief immer voraus in die Ortschaften, erstand Brot, und holte den Panjewagen wieder ein. Die Bäcker buken Tag und Nacht, sie müssen eine Anweisung bekommen haben, ihre Geschäfte erst im letzten Moment zu räumen. Niemand fragte mehr nach Lebensmittelmarken. Zahlte jemand, war es gut, und sonst war es egal. An manchen Ortsausgängen verteilten Mitarbeiter des Roten Kreuzes warme Getränke, Kartoffelsuppe oder Erbsensuppe. Auch Angehörige von Kirchengemeinden gaben Speisen aus. Dass diese Hilfe trotz des Chaos möglich war, beeindruckte die Flüchtlinge auf dem Wagen.

Am Ausläufer der Nehrung traf der Treck auf eine andere Menschenschlange. Der Junge sah Hunderte Männer in gestreifter Kleidung, elendig dürr, mit kahlrasiertem Schädel. Es liefen SS-Männer neben ihnen her. Ging ein Häftling nicht weiter, erschossen sie ihn. Und stützte ein stärkerer einen schwächeren Häftling, erschossen sie auch ihn. »Auf dieser Flucht brachen alle meine Vorstellungen über das Zusammenleben der Menschen in der Familie und besonders im Staat zusammen«, schrieb der Junge, dann ein Mann, sechzehn Jahre später in seinen Lebenslauf. »Hier begann ich eine praktische Vorstellung von dem Inhalt der Begriffe Unrecht und Gewalt zu bekommen. Der Todesmarsch der KZ-Häftlinge aus Stutthof zerstörte in mir alles, was ich dem nationalsozialistischen System entgegenbrachte, und legte den Grundstein für meine Ablehnung aller menschenunwürdigen Systeme.« Der Dreizehnjährige, der er 1945 war, wusste nicht genau, was er denken sollte, als er die Häftlinge sah. Er hielt sie für Gefangene, die eine der grausamen Strafe erhalten haben mussten, wie es sie damals gab. Er hatte zum Beispiel gehört, dass Menschen zum Tod verurteilt wurden, wenn sie während eines Luftalarms fremde Wohnungen plünderten. Um ihn herum sprach niemand über die kahlrasierten Männer. Und er spürte, dass er keine Fragen stellen sollte.

Weiter Richtung Pommern, über die Weichsel bei Dirschau. Dort hatten die deutschen Soldaten bei ihrem Rückzug die Brücken zerstört. Eingesackt hingen die Übergänge nun an Seilen, die provisorisch am Ufer festgebunden waren. Der Wagen drohte umzukippen, abzustürzen in den Fluss, schließlich blieb er doch in der Spur. Und dann, im Landkreis Stolp, geschah Unglaubliches. Die Flüchtlinge hatten karge Tage im Wartheland hinter sich, die Russlanddeutschen, die dort auf Befehl Hitlers zwangsangesiedelt worden waren, hatten wenig für sie übrig. Niemand bot ihnen ein Dach über dem Kopf, und das Futter für die Pferde musste der Junge klauen. Im Landkreis Stolp aber wies der Bürgermeister von Groß Rakitt jedem Flüchtling eine Unterkunft zu. Und die kleine Gruppe mit dem dreizehnjährigen Wagenlenker lud er zu sich nach Hause ein. Als wären sie Staatsgäste.

Sein Mitarbeiter stellte den Wagen geschützt vor Schnee und Regen ab. Er brachte die Pferde in eine Box, er striegelte sie und bürstete sie, damit ihr Fell schön glänzte. Eine solche Behandlung hatten die Tiere während der ganzen Flucht noch nicht erlebt. Die Frau des Bürgermeisters bereitete Badewasser. Sie bezog Daunendecken, legte sie auf echte Betten, und zum Abendessen kochte sie Milchsuppe mit Mehlklößchen, ›Klunkersuppe‹, mit Bratkartoffen als

Beilage, so wie es zu Hause die Mutter immer zubereitet hatte. Der Junge zog nur ungern weiter.

In Stolp, das heute Słupsk heißt, sprachen ihn am Tag darauf ein paar ältere Jungs an. Hitlerjungen. Ob er mit ihnen eine Kampfeinheit gegen die feindlichen Panzer aufbauen wolle? Im Nachhinein erschien es ihm lächerlich, doch in diesem Moment sah er sich tatsächlich in einer Zwickmühle. Er hatte das Gefühl, sein Vaterland zu verraten. Du musst etwas tun, für Deutschland, für die Zukunft!, dachte er, und fand gleichzeitig, er könne Pflichtjahrmädchen, Wirtschafterin und Schwester in der rauen Welt des Trecks nicht allein lassen. Gleichwie, Stolp war der Wendepunkt. Der Junge verlor den Bauernsohn, der so viel für sie getan hatte, aus den Augen. »Gute Nacht, bis morgen«, hatten die beiden abends noch zueinander gesagt. Doch am Morgen nahm die Wehrmacht dem Jungen die Pferde ab.

Er musste Heidi und Kaline in die Kaserne führen. Sie hatten ihn treu bis an diesen Ort gebracht, und nun sollten sie ein Artilleriegeschütz ziehen. Er wusste, dass sie ihr Leben wahrscheinlich bald verlieren würden. Ein Wehrmachtssoldat schrieb eine Quittung, Pipapo, dieser Zettel brachte die Pferde nicht zurück. Zum ersten Mal in diesen Wochen weinte der Junge. Der Mann behielt auch die meisten Gepäckstücke, die Pelzdecke, die restlichen Lebensmittel. Einen Koffer durften die Flüchtlinge behalten und eine Militärdecke, die zurrten sie obenauf mit einem Gurt fest.

Soldaten brachten sie in einem Lastwagen nach Pasewalk. Eine Nacht und einen Tag lagen sie im Planwagen, dann hielt der LKW an einem Bahnhof, an dem eine Lokomotive stand, Fahrtrichtung Süd.

Wo es denn hingehe, fragte der Junge den Zugführer.

Richtung Berlin.

Ob er über Eberswalde komme?

Da halte er sogar. Aber er fahre einen Güterzug. Er dürfe niemanden mitnehmen.

Der Junge warf die Koffer auf einen der offenen Waggons am Zugende, dort, wohin der Blick des Lokführers nicht reichte, und kletterte mit Ruth und der kleinen Schwester hinterher. Als die Lokomotive pfiff, stand nur die Wirtschafterin noch auf dem Bahnsteig, zeternd, sie wolle lieber in der ersten Klasse reisen. Einen Augenblick dachte er daran, sie stehen zu lassen. Dann half er ihr doch hinauf.

Auf dem Waggon war ein Opel vertäut, ein P4 für vier Personen. Die Türen ließen sich öffnen, und im scharfen Fahrtwind fühlte man sich darin geborgen wie in einer Schutzhütte. Die Wirtschafterin traute sich nicht hinein und zeterte erneut, sie ging dem Jungen gehörig auf die Nerven. Irgendwann fror sie jämmerlich und hockte dann doch mit missmutigem Gesicht bei den anderen.

Am frühen Morgen hielt der Zug in Eberswalde.

Die Flüchtlinge sprangen ab, fragten sich durch, den Hügel vom Bahnhof hinauf, klingelten Sturm, die Mutter war schon wach, sie konnte es kaum fassen. Sie hatte Eberswalde nicht verlassen dürfen, um die Kinder aus Ostpreußen herauszuholen. Der Junge war heilfroh darüber. Womöglich hätten sie einander nie wiedergesehen.

»So war das«, sagt mein Vater. »Am 21. Januar losgezogen, Mitte März in Eberswalde.«

»Und dann, was geschah dann?«

»Dann hat der Junge gebadet! Allen Dreck wollte ich loswerden. Wenn man sich nicht sonderlich fühlt, ist ein Bad ja doch ein kleines Therapeutikum. Eine Dusche ist dann wirklich nicht das Wahre.«

Mein Vater ließ immer heißes Wasser ein, wenn er sich nicht wohl fühlte. Er nahm auch gerne sonntags vormittags ein Bad. »Den Ärger der Woche auflösen«, nannte er diese ausgiebigen Sitzungen. In den letzten Jahren vor dem Umzug in das Altenheim, alleine in seiner Wohnung, badete er jeden Abend und stieg auch oft schon morgens ins warme Wasser.

»Eine Wanne wäre schön«, sagt er, als die Krankenschwester ihn im Winter des Jahres 2004 aus seinen Entsetzensträumen aufzuwecken versucht und ich neben seinem Bett sitze, zornig, traurig über seine Badefreuden. Sein kleines Therapeutikum hat ihm den Dienst versagt. Am Abend zuvor schaffte er es nicht mehr heraus aus dem Wannenbad, immer wieder sank sein schwerer Körper zurück. Das Wasser wurde lau, er gab warmes hinzu, doch das Becken war bald randvoll und der Abflusspfropfen unerreichbar. So fand ihn am Morgen die Zugehfrau. Eine Stunde später lag er im Krankenhaus.

Ein Zimmer mit zwei Betten, über jedem ein Holzkreuz mit dem geschundenen Leib Christi, das Haus steht in katholischer Tradition. Von einem Metallständer tröpfelt aus einem Beutel Flüssigkeit durch einen Schlauch in seinen Arm. Auf dem Nachttisch eine Karte, die Klinikverwaltung wünscht in vorgedruckten Sätzen einen guten Aufenthalt. »Eine Wanne«, verlangt mein Vater. »Eine Wanne haben wir nicht«, erwidert die Schwester, und er sinkt zurück in die Unruhe seiner Träume, fuchtelt in dem Luftraum über seinem Gesicht, ruft, er wolle fort, endlich entkommen!

»Papa«, sage ich, und die Krankenschwester sagt: »Aber Herr Thimm.« Als er die Augen öffnet, blickt er mich an. Er scheint mich nicht zu sehen. »Wo ist mein Sohn? Meine Frau? Sie müssen sich beeilen.«

Er fürchtet den Tod, denke ich. Er will sie um sich wissen.

Doch mein Vater ringt nicht allein mit jenem Tod, mit dem sein septischer Körper gerade ringt. Er sucht auch jenem Tod zu entkommen, dem er als Kind entkam. Das Krankenbett, der Schlauch, die Kanüle schließen die Erinnerungen auf. Nun, da der Körper schwach ist und der Geist erschöpft, da er sich ausgeliefert fühlt wie der heranwachsende Junge im Flüchtlingstreck, ist er den vergessen geglaubten Empfindungen preisgegeben, die er in sich trägt. Die alten bösen Bilder erwachen. Mein Vater ist der Wagenlenker, ein Kind noch, das um das Leben der ihm Anvertrauten bangt.

»Sie haben nicht mehr viel Zeit«, sagt er. »Ich habe nicht mehr viel Zeit.« Dann sieht er mich. Er legt die Hand auf meinen Unterarm. »Lange ist dies hier nicht mehr zu halten. Erkennst du die Demarkationslinie?«

Ich rufe Mutter und Bruder an. Sie sind beide zu einer Reise aufgebrochen und werden erst am kommenden Morgen im Krankenhaus sein können. »Sie sind auf dem Weg«, sage ich.

»Wo sind sie?«, fragt er, richtet sich auf im Bett, schöpft nach Luft. Ich drücke ihn zurück, die Hände auf seinem Brustkorb, der sich kaum bewegt beim Atmen. Er soll liegen bleiben, ausruhen, damit die Brust sich hebt und senkt. Mit aller Kraft will ich ihn ins Bett zwingen und drücke doch nur halbherzig, will keine Schmerzen verursachen. »Wie kannst du mich zurückhalten?«, herrscht er mich an. »Siehst du nicht, was hier los ist?«

»Papa«, sage ich, und er wehrt meinen Griff ab, »lass!«, flüsternd nun, und seine Finger umklammern meinen Arm. »Da drüben. Nicht bewegen. Leise. Gefahr.«

Er sei im Krankenhaus, »in Sicherheit!«, sage ich. Meine Mutter und mein Bruder, »in Sicherheit!«

»Gift!« , schreit mein Vater und reißt an dem Infusionsschlauch.

» Papa, gib mir die Hand!«

»Nein!«

Das Krankenhausbett eine Kampfzone. Um uns herum der Tod.

»Du brauchst die Infusion zum Überleben.«

»Weißt alles besser! Meinst, du habest alles im Griff. Doch das hier hat niemand im Griff.« Seine Stimme überschlägt sich, als er schreit, ich solle nicht weitergehen, nicht über diese Linie; Männer! Plünderer! Vergewaltiger! Und flüsternd fragt er, wo der Sohn bleibe und die Frau.

»Sie schaffen es. Und wir auch.«

»Na hoffentlich.« Dann schimpft er über meine Leichtgläubigkeit.

Die Krankenschwester, die ich hole, sagt: »Aber Herr Thimm!« Der junge diensthabende Arzt fühlt den Puls und blickt auf die Fieberkurve. Im Morgengrauen legt mein Vater schließlich den Kopf auf das Kissen. Seine Finger umklammern meinen Arm. Er schläft.

Die Erinnerung an die Flucht, das verstehe ich in in dieser Nacht, ist ein Dämon, der meinen Vater beherrscht. All die Jahre hat er ihn bezähmt, hat alle Hilfe abgelehnt, alle Krankheit abgewehrt. Unbewusst muss er gefürchtet haben, jedes Eingeständnis von Hilflosigkeit, jede erkennbare Abhängigkeit, zerstöre die Schutzschicht auf seinen Erinnerungen. So brachte er seine Ressourcen in Stellung – die Robustheit seines Körpers, das Andenken an seine Kindheit – und erfand merkwürdige Rituale der Versicherung.

Verreisten wir, lud er am Abend zuvor die leeren Koffer und Taschen ins Auto, und in die Zwischenräume stopfte er Decken und Schuhe. »Probepacken« nannte er die Prozedur, und wir scherzten müde, »Papa, wir gehen nicht auf die Flucht«. Hatte alles, was wir mitnehmen wollten, theoretisch Platz gefunden, entspannten sich seine Gesichtszüge. Er nahm die leeren Koffer und Taschen aus dem Auto, und wir verstauten Kleidung, Bücher und Stofftiere darin.

Wochentags brachte er Brot mit nach Hause, der Laib war oft noch warm, er kaufte es in einer Bad Godesberger Bäckerei nach der Arbeit. Er schwärmte für den Duft, für die frische Kruste. Gegessen hat er sie nie. Immer war da der kostbare Rest vom Vortag. So wurde das frische Brot altbackener Vorrat. Wohin, warum, mit wem, wie lange, fragte er, wann immer ein Familienmitglied das Haus verließ, und ich wütete über seinen Kontrollzwang. Erst Jahre später verstand ich, dass ihn die Angst trieb, ein zweites Mal seine Familie zu verlieren. Ausweise, Geld, Impfpass, Adressbuch, alles trug er stets bei sich, als müsse er im nächsten Augenblick aufbrechen. Die braune Umhängetasche begleitete ihn in den Skiurlaub und an die See; sie baumelte an seinem Hals, als er die Studentenzimmer seiner Kinder besuchte, er trug sie unter dem Anorak oder dem Polohemd, sie schien seinen Brustkorb auszubeulen, ich fand sie peinlich. Er hütet es immer noch, dieses abgegriffene Leder. »Papas Täschchen« nennen es mein Bruder und ich nun, und meist klingt es zärtlich. Papas Täschchen ist eine Reliquie. An manchen Tagen finden sich jetzt Butterbrote darin, die mein Vater für den Notfall hortet; sie hinterlassen Fettflecken auf dem Jahreslos der Klassenlotterie. Hängt das Täschchen nicht um seinen Hals, liegt es nicht greifbar neben dem Bett, wird er unruhig. Auch ins Krankenhaus hat er es mitgenommen. Es liegt unter den Taschentüchern in der Nachttischschublade. Dort hat er es verborgen, vor den Männern, Plünderern, Vergewaltigern.

»Da seid ihr«, sagt er, als am nächsten Morgen Frau und Sohn am Krankenhausbett stehen. Dann wird er auf die Intensivstation verlegt.

Die Entzündung in seiner Lunge hat auf den gesamten Körper übergegriffen. Ich sitze auf einem Stuhl, beobachte seinen Atem und fürchte die Ruhe. Solange die Geräte piepsen, solange sie summen, lebt er. Still rede ich auf ihn ein. Ich weiß so wenig von ihm. Ich will nicht, dass er stirbt.

Freundinnen schicken eine Nachricht auf das Handy, das ich vergessen habe auszuschalten. In Berlin wird groß gefeiert, das Kleid hängt seit Wochen im Schrank. Ob ich denn komme, fragen die Freundinnen, und die Krankenschwestern erbitten Hilfe. »Nächstes Mal«, tippe ich auf dem Mobiltelefon, zögernd greife ich nach Waschlappen und Seife. Bald schwindet die Scheu. Das weiße Intensivstationshemdchen verwandelt meinen Vater in einen geschlechtslosen Mann.

Am Tag darauf breite ich Fotos auf seiner Bettdecke aus: mein Bruder, sein Bruder, seine Mutter, meine Mutter, er, ich.

»Kennst du die?« Vielleicht lässt er sich herausholen aus dieser blassgrünen Welt, blassgrün die Fliesen, blassgrün die Schwesternkleidung, blassgrün der Mundschutz. Mein Vater rupft den Schlauch, der ihn mit zusätzlichem Sauerstoff versorgen soll, von der Nase und sagt, es sei alles ein Bohei. Ich schiebe den Schlauch zurück, sage: »Atmen für Salzburg.« Ich kenne seinen Plan, meinen Bruder, der dort wohnt, noch in diesem Jahr zu besuchen. Ob ich ihm meinen Willen aufzwinge, wenn ich immer wieder diesen Sauerstoff in Richtung Nase leite? Ich mag nicht darüber nachdenken. Rechts neben dem Bett steht hinter einem Vorhang ein Gerät, das die Atmung übernehmen könnte, sollte es ihm noch schlechter gehen. Wir fürchten den Moment einer Entscheidung.

Nachts ersinne ich Händel. Wenn. Dann. Wenn ich den Schwestern Schokoladennikoläuse mitbringe, dann sind sie nett zu ihm. Wenn er es noch einmal schafft, dann werde ich ein besserer Mensch. »Absurd«, denke ich, wenn ich tagsüber Pausen einlege, durch die Stadt laufe, Richtung Rhein. Sie sollen anrufen, wenn er danach verlangt und gerade niemand von unserer Familie im Krankenhaus ist, bitten wir die Schwestern. Nachts positioniere ich das Handy auf dem Tisch im Gästezimmer meines Elternhauses. Dreimal kontrolliere ich den Klingelton. Als ich mich hinlege, denke ich, dass ich ohnehin nicht aufstehen könnte, so müde bin ich. Schlafen kann ich nicht.

Als er es schafft, ohne Beatmungsgerät, essen wir in einem italienischen Restaurant zu Mittag. Ich wollte ihn vom Krankenhaus abholen, doch er hatte sein Täschchen um den Hals gehängt und war auf wackeligen Beinen vorausgegangen. Er hat sich eine Eckbank in dem Lokal ausgesucht, und während er mit der Gabel die Spaghetti in die Höhe zieht, sie ungelenk am Tellerrand dreht, rede ich. Dass ich so froh über seine Genesung sei. Dass die Zeit im Krankenhaus endlich vorüber sei. Dass er das Leben nun wirklich anders gestalten müsse. Die Wohnung. Die Medikamente. Der Pflegedienst. »Lass gut sein«, sagt mein Vater. »Später.« Er blickt auf das Nudelknäuel in seiner Gabel, lange Fäden haben sich zwischen den Zinken verheddert, er greift nach dem Messer, schiebt das Geflecht auf den Teller zurück und dreht erneut. Er habe einmal gelesen, dass die Biologie kein Freund des Alters sei, sagt er nach einer Weile. »Aber es müsste wohl heißen: keine Freundin.«

Am Tag darauf kauft er zwei rote Sessel. Rote Sessel seien lebensfroh, erklärt er mir. Wenige Wochen später liegt er im Vorgarten der Wohnanlage. Es ist die Nacht, in der er seinen Kindern im Traum die Tür öffnen will. In der die Temperatur weit unter den Gefrierpunkt sinkt, in der die Tür zufällt, der Schlüssel innen steckt und er im Nachthemd loszieht, um im benachbarten Hotel den deponierten Zweitschlüssel aufzutreiben. Auf eisglattem Bürgersteig rutscht er aus, liegt bis zum Morgen, hört, wie zwei Männer ihn im Vorübergehen einen Penner nennen. Eine Nachbarin findet ihn auf ihrem Weg zur Arbeit.

Im Krankenhaus, auf der Intensivstation, überlebt er erneut. Dann zieht er in die neue Bleibe.

Zur Ausstattung im Bad Godesberger Villenviertel, Programm Einzimmer-Apartment Betreutes Wohnen, gehören ein Vorraum mit Kühlschrank und ein kleines Bad ohne Wanne. Morgens hockt mein Vater auf dem Klappsitz der behindertengerechten Dusche, während warmes Wasser ihn umrinnt. Zwanzig Minuten verharrt er so und wickelt dann ein großes Badetuch um sich und brummt, dass eine Dusche wirklich nicht das Wahre sei.

Im Kühlschrank lagert Radeberger Pils für die Skatrunde, Joghurt, Saft und meist ein Käsebrötchen. Ein Käsebrötchen gehört zu meinem Vater wie das Ledertäschchen, für ein Käsebrötchen lässt er jeden Braten, jede Torte, jedes Canapé stehen. Mittags isst er im großen Speisesaal. Ein Mitarbeiter der Abteilung Sozialer Dienst hat ihm einen Platz am Tisch eines ehemaligen Justizbeamten vorgeschlagen, auch Jupp, der Rollstuhlfahrer, der einmal Bäcker war, gehört zur Runde. Vielleicht könnten die Herren über Demokratie sprechen, über Gremien, Mitbestimmung und den Heimbeirat, meint der Altenbetreuer.

Meist sprechen die Herren über die Garzeit der Kartoffeln oder den Sehnenanteil im Braten. Manchmal sind auch die stumpfen Messerklingen des Altenheimbestecks ein Thema. Oder die Herren schweigen.

In den ersten Tagen blickt mein Vater zwischen elf und zwölf mehrmals auf die Uhr. Er hat Sorge, sich zu verspäten, er will nicht auffallen, nicht den Betrieb aufhalten, wie er es nennt. Um elf Uhr fünfundfünfzig zieht er ein Jackett an. Um elf Uhr siebenundfünfzig verschließt er die Zimmertür, geht scheu den Gang hinunter zum Speisesaal, um zwölf wird dort ein Tischgebet gesprochen. Gebetet hat er vor dem Essen nie. Er faltet dennoch die Hände. Nach einer Dreiviertelstunde kehrt er zurück in sein Zimmer. Er ist oft befremdet. Einmal hat ihn ein rotgesichtiger kahlköpfiger Mann aufgefordert, die Hose herunterzulassen. An einem anderen Tag tätschelt ihn eine Frau mit weißem wirren Haar. »Kuckuck, Monsieurchen!«, ruft sie ihm hinterher. Da sei er also endgültig bei den Verrückten gelandet, sagt mein Vater. Da werde ihm nun also täglich die eigene Zukunft vor Augen geführt.

Nachmittags bringt ihm eine korpulente Altenpflegeschwester den Kaffee in sein Zimmer. Die meisten Bewohner treffen sich um halb drei in der Eingangshalle, es ist ein Höhepunkt des Tages, Ehrenamtliche bedienen sie mit Getränken und Gebäck, und mittwochs und sonntags verteilen sie Torte. Immer steht auch ein Rollstuhl dort, darin ein Mann, halb liegend, halb sitzend, scheinbar regungslos. Er antworte nie, erklären die Ehrenamtlichen allen, die ihn grüßen, »der kann nicht mehr antworten«. Mein Vater mag sich nicht anfreunden mit dieser Cafeteria.

Warum er sich denn nie zum gemeinsamen Kaffeetrinken sehen lasse, fragt die Altenpflegerin nach ein paar Wochen. Ob er sich nicht gut eingelebt habe? »Na ja, Herr Thimm, et iss, wie et iss!«, fährt sie fort. »Hätt ja schlimmer kommen können bei all dem Elend in der Welt.« Soll sie doch aufhören, denke ich beklommen, als ich sie so reden höre. Noch weiß ich nichts vom Trost, den der nichtssagend zugewandte Ton des Rheinlands in einem Altenheim bergen kann. Die Pflegerin bewundert das Hirschgeweih, sie begutachtet das Bild der Oberförsterin, sie stellt, »doppelt jemoppelt hält besser«, zum Abschied eine zweite Portion Kekse für Diabetiker auf den Sofatisch. Mein Vater bedankt sich. »Die scheint ja ganz normal zu sein«, sagt er, als wir wieder alleine sind.

Als der rotgesichtige Kahlkopf in den Tagen darauf ein zweites, drittes, viertes Mal fragt, wann Herr Thimm denn die Hose herunterlasse, beschließt mein Vater den Rückzug. Er lädt, wen er sehen möchte, zum Skat in sein Zimmer: »Um fünfzehn Uhr in meiner Bude«, und betritt den Speisesaal nur noch selten. An manchen Tagen bricht er mittags alleine auf, zum Bratwurststand in der Fußgängerzone. An anderen verabredet er sich mit zwei Damen und einem Herrn, auch sie Senioren seines Ministeriums, und testet mit ihnen italienische, griechische und thailändische Restaurants. Er lernt eine neue Vokabel. »Stammtischtag«. Es wird der Mittwoch.

Dreimal täglich, kurz vor jeder Mahlzeit, misst ein Pfleger oder eine Schwester des Altenheims seinen Blutzuckerspiegel, zählt die Tabletten ab, spritzt das Insulin. Doch bald nach seinem Einzug ändern sich die Regeln, und es kommen Mitarbeiter eines mobilen Pflegeteams. Mein Vater und sie verpassen einander oft. Manchmal schafft er es nicht, rechtzeitig von einem Spaziergang zurückzukehren, manchmal verspäten sie sich, und er hat keine Lust zu warten. Er ist einer von vielen auf ihrer Liste. Die Schwestern im Altenheim dürfen ihm nur noch in Ausnahmefällen eine Spritze geben. Weil er betreut wohne und nicht stationär als Pflegefall untergebracht sei, erklären sie ihm. Somit gehorche seine Versorgung anderen Richtlinien. Welch dümmlicher Bürokratismus, ereifert sich mein Vater, der, es liegt erst wenige Jahre zurück, im Gesundheitsministerium ein Referat leitete und die Bürokratie verkörperte. »Denkt denn da keiner mit?«

Für den Harndrang, der seinen Diabetes begleitet, findet er keine Worte. Bis wir über Gummihosen und mögliche Vorteile eines Blasenkatheters sprechen können, werden Monate vergehen. Solange überspielt er die Momente nasser Hosen, die Momente nasser Sofakissen, Scham und Pein. »Tropfenfänger« nennt er die Windeln für alte Menschen, die er trägt. Doch wenn er seinen Körper auf einem Sessel zurechtrückt, wenn er in ein Taxi einsteigt, hohe Treppenstufen bewältigen muss, verrutscht die Vorrichtung. Dann bittet mein Vater, er möge gerne in sein Zimmer zurückkehren. Dort zieht er sich um, mühsam und alle Hilfe abwehrend. Eine halbe Stunde später bricht er erneut auf. Und murmelt an guten Tagen, er wechsle öfter die Kleider als ein König. An schlechten blickt er müde.

Einige Wochen wohnt er in der neuen Bleibe, als von einem Tag auf den anderen der Sommer im Rheinland Einzug hält. Es ist schwülheiß, selbst nachts sinken die Temperaturen kaum. »Ich trinke mehr als jede Blume«, wehrt mein Vater ab, wenn ich anrufe: »Papa, mindestens eineinhalb Flaschen am Tag.«

Noch immer rät ihm der verwirrte Mitbewohner, er solle die Hose herunterlassen. Noch immer ruft die verwirrte Bewohnerin, »Kuckuck, Monsieurchen!«, sobald sie ihn sieht. Noch immer bewegt sich mein Vater langsam über den Flur, setzt vorsichtig die Schritte, er trägt nun Schuhe, auf deren Karton »altengerecht« geschrieben stand, der Kauf ist ihm schwergefallen. Seine Scheu hat er verloren. Morgens begrüßt er die Rotbuche vor der Terrasse, die weite Baumkrone, die ihm Schatten spendet, und seinen Besuchern führt er die Geranien vor, die der Gärtner des Heims in die Balkonkästen gepflanzt hat. Verglichen mit Madame Kuckuck gehe es ihm doch recht gut, sagt er.

Er verschweigt, was ihm widerfährt, wenn er sich alleine aufmacht in die Welt. Niemand soll auf die Idee kommen, seinen Spielraum weiter einzuschränken. Wir ringen ohnehin jede Woche miteinander: Seine Familie will seine Sicherheit gewährleisten, er fürchtet um sein Eigenleben. Es sind freundliche Fremde, die uns Geschichten erzählen wie die von seinem Ausflug zum Bad Godesberger Wochenmarkt. Die ersten Knubberkirschen solle es dort geben, hatte er von einem der Skatbrüder gehört, süß, dunkel, saftig. So richtete er sich stadtfein her, ein Herr in Anzug und Krawatte, der zwei Kilo Knubberkirschen erstand. Dessen Beine die Kraft verließ, der ausrutschte, in seine Knubberkirschen fiel, dessen Tropfenfänger verrutschte. Ein paar Damen näherten sich ihm, Tütchen am Arm und die Konditorei vor Augen; keine Kraft, keine Ausdauer für diesen schweren Körper auf dem Asphalt. Ein paar Männer schauten zu, gruppiert um einen Imbisstisch, Bierdosen in der Hand, erwartungsvoll, was ihnen noch geboten werde. Bis ein Taxifahrer hielt und die Szene beendete.

Den Gehstock, den mein Bruder daraufhin kauft, vergisst mein Vater meist in seinem Zimmer. Einen Rollator lehnt er ab. Gewöhne man sich an die Annehmlichkeiten solcher Hilfsmittel, wolle man immer mehr davon ausprobieren, meint er. Dann dauere es nicht lange, und man sei vollends abhängig.

Hartnäckig hält er an einem Zustand fest, den er längst hinter sich gelassen hat. Er besorgt Stühle auf Rollen, »für die Skatrunde«, sagt er, doch meistens schiebt er sich auf einem dieser Stühle durch den Raum. Rollen sie weg, bevor er sicher Platz genommen hat, liegt er rücklings auf dem Boden. Er findet sie dennoch praktisch.

Auch sein Bett verteidigt er, einen vom Schreiner gefertigten hellen Holzkasten mit Schnitzwerk. Er hat einen Gurt an dessen Pfosten angebracht. Die Schwestern sähen ein Pflegebett lieber, verstellbar und mit einem Gitter zu versehen, aber mein Vater mag kein Pflegebett in seinem Zimmer anschauen. So fällt er aus dem Bett, robbt über den Boden, bis er das Ende des Gurtes greifen kann, und zieht sich daran hoch. Er lande ja weich, sagt er, auf dem Beförderungsteppich. Es ist ein Perserteppich, dunkelrot gemustert, er schenkte ihn seiner Frau und seinen Kindern, als er zum Ministerialrat ernannt wurde, und verwahrte das Zertifikat in einer Dokumentenmappe. Ich erinnere mich an den Ausflug in das Teppichgeschäft an einem Samstagnachmittag, eine Ausnahme, die meisten Läden schlossen beim Klang der Sirene um zwölf, spätestens aber um vierzehn Uhr. Gestapelt lag das bunte weiche Knüpfwerk dort, und wenn man mit dem großen Zeh hineinstieß, versank er darin. Als ich ein Kind war, hielt man einen Perserteppich, gekauft bei einem Mann mit glänzendem Schnurrbart und orientalischem Namen, in Deutschland für eine beständige Wertanlage.

»Mag sein, dass du weich fällst«, sage ich. »Aber schaffst du es auch zurück?« Das Bett ist hoch gebaut. Selbst wenn man aufrecht steht, muss man hineinklettern. »Mach dir keine Sorgen«, antwortet er. »Zur Not ist ja noch der Sessel da.«

Treffe ich Menschen, die ihn kannten, als er noch nicht der Bewohner eines Altenheims war, reden sie auf mich ein. Sie wüssten ja auch nicht. Er sei wohl auch ein bisschen komisch, jetzt. Sie würden ihn ja gerne besuchen, aber. Sie hätten ihm geschrieben, gemeldet habe er sich nicht, und jemandem nachrennen, das täten sie nicht. Sie klingen hilflos. Sie klingen nach Scham.

Manchmal berichte ich meinem Vater von diesen Begegnungen im Supermarkt, an der Tankstelle, im Gartenlokal am Rhein. Ich spreche von Freundschaft, von Verbundenheit, sage: »Vielleicht magst du die doch einmal anrufen?« Er müsse sich wirklich mal melden, antwortet er dann, bei diesem, bei jenem, gleich morgen. Er ruft nicht an.

Auch unsere Verabredungen hält er immer öfter nicht ein. Wenn ich ihn nicht antreffe und abends wissen will warum, von Mal zu Mal wird mein Ton am Telefon schärfer, schimpft er zurück: Er sei immer noch sein eigener Herr! Und seinen Kindern keine Rechenschaft schuldig! Dann legen wir den Hörer auf, unversöhnt. Und doch schätze ich dieses Gemecker mehr als die Abende, an denen er sich geniert. Er habe es vergessen. Schon wieder. Es tue ihm leid. Es sei doch keine Absicht, dieses verdammte Vergessen. Dann geniere ich mich. Warum frage ich auch nach? Kein Mensch soll sich entschuldigen müssen, weil er altert.

Ich gehe dazu über, ihn vor meinen Besuchen anzurufen. »Ist denn heute Samstag?«, fragt er zur Begrüßung in den

Telefonhörer. »Oder Dienstag? Tatsächlich Samstag? Na, dann komm mal vorbei!« Es ist, als löse der immer gleiche Rhythmus seines Alltags die Wochentage auf. Frühstück um halb neun, Mittagessen um zwölf, Kaffee, Abendbrot. Gedächtnistraining, Skatrunde. An Sonn- und Feiertagen zum Essen ein Glas Wein im Speisesaal.

An einem Montag wartet er wie verabredet auf mich. Zwei freie Wochen liegen vor uns; ich habe ihn gebeten, mir mehr zu erzählen, aus Masuren, aus der Nachkriegszeit, aus den Jahren im Gefängnis. Als ich meine Notizblöcke auspacke, die Stifte, das Aufnahmegerät, erfahre ich, dass sich ein Vertreter für Wein und Sekt angekündigt hat. Der Mann hat meinen Vater im Altenheim ausfindig gemacht, früher hat er ihn viele Jahre lang beliefert. »Ich wollte den nicht abweisen«, sagt mein Vater, als er meinen Unwillen merkt. »Der kennt mich doch von damals.« Er hat Tassen auf den Couchtisch gestellt und aus der Küche des Altenheims eine Kanne voll Kaffee besorgt und im Laden nebenan eine Dose Kaffeesahne. »Ich trinke ja schwarz, aber womöglich mag der Herr es anders.« Doch der Vertreter lehnt ab. Kein Kaffee, keine Kaffeesahne, kein Ausflug in die Vergangenheit, die er mit diesem Kunden teilt. Heute, sagt der Mann und breitet bunte Kataloge aus, habe er etwas ganz Besonderes im Angebot: attraktive Präsentkörbe. Immer ein schönes Geschenk. Inklusive Grußkarte. »Mit besten Wünschen von Horst Thimm.« Das sei darauf schon vorgedruckt. Mein Vater blättert durch die Kataloge.

Das günstigste Arrangement kostet neunundvierzig Euro neunzig und beeinhaltet eine Flasche Sekt, ein Duschgel und einen Waschlappen. »Die Wellness-Linie«, sagt der Mann, »etwas für Damen.« Das »Italienische Sortiment« für neunundsechzig Euro neunzig umfasst eine Flasche ro-

ten Landwein, ein Glas Tomatensauce, ein Glas Oliven-
creme und einen Beutel Nudeln. »Dann hätten wir noch
das ›Traditionspaket‹.« Als mein Vater überlegt, was die
ferne Schwägerin in Berlin wohl am meisten erfreue, sie
habe doch bald Geburtstag, schlage ich dem Vertreter vor
zu gehen. Doch er bleibt sitzen. Wie soll ich meinen Vater
schützen, ohne dass er sich gedemütigt fühlt, bevormun-
det, entmündigt? Wie werde ich diesen Mann los, der nun
auch noch mit einem »attraktiven Kerzenhalter« lockt, gratis? »Wirklich eine gelungene Ausführung«, sagt mein Vater, und eifrig nickt der Vertreter, als nehme er ihn ernst.
Ich schlage einen Einkaufsbummel vor. »Dann suchen wir
in Ruhe ein Geschenk aus.« Lass mal, sagt mein Vater, unterschreibt die Wellness-Linie und dreimal das Traditionspaket inklusive der Grußkarten. »So ist das schon gut. So
erfahren ein paar Leute, dass es Horst Thimm noch gibt.«

Als der Mann sich verabschiedet hat, möchte ich über
miese Vertretergeschäfte sprechen und mein Vater Kaffee
trinken. Wir trinken Kaffee. Mein Vater schenkt aus der
Altenheim-Küchenkanne ein, bietet mir Dosensahne an
und einen Piccolo, den hat der Vertreter da gelassen,
»kleine Aufmerksamkeit«. »Lass uns nicht debattieren,
Schatz«, sagt mein Vater. »Lass uns lieber die Zeit nutzen.
Du hattest Nachfragen bezüglich des 21. Januar 45?«

Ich überlege, was er meint. »Die Flucht«, sagt er, »du
wolltest noch Einzelheiten wissen.« Er handelt mit mir,
denke ich: Wie sollte ich auf meinem Vertreterthema be-
harren, wenn er sich seinen schmerzenden Erinnerungen
stellen will? Ich antworte dann, dass es noch einmal um den
genauen Fluchtverlauf gehe, »die Orte heißen ja jetzt anders«. Mein Vater tritt an die Landkarte, die wir bei seinem
Einzug über dem Nachttisch aufgehängt haben, ›Topogra-

phie Ostpreußens, Maßstab 1:300 000‹. Eine Nadel mit
rotem Kopf steckt darin, sie steckt im Lenksee, und mein
Vater zieht mit dem Zeigefinger eine Linie vom roten Na-
delknopf in nordwestliche Richtung über den Karton.
»Kallenau, Heilsberg, Neu Passarge, Kahlberg. Kahlberg
mit h.« Perle der Nehrung hätten die Leute die kleine Stadt
früher genannt. Aber das habe er mir ja bereits erzählt.

Ein zweites Mal fährt er mit dem Zeigefinger die Linie
nach. Er ist ein bisschen stolz. Es sei doch erstaunlich, was
ihm alles wieder einfalle, meint er. Dann gerät sein Körper
aus dem Gleichgewicht. Er sucht mit der Hand Halt an der
Wand. »Vielleicht kämst du mit einem Stock doch ganz
gut zurecht«, sage ich. Und würde gerne sagen, wie leid er
mir tut. Wie schwierig muss es sein, sich mit dem Schmerz
des Lebens versöhnen zu müssen, wenn man zu alt ist,
um eine Zukunft zu haben. »Ich kann wohl froh sein,
dass man mich nicht einliefert«, sagt er, als er wieder
sitzt. »Diagnose: Stursinn. Denn mein See fehlt mir noch
immer.«

Einige Wochen darauf klingelt, während ich schlafe, das
Handy. Ich bin verreist, weit weg. Es ist Nacht in Asien und
später Abend in Deutschland. Die Stimme meines Vaters
klingt gepresst. Er fragt, ob ich Informationen darüber
hätte, wie weit die Russen schon vorgerückt seien. Er könne
nicht fliehen. Große Tiere vor dem Fenster versperrten ihm
den Weg. »Es ist bestimmt das Hirschgeweih«, sage ich.
»Weißt du? Das haben wir doch beim Einzug aufgehängt.«
Bestimmt habe er geträumt.

»Wohl kaum«, sagt er. Und jetzt müsse er los, weg von
der polnischen Grenze. Die russischen Soldaten!

Kein russischer Vormarsch, sage ich in das knisternde

Mobilfunknetz. Bestimmt nicht! Und wegen der polnischen Grenze, »keine Sorgen! Du weißt doch, die EU-Osterweiterung. Freier Verkehr von Personen, Waren, Dienstleistungen und Kapital. Da ist keine harte Grenze mehr.«

»Und die Russen?«

»Die sind im Nato-Russland-Rat.«

»Kannst du die Nachrichten verfolgen? Vielleicht melden die da etwas?«

Durch das Fenster beobachte ich, wie sich im Park erste Menschen sammeln. Sie biegen ihre Körper, Qigong und Tai Chi bei Sonnenaufgang. Ich verspreche meinem Vater, dass ich ihn, sollten die Nachrichten Neues melden, sofort anrufe. »Und, Papa, du kannst doch gleich noch einmal das Nachtjournal einschalten.«

Erleichtert sagt er ja. »Das ist nun wirklich einmal eine gute Idee.«

Ich bin aufgewachsen mit der Nazivergangenheit Deutschlands. Dass vielen der Erwachsenen, die ich kannte, als Kind Leid widerfahren sein könnte, lag außerhalb meiner Vorstellungen. Viele gestanden es sich wohl selbst nicht zu. Die Kriegskinder waren Täterkinder und die Zeit ohnehin lange nicht danach beschaffen, eine widrige Kindheit hervorzuheben. Nahezu jeder hatte eine Spielart erlebt. Beschwerliche Umstände anzuführen stempelte einen eher zum Verlierer. Den Aufstieg aus dem Nichts zu würdigen ist ein junges Phänomen.

»Gnadenlose Diskretion« nennt der Schriftsteller Peter Härtling, geboren im Jahr von Hitlers Machtergreifung, das Schweigen dieser Generation. Sie hat es früh erlernt. Wen hätten die Jungen und Mädchen fragen sollen, was das denn bedeute – die Kolonnen der Häftlinge aus den Konzentrationslagern, die Vergewaltigungen, die toten Säuglinge auf der Flucht? Sie waren mit ihren Ängsten allein, weil die Erwachsenen selbst alle Kraft zum Überleben brauchten.

Vierzig Prozent der nun gealterten deutschen Kriegskinder gelten als traumatisiert. Womöglich ist, was in Deutschland »Altersgriesgram« heißt, auch eine späte Reaktion auf frühe Gräuel. Womöglich lasten die vergangenen Bilder auf den Männern und Frauen: Vater verloren, Geschwister verloren, Heimat verloren, Sicherheit verloren, Geborgenheit verloren, Gewalt ausgehalten. Die Psychoanalyse immerhin erklärt mit solchen frühen Verlusterfahrungen depressive Zustände im Alter.

Leid ist eine mächtige Wahrheit. Millionen Menschen hat es sich ins Gedächtnis und in den Leib geschrieben. Das Geräusch der Sirenen. Der Geruch von verbranntem Fleisch. Die Form verschrumpelter Körper. Nun entfalten verwandte Sinneseindrücke unvorhersehbare Kräfte. Und je älter der Mensch wird, desto brüchiger werden seine Abwehrstrategien. Das Grollen eines Donners, das Dröhnen eines Flugzeugs vermag die abgelegten Erinnerungen wiederzubeleben. So sucht sich das alte Leid unbewusst seinen Weg. Unbelastet von jedem Arbeitsalltag, frei von Verantwortung für heranwachsende Kinder hat der Kopf viel Zeit für unbewältigte Momente, viel Platz für scheinbar vergangene Bilder.

Es wird vielen Momenten nachgesagt, sie markierten das Ende des Krieges in Deutschland. Der Sieg der Alliierten 1945. Die Gründung der Bundesrepublik 1949. Die Wiederbewaffnung 1955, die Proteste 1968, der Mauerfall einundzwanzig Jahre später. Doch womöglich wird er erst vergangen sein, wenn die Kriegskinder mitsamt ihrer inneren Bilder verstorben sind. Vielleicht werden auch deren Kinder und ihre Familiengeschichte längst begraben sein müssen. »Der Krieg wird nie aufhören«, schreibt Peter Härtling. »Sieben Jahrzehnte Leben haben es mich gelehrt. Vor meinen Kindern und Enkeln behielt ich diese Erkenntnis für mich.« Nun, konfrontiert mit den Nachrichten aus Afghanistan, Bosnien oder Albanien, mache ihn sein Krieg verspätet zum Zeugen. »Die Albträume kehren wieder, ständig wechseln die Reden und die Wirklichkeiten. Ich rede mich zurück und zugleich heraus, denn nichts wird mir unheimlicher und lästiger als das erinnernde Kind.«

Vier

Im frühen Herbst lebt mein Vater beinahe ein halbes Jahr in seinem neuen Zimmer. Er beschließt, die letzten schönen Sonnentage zu nutzen. Er kauft ein Fahrrad. Er kauft es ohne uns.

Ein paar Tage zuvor noch hat mein Bruder ihm Prospekte zugeschickt. »Dreiräder für Senioren«. Natürlich sähen die nicht so schnittig aus wie das alte Peugeot-Herrenrad, hatten die beiden am Telefon besprochen. Doch sie seien stabil und transportieren lasse sich in dem großen Korb auch alles Mögliche. So dachte mein Bruder, so sagte mein Vater. Nun steht in seinem Altenheimzimmer ein silberschwarzes Zweirad, gefedert und mit verstärktem Rahmen. Ein guter Kompromiss, findet mein Vater. So ein Dreirad sei doch eher albern.

Ein weiteres Mal will er seinem Körper Normalität abverlangen. »Eine Übergangslösung«, erklärt er einer Pflegeschwester, die nachfragt. Vorsichtig bedeutet sie ihm, dass auch dieses solide gebaute Rad noch zu schnittig sein könne für seine körperliche Verfassung. »Ich möchte es auch nur so lange benutzen, bis ich wieder Auto fahre«, entgegnet ihr mein Vater.

Das Auto ist seine fixe Idee geworden. Zuletzt fuhr er einen blauen Peugeot, Typ 206; das Vorgängermodell war rot und das davor cremeweiß, Typ 205, Typ 104. Er ging immer zum gleichen Händler. Ihm gefielen diese kleinen französischen Autos, er fand sie modern.

Es ließ sich ziemlich schnell mit ihnen fahren. In meinem Kinderzimmer hörte ich ihn, lange bevor er den Wagen auf der Einfahrt parkte. Er brauste die Straße entlang, an der mein Elternhaus liegt; sein Bremsweg war lang, vierter, dritter, zweiter Gang, jedes Mal hörte es sich an, als ob das Auto gurgele. Dann war er angekommen. »Ist jemand da?«, rief er unten an der Tür, als mein Bruder und ich noch Kinder waren. Ihm schien nichts dringlicher zu sein, als nach Hause zu eilen. Doch war er eingetroffen und hatte alles unverändert vorgefunden, zog er sich meist zurück.

Nun ist sein Auto verkauft. Ich habe es gekauft, ich besaß gerade keines, und irgendwo musste es ja bleiben. Der Chefarzt im Krankenhaus hatte meinem Vater erklärt, er müsse fortan auf ein Auto verzichten; und ich hatte mir vorgestellt, der Verzicht falle ihm leichter, wenn, wie mein Vater es formuliert hätte, das Auto in der Familie bleibe. Als ich den Wagen ummeldete, suchte ich in der Zulassungsstelle ein Schild mit den Buchstaben A und K. »AK« hatte auf seinem Nummernschild gestanden. Er hatte sie gewählt, weil so die Vornamen seiner Kinder beginnen, da war ich sicher. Nein, nein, sagte er, als ich ihn bei meinem nächsten Besuch zum Auto führte, A und K, das habe nichts mit uns zu tun. Das Nummernschild habe der Peugeot-Händler bestellt, ein Service.

Alle Nummernschilder dieses Händlers tragen in der Mitte die Buchstaben A und K. Es sind die Firmeninitialen.

Womöglich ist nie ein rappeliger Peugeot 206 gedanklich derart überhöht worden. Doch ein Auto zu fahren bedeutete meinem Vater Freiheit. Es wurde ihm umso wichtiger, je engere Grenzen ihm sein Körper setzte. Nun, da der Arzt das Auto aus seinem Leben gestrichen hat, verweist mein Vater zum ersten Mal auf die Jahre im Gefängnis. Unwillig knurrt er, dass er eingesperrt sei wie im Knast. An manchen Tagen macht er mich dafür verantwortlich, schließlich bin ich es, die seinen Wagen nun fährt. Wenn ich ihn abhole und er sich auf den Beifahrersitz zwängt, langsam das Gesäß platziert, vorsichtig den Körper dreht, die Beine in den Fußraum hebt, das linke, das rechte, schlägt er jedes Mal vor, mich am Steuer abzulösen.

Noch viele Jahre werden Autos ihn beschäftigen. Dement schon, wird er mir erzählen, er habe einen Van gekauft, in dem wir alle Platz fänden, die ganze Familie. Voll Sorge wird er mir berichten, der Wagen sei gestohlen worden, irgendwo, eine Bande Jugendlicher habe ihn entwendet. Er wird so viele Monate nach diesem Van fragen, bis ihn niemand mehr vertrösten kann. Mein Bruder wird ihn dann, da sitzt mein Vater bereits im Rollstuhl, zu einer Polizeistation schieben. Danach wird Horst Thimm einen Zettel in seiner braunen Umhängetasche aufbewahren, abgestempelt in einer Dienststelle der Bonner Polizei. Das vermisste Fahrzeug sei unbekannt, wird auf dem Zettel stehen.

Früher, als nichts darauf hinzudeuten schien, dass ihn die Kraft jemals verlassen könne, schimpfte er über die Sonntagsfahrer. Ohne erkennbares Mitleid betrachtete er die alten Frauen und Männer, die ihre Autos unbeholfen durch die Straßen steuerten. Er hätte ihnen am liebsten den Führerschein abnehmen lassen. Nun steht seine eigene Fahrtüchtigkeit in Zweifel. Es ist ein Zustand, den er nicht erträgt. Er vereinbart einen Termin mit einem Psychologen, der ein Gutachten erstellen soll. Kurz nach dem Schlaganfall hat dieser Psychologe schon einmal positiv geurteilt. Mein Vater hält ihn für einen fähigen Mann.

Während er auf den Bescheid des Gutachters wartet, will er das neue Fahrrad einweihen. Er verabredet sich mit einem ehemaligen Kollegen. Die Tagestour der beiden Pensionäre endet bald auf einem Weg am Rheinufer.

Ich mag diesen Weg, denke ich, als er mir die Stelle zeigt, wo er das Gleichgewicht verlor. Pappeln wachsen in den Himmel, und von der Böschung lassen Kinder Kieselsteine über den Fluss hüpfen. Auf der gegenüberliegenden Seite breitet sich auf dem Petersberg das Grandhotel aus, das frühere Gästehaus der Bundesregierung.

Als Schülerin bin ich zum jährlich wiederkehrenden Wandertag hinaufgelaufen, 331 Meter hoch. Im September 1938, als mein Vater noch unbeschadet von der Welt Pilze im masurischen Wald suchte, hatte der britische Premierminister Neville Chamberlain hier übernachtet. Tags darauf war er in einem Hotel am Rheinufer mit Adolf Hitler verabredet. Chamberlain wollte den Krieg verhindern, und so gestand er Hitler bei dem Treffen das Sudetenland zu. So weit zurück aber blickten wir nicht bei unseren Klassenausflügen.

Der Geschichtslehrer war ein Freund der Bonner Republik. Er liebte die Anekdoten über Adenauer. Obgleich evangelisch und offenkundiger Anhänger der SPD, begeisterte den Pädagogen die Nonchalance des ersten Bundeskanzlers. Nonchalance sei ein typisches Merkmal des Rheinländers, so lehrte er uns. Wir spazierten durch das Siebengebirge, wo Siegfried der Sage nach den Drachen tötete, und der Lehrer berichtete von Adenauer und den drei Hohen Kommissaren der Siegermächte. Die Vertreter Amerikas, Großbritanniens und Frankreichs hatten nach dem Krieg ihre Büros auf dem Petersberg eingerichtet, erzählte er, und Adenauer, gerade zum Bundeskanzler gewählt, sollte dort das Besatzungsstatut entgegennehmen. Im großen Gesellschaftsraum erwarteten sie ihn, und er betrat den Teppich, auf dem sie standen. Gegen jedes Protokoll verstieß der alte Mann aus Rhöndorf mit diesem Schritt und stellte sich so auf Augenhöhe mit der westlichen Welt. Niemand, und das entzückte unseren Lehrer, unterschrieb bei diesem Termin das Besatzungsstatut. Stattdessen gab es Wohlwollen und Getränke, und der Bundeskanzler versprach treue Demokratie als Gegenleistung für weitgehende Souveränität. Sechs Jahre darauf wurde Deutschland wiederbewaffnet und zählte, dem Rheinländer sei Dank, nun zur Nato. So lernten wir Schüler der Bonner Republik und waren froh, dass uns der alte Mann aus Rhöndorf vor der DDR bewahrt hatte, wo es unseres Wissens weder akzeptable Jeans noch Turnschuhe gab. Der Original Dresdner Christstollen, den die fremden Verwandten dort backten und den sie uns schickten, enthielt jedenfalls nur deshalb Orangeat, weil es in den Novemberpäckchen aus dem Westen gelegen hatte. Das wussten wir genau. Wir hatten die Päckchen selbst zur Post gebracht.

Auch eine andere Geschichte gefiel uns. Leonid Breschnew spielte die Hauptrolle darin, der Mann mit der eierförmigen Fellmütze, der zweimal Staatsoberhaupt der alten Sowjetunion war und viermal als deren Held ausgezeichnet wurde. Bei einem Staatsbesuch hatte er 1973 im Namen der Bundesrepublik einen Mercedes Benz als Geschenk erhalten. Gleich während der ersten Probefahrt auf dem Petersberg verlor der sowjetische Held die Kontrolle über das Fahrzeug. Dem Lehrer schien dies ein Beispiel für die Abgehobenheit der Politik. Wer ohne Chauffeur sogleich einen Unfall baue, der sei dem Alltag entfremdet, urteilte er, und wir hielten seine Argumente für sehr logisch. Wir sahen die Mächtigen gerne ihrer Posen beraubt, wir standen schließlich in der Pubertät. So dachte ich meist an Breschnews Malheur, wenn wieder einmal ein Tross schwarzer Limousinen auf der Bundesstraße unterhalb des Siebengebirges entlangraste. Die verdunkelten Scheiben, der Schwarm der Polizisten auf den Motorrädern drum herum, die Wimpel auf den Staatskarossen, die Geschwindigkeit – ich fühlte mich dem Spektakel herrlich überlegen.

Mein Vater hat keinen Sinn für die Anekdoten, mit denen ich ihn ablenken will. »Lass gut sein«, sagt er, äußerlich unbeschadet von dem Sturz, und bringt das Rad zur Reparatur. Wenige Tage darauf verabredet er sich erneut. Ein zweites Mal fahren die beiden Pensionäre zum Rhein. Diesmal humpelt er, mit Schürfwunden und blauen Flecken versehen, zurück ins Altenheim. Am Abend bittet er die Schwestern um einen dauerhaften Kellerplatz für sein Fahrrad.

In der Woche darauf schickt der Psychologe das Gutachten. Keine Fahrtüchtigkeit. Bei meinem nächsten Besuch spricht mein Vater kaum mit mir. Er lege keinen Wert auf Gesellschaft, teilt er mir dann mit. Fünf Stunden habe meine Fahrt gedauert, halte ich ihm vor, lauter Staus auf der Autobahn.

Er habe mich nicht um einen Besuch gebeten, antwortet er. Und im Übrigen zwinge mich niemand, sein Auto zu fahren.

Es geschehe etwas Natürliches, versuche ich mir einzureden. Er hat früher mein kindisches Getue ausgehalten, nun muss ich seines ertragen. Er hat mich früher angeleitet, nun ist es an mir, ihn zu begleiten. Irgendwann kehre sich die Verantwortung eben um.

Abends ruft er an. »Eine gute Nacht«, sagt er. Und dass es fürchterlich an seinen Nerven zerre, wenn seine Kinder meinten, sich ständig in seine Angelegenheiten einmischen zu müssen.

Er fühlt sich nicht alt. Die Großtanten meiner Kindheit fühlten sich alt, es waren Frauen mit rundem Rücken und weißem Dutt. Die Mütter meiner Freundinnen tragen im gleichen Alter Paillettenkleider. Sie bestellen Latte macchiato, sie fahren Auto. Ich kenne niemanden, der älter ist als siebzig Jahre und seine Fahrerlaubnis freiwillig abgegeben hätte. Ich kenne auch keine Statistik, die dies nahelegen würde. Es nehmen nicht nachweislich mehr Menschen Schaden, weil ein Siebzigjähriger langsamer reagiert, es leiden vor allem Poller und Stoßstangen. Und doch setzt das Leben immer engere Grenzen. Es muss verunsichern, derart zwiegespalten zu altern.

Wie vielen der ehemaligen Kriegskindern fehlt meinem Vater ein Altersvorbild. Er war dreizehn, als sein Vater umkam, und dreißig, als seine Mutter verstarb. Er hatte die Jahre, in denen sie an Krebs erkrankt war, in einem Gefängnis der DDR zugebracht. Er sah sie nicht schwächer werden, erlebte sie nicht krank, fehlte, als sie beerdigt wurde. Ihm blieb nur die Erinnerung an Eltern, die, wie es ihre Zeit verlangte, ihren Sohn darin unterwiesen hatten, keine Schwäche zuzulassen.

So jedenfalls lesen sich die Briefe, die seine Mutter in den ersten Nachkriegsmonaten an ihre Schwägerin in Westberlin schickte. Sie lebte nun mit den drei jüngsten Kindern und mit Ruth, dem ehemaligen Pflichtjahrmädchen, in ihrem Eberswalder Elternhaus. Es hatten sich auch russische Besatzungssoldaten in die Villa einquartiert. »Mit den Russen ist es ein schweres Verhandeln, weil sie einem ja ewig mit der Pistole vor der Nase rumspielen. Aber bange machen gilt nicht«, schrieb Gertrud Thimm im Oktober 1945. Im Januar 1946 berichtete sie von blauen Flecken, von Keilerei und Sauferei; sie habe Ruth vor den Russen in

Sicherheit bringen müssen. Drei Monate darauf verfasste sie den Brief, in dem sie der Verwandten den Tod der ältesten Tochter mitteilt. Die Tochter war Flakhelferin im Krieg gewesen, fast ein Jahr lang hatte sie als vermisst gegolten. Nun war die Nachricht gekommen, dass eine der letzten Bomben des Krieges ihr den Kopf zertrümmert hatte. »Ich komme über den Schlag nur sehr, sehr schwer hinweg«, schrieb die Mutter. »Ich habe manchmal dies alles hier so satt. Du glaubst es gar nicht. Na ja der Brief ist lang genug. Euch allen viele liebe Grüße Trudel.«

»Meine Mutter hatte in Eberswalde die Wohnung in der ersten Etage übernommen«, erzählt mein Vater. Wir sitzen in den roten Sesseln, die er nach seinem ersten Krankenhausaufenthalt kaufte, weil er die Farbe so lebensfroh fand. Er hatte bis zu jenem Moment immer für schwarze Lederpolster geschwärmt.

Er hat ein Handtuch auf dem Sitz ausgebreitet. Seit sein Körper sich so oft seiner Kontrolle entzieht, hat er sich angewöhnt, Vorsorge zu treffen. Langsam dreht er einen Korkenzieher in eine Weinflasche. »So klein«, fragt er und blickt auf das digitale Aufnahmegerät, lenkt ab von den Händen, die einmal drei Wasserkästen gleichzeitig fassten und nun kaum mehr einen Korken ziehen können. »Und darauf passen all die Moritaten?«

Wir prosten einander zu. Als er von Eberswalde spricht, die Augen halb geschlossen, die weißen Haare an das rote Veloursleder gelehnt, malt sich in meine Gedanken ein Wohnzimmer. Flügeltüren, Parkettböden, und ein Leuchter aus Kristallplättchen, der klimperte, wenn draußen ein Fuhrwagen die Straße passierte. Im Wohnzimmer standen auch die Mooreichenmöbel und die ledernen Clubsessel, in denen seine Mutter als Mädchen zur Teestunde Platz genommen hatte, mit durchgedrücktem Rücken. »Sie hatten in Eberswalde einen Geschmack für gute Sachen«, sagt mein Vater.

Seine Großmutter war, wenige Tage bevor die Flucht der Kinder in Eberswalde endete, an der Krebskrankheit verstorben. Sie hatte einen komplett eingerichteten Haushalt hinterlassen. Sogar eine Dachkammer hatte mein Vater vorgefunden. Wie im Forsthaus am Lenksee hieß die Mansarde Sperlingslust. Manchmal kletterte er von dort auf das Dach, blickte in die Mark Brandenburg und sah vor sich die Bäume aus Masuren. »So gesehen, war ich ein glückliches Flüchtlingskind«, sagt er.

Der Gedanke, mein Vater könne ein sehnsüchtiger Mensch sein, hätte mir lange Unwohlsein bereitet. Ein Kind erträgt die Sehnsüchte seiner Eltern schlecht. Sie scheinen das Leben, wie es ist, in Frage zu stellen, und ein Kind verlangt es nach Sicherheit. Inzwischen mag ich seine Sehnsucht. Ich kenne Sperlingslust.

Ich kenne nun auch Eberswalde. Hier werden die niedrigsten Mieten Deutschlands erzielt, und Rechtsradikale haben dem Ruf der Stadt geschadet. Doch für mich ist der Ort nahe der Schorfheide der eigentliche Schauplatz der Wiedervereinigung.

In Eberswalde dachte ich zum ersten Mal über Willy Brandts berühmten Satz nach. Hier wuchs etwas zusammen. Ich war plötzlich im Besitz einer ostdeutschen Familiengeschichte. Plötzlich lagen Rückübertragungsformulare auf dem Schreibtisch meines Vaters. Angestellte einer ostdeutschen Stadtverwaltung schrieben Briefe, in denen vom Anspruch auf enteigneten Grundbesitz zu lesen war. Mit einem Mal gehörten zu unserer Familie zweiundvierzig schäbige

Schuppen auf dem Gelände eines ehemaligen Parks, sechs erneuerungsbedürftige Mehrraumwohnungen in einer ehemaligen Villa – und lauter mir fremde Erinnerungen. Ich war nun auch die Urenkelin eines Medizinbuchverlegers, den seine Nachbarn »Millionenmaxe« genannt hatten. Er muss ein beherzter Mann gewesen sein, nonchalant und voll Mutterwitz. Einmal musste er während einer Messe im überfüllten Hotel Frankfurter Hof ein Zimmer mit einem Fremden teilen. Als dieser sich abends an seinen Toilettenartikeln bediente, sagte Millionenmaxe nichts. Aber er griff dann zur Zahnbürste des gierigen Mitbewohners und schrubbte sich damit das Gesäß. Aus dem Bett des Zimmergenossen drang Entsetzen. Mir gefällt dieser Urgroßvater.

Kein Gegenstand aus seiner Villa hatte nach dem Krieg den Weg nach Westdeutschland gefunden. Einzig ein paar schwarzweiße Fotos vermittelten in meinem Elternhaus eine Ahnung von dem Eberswalder Leben. Mein Vater hatte sie rahmen lassen, schmal und golden, und in den Treppenaufgang gehängt: Mädchen in Spitzenkleidern vor einem Teepavillon, ein Junge auf einem Pony im Park, schnauzbärtige Gamaschenträger vor einer Villa. Als Kind hatte ich diese Vorfahren in einer Märchenwelt angesiedelt.

Ich fuhr zum ersten Mal dorthin, nachdem mein Vater in einem Schreiben des Amtes für offene Vermögensfragen als rechtmäßiger Besitzer ausgewiesen worden war. Ich hatte morgens in Hamburg einen grauen Hosenanzug angezogen und mich in Richtung Osten aufgemacht. Auf der Autobahn dachte ich an die Erzählungen und Romane Theodor Fontanes, ich sah die Schilder mit den Ortsnamen der Mark Brandenburg, die ich aus seinen Büchern kannte, las Fehrbellin, Neuruppin, Kremmen, und ordnete sie den Geschichten von zackigen Kürassierregimentern, düsteren

Seen und dunkler Ehemoral zu. So kam ich nach Eberswalde.

Am Bahnhof traf ich meinen Vater und meinen Bruder. Wir fuhren zu einem Gebäude der Kreisverwaltung im benachbarten Bernau, einem Zweckbau der ersten Nachwendezeit, durch ein Industriegebiet, in dem Supermärkte für Schuhe und Kleinmöbel angesiedelt waren. Mein Vater war angespannt, mein Bruder und ich verspürten Ratlosigkeit. Da präsentierte ein Mann seinen Kindern ein Erbe, und die wussten gar nicht, was sie damit anfangen sollten. Eines hatte er uns am Telefon bereits unmissverständlich erklärt. Er wolle das Haus seiner Familie nicht veräußern.

Ich verstand seinen Wunsch. Schon als Kind hatte es mir gefehlt, dass mich kaum ein Ding mit der Geschichte meiner Familie verband. Ich liebte die Speicher in den rheinischen Elternhäusern meiner Freunde und begriff lange nicht, warum zu mir keine Omas, Opas, Tanten oder Onkel gehörten, auf deren Dachböden ich hätte herumwühlen können. Meine Mutter besaß ein Leinentuch, auf das ihre Großmutter mit rotem Garn das Alphabet gestickt hatte, anno 1894, lauter saubere Kreuzstiche. Das Tuch war gerahmt, deshalb verstand ich, dass es kostbar sein müsse. Die Eltern meiner Mutter hatten die DDR verlassen und waren 1960 ohne großen Hausrat in die Bundesrepublik gezogen. Ich stand als Kind oft vor diesem Tuch, ich wollte nicht in einem geschichtsfreien Raum aufwachsen. Natürlich nannte ich es damals nicht so. Doch ich fragte immer und überall nach »alten Sachen«.

In der Pubertät schuf ich Ersatz. An jedem dritten Samstag im Monat investierte ich auf dem Flohmarkt in den Bonner Rheinauen in alten Plunder. Ich kaufte rostige Bügeleisen und einen Setzkasten mit Spuren von Originaldruckerschwärze, auch löcherige, doch spitzenbesetzte Nachthemden wechselten in meinen Besitz. Mindestens hundert Jahre seien die alt, versprachen die Händler, und ich stellte mir die Nachthemden zwischen Lavendelkissen in handbemalten Wäscheschränken vor. In meinem Elternhaus standen die schnörkellosen Möbel der sechziger Jahre, und wir trugen bügelfreie Frotteeschlafanzüge. Ich hatte Sehnsucht nach Nostalgie. Ich war nicht die Einzige. Tausende trödelten an diesen Samstagen über den Flohmarkt am Rhein. Sie kauften altmodische Schranknähmaschinen, die zu Beistelltischen wurden, und widmeten bronzene Küchenwaagen zu Blumengestellen um.

Es kann nur der Ausdruck eines Mangels gewesen sein. Wir waren in ein Land hineingewachsen, in dem das Wort Vergangenheit gleichbedeutend war mit Schrecken, Krieg, Verbrechen und Völkermord. Wir lebten in Familien, die aus den Jahren vor dem Schrecken kaum einen Gegenstand hatten retten können.

Es fehlten die guten, die sinnstiftenden Symbole einer vergangenen Zeit, jene, die dem Menschen Geborgenheit vermitteln und ihm helfen, sein eigenes Lebens zu verstehen. Es fehlten, in unseren schweigenden Familien mit all ihren Tabus, die Geschichte und die Geschichten unserer Identität: Woher komme ich? Welche Erzählungen, welche Dinge zeugen davon? Wir hatten nicht viel, das darüber hätte Auskunft geben können – und wussten wir etwas, trug es uns oft nicht weit. Im Gegenteil: Die Geschichte unserer Familien war in den meisten Fällen eine Geschichte von Opportunismus oder Schuld.

Vielleicht lässt sich auch so der Drang nach Nostalgie in jenen achtziger Jahren erklären. In allen Städten eröffneten damals »Antik- und Trödelläden« mit Bauernschränken,

Küchenbüfetts, Emailledosen und Blümchenporzellan, mit dieser eigentümlichen Mischung abgenutzter Gegenstände, die bärtige Ladenbesitzer in ihren VW-Bussen heranschafften.

Selbst meinen Vater packte der Zeitgeist. Er nahm Kontakt zu Meldeämtern auf und suchte den ehemaligen masurischen Nachbarn, dem er in den ersten Fluchttagen das altgediente Pferd Eri und den vollgepackten Schlitten überlassen hatte, mitsamt dem geliebten Rosenthal-Service der Mutter. Er hat den Nachbarn nicht mehr lebend angetroffen und auch das Service nicht auffinden können. Als wir zum ersten Mal in Eberswalde vor Millionenmaxes Villa standen, sprach er wieder von diesem Porzellan. Vielleicht sei es ja doch noch aufzutreiben, irgendwo.

Eine Frau aus Eberswalde hatte uns zu dem Haus begleitet. Sie verwaltete es im Auftrag einer Genossenschaft, es war in den Jahren des Sozialismus in sechs Wohnungen unterteilt worden. Mit freundlichen Worten versuchte sie uns auf die Begegnung mit den Mietern einzustimmen. Es könne sein, dass die Mieter Probleme mit dem Begriff Alteigentümer hätten, sagte sie. Wir sollten das nicht persönlich nehmen.

Das Haus sah aus wie die Häuser, in denen ich als Kind immer wohnen wollte. Ein Erker, hohe Decken und ein Speicher. Im Park riesige Bäume. Die Fassade zeigte Risse, das Dach ein abgedichtetes Loch. Der Reiz, dieses Haus renovieren zu lassen und zu unterhalten, war so groß wie der Zweifel. Ich war im ersten Berufsjahr, mein Bruder studierte, mein Vater war krank und wurde alt. Überhaupt fühlte ich mich fehl am Platz. So angemessen mir der graue Anzug am Morgen erschienen war, so übertrieben kam er mir nun vor. »Die Eigentümer«, sagte die Frau von der

Hausverwaltung und stellte uns den Mietern vor, die seit Jahrzehnten dieses Haus bewohnten. Sie hatten uns nicht erwartet, als sie die Wohnungstüren öffneten. Wir besichtigten ihre Zimmer, die alten Kohleheizungen, die Badezimmer mit den Kacheln aus Plaste. Sie musterten uns, und wir musterten sie. Wir waren entsetzlich ungeübt in unseren Rollen als Wessi, als Hauseigentümer und als Erben von Millionenmaxe. Wir müssen einen unangenehmen Eindruck hinterlassen haben.

Millionenmaxes Villa hatte meiner Großmutter und ihren Kindern nicht lange Schutz bieten können. Die sowjetischen Truppen rückten immer näher an Berlin heran. Die Familie hörte den Kanonendonner. In manchen Stunden waren die Erschütterungen so stark, dass der Kronleuchter Kristallplättchen verlor.

Am 16. April 1945 fiel er frühmorgens von der Decke. Die Rote Armee zog in den Kampf um Berlin, und in Eberswalde bebte der Boden. Mehr als siebenhundert sowjetische Bomber griffen die Städte und die Dörfer westlich der Oder an.

Eberswalde war zur Festungsstadt erklärt worden. Frauen, Kinder und Häftlinge aus dem achtzig Kilometer entfernt gelegenen Konzentrationslager Ravensbrück hatten Panzersperren errichten und Schützengräben ausheben müssen. Die Stadt sollte der russischen Armee trotzen. Am 20. April erging ein Wehrmachtsbefehl an die Einwohner: Der Kampf stehe bevor, sie müssten ihre Häuser verlassen.

»Ich kann meiner Mutter nur dankbar sein, dass sie dem Aufruf gefolgt ist«, sagt mein Vater. »Es hat uns vor Bomben und Vergewaltigung bewahrt.« Er selbst hatte bleiben

90

wollen, er wollte nicht schon wieder aufbrechen. Lieber wollte der Junge sich daran gewöhnen, dass es immerzu rumpelte und schoss. Bei jedem Angriff war die Familie über eine Holztreppe in den Keller unterhalb der Waschküche geklettert. Manchmal hatte sie sich auch in dem öffentlichen Bunker auf der anderen Straßenseite verkrochen. Am 19. April erwartete sie dort ein SS-Mann. Er schickte sie zum Bahnhof, wo Züge für den Transport der Zivilisten bereitstanden. So zog die Familie, diesmal nur mit Handgepäck, erneut los: Die Mutter, die kleine Schwester, der kleine Bruder, Ruth und der Junge.

Rund siebentausend der 37 000 Bewohner aber verharrten. Eine Gruppe von Soldatenmüttern war darunter. Vor dem Wehrbezirkskommando forderten die Frauen, ein Sprechchor in Stakkato, die Kapitulation der deutschen Armee. Ihre Sorge interessiere ihn nicht, schrie der nationalsozialistische Kreisleiter sie an. Am Tag darauf verließ der Mann mit anderen Nazifunktionären, mit Polizisten und Feuerwehrleuten die Stadt. Dann zerstörte der Krieg auch Eberswalde.

Am Bahnhof war Gertrud Thimm mit den Kindern in einen Zug nach Mecklenburg gestiegen. Ein erstes Mal hatte er im vorpommerschen Stralsund gehalten, doch sie entschied, bis nach Bad Doberan zu reisen. Dort lebte eine ältere Dame, deren Tochter ihr in Ostpreußen eine vertraute Freundin gewesen war.

Wir sitzen auf der Terrasse des Altenheims und blicken auf die rotgefärbte Buche, als mein Vater mir zum ersten Mal von dieser Freundschaft erzählt. Wolldecken liegen auf unseren Knien, und die Herbstsonne scheint. Dennoch höre ich mit Unbehagen von jener Freundin. Sie hatte in einem Reichsarbeitsdienstlager gearbeitet, auf hohem Posten; sie musste eine überzeugte Nationalsozialistin gewesen sein. Ich habe mich in den zurückliegenden Monaten daran gewöhnt, mir meine Großmutter als eine geradlinige, intelligente, kluge Frau vorzustellen. Nun suche ich, es ist wie ein Reflex, Erklärungen. Ich denke an meine Freundinnen, an unsere Gespräche über den Mann, die Kinder, die kranken Eltern. Na ja, denke ich. Sicher verband auch diese beiden Frauen anderes als die Ideen Adolf Hitlers. Sozialpsychologen finden mein Verhalten typisch. Meine Generation neige dazu, die Großeltern zu entschuldigen. Kein Enkel wolle sich Oma und Opa als Nazis vorstellen.

Zwei Tage dauerte es, bis Gertrud Thimm mit den Kindern in Bad Doberan ankam. Die Dame, deren Tochter in Ostpreußen ihre Freundin gewesen war, sah keine Möglichkeit, sie aufzunehmen. Am Stadtrand werde das örtliche Reichsarbeitsdienstlager aufgelöst, erklärte sie der kleinen Gruppe. Die Baracken sollten nun Flüchtlingen offen sein. Dort müssten sie nachfragen.

»Wir haben dann eine Nacht irgendwo in der Botanik gesessen«, erzählt mein Vater. »Es war ja frühlingswarm, und es fielen keine Bomben.« Bad Doberan war kampflos an die sowjetischen Truppen übergeben worden. Die Mutter sei am frühen Morgen in das Lager marschiert, erzählt er. Sie habe wohl den richtigen Ton getroffen: »Wie gut, dass Sie aufgelöst werden! Meine Familie braucht eine Unterkunft.«

Zwei Männer säuberten eine der Holzbaracken, in denen ein paar Wochen zuvor noch junge Menschen zu Ehrendienst am deutschen Volk und wahrer Arbeitsauffassung erzogen worden waren. Sie schütteten frisches Stroh für eine Schlafstelle auf und zeigten den Flüchtlingen die eingebauten Spinde in der Baracke. Er habe damals lachen müssen, sagt mein Vater. »Wir waren doch nur mit Handgepäck unterwegs.«

Wenige Tage darauf verstaute die Familie zwei Paar Stiefel in den Spinden. In Bad Doberan war, so nannten es die Menschen, die große Plünderei ausgebrochen. »Alle taten es«, erzählt mein Vater. »Die Stadtbewohner, die Russen, die Flüchtlinge und wir auch.« Die Stiefel stammten von einem gefallenen Soldaten. Sie waren für den älteren Bruder bestimmt, der in Kriegsgefangenschaft verblieben war. Gertrud Thimm hatte die Lappen an den Füßen der Männer gesehen, die zurückkehrten. Sollte der Älteste endlich darunter sein, war sie gewappnet.

Ihren Sohn Horst schickte sie mit einer kalbsledernen Tasche zum Hamstern. Ihre Mutter hatte in dieser Tasche sonntags die Notenblätter in die Kirche zum Orgelspiel getragen. Gertrud Thimm hütete diese Erinnerung an die eigene Kindheit. Er solle das Täschchen bloß festhalten, schärfte sie dem Sohn ein, und er zog los in die Kolonialwarenläden, wo die russischen Besatzer Zucker und Mehl an sich nahmen und den Rest in die Behältnisse der Umstehenden schütteten, während die Ladenbesitzer zusahen.

Er kam nie dort an. Stolz trug er sein Behältnis spazieren, wie die edle Mappe eines Gymnasiasten sah es aus, allen wollte er sie zeigen. Eine alte Dame näherte sich ihm. »Jungchen, könnte ich vielleicht deine Tasche geliehen haben?«, fragte sie, nur für ein paar Minuten, eine Leihgabe, sie müsse doch auch ein wenig Zucker nach Hause transportieren. Der Junge hatte gelernt, die Alten zu respektieren. Er sah weder die Tasche noch die Dame wieder. Mit leeren Händen stand er vor seiner aufgebrachten Mutter und fühlte sich wie ein begossener Pudel. Vor dem Schlafengehen aber strich die Mutter dem Sohn dann über den Kopf. Er habe recht gehandelt. Er habe ja während der Flucht aus Masuren auch Hilfe von fremden Menschen erfahren. »Und so war es ja auch«, sagt mein Vater. »Aber in Bad Doberan lernte ich, dass zu den Regeln des Flüchtlingslebens ebenfalls gehörte, einander auszutricksen.«

Einander austricksen. Als er so beiläufig die Technik des Überlebens beschreibt, fallen mir andere Redewendungen ein. Sehen, wo man bleibt. Die eigene Haut retten. Ein Hauen und Stechen. Sie könnten alle aus dieser Baracke in Bad Doberan stammen, denke ich, wie soll ein Mensch im Flüchtlingsstand auch an den Regeln des Gemeinsinns festhalten.

Der Junge lernte schnell. Er suchte die Bekanntschaft eines Kochs unter den sowjetischen Besatzern. Die Russen galten als kinderlieb, jeden Tag strolchte er in der Nähe des Mannes herum, und irgendwann, der Koch hatte gerade für die Kompanie gebacken, bot er dem Jungen eine Scheibe Brot an. Es war flach und kastenförmig, es schmeckte wunderbar. Einen Laib für die Familie gebe es nur im Tausch gegen einen Ehrendolch der SA, bedeutete ihm der Koch. ›Blut und Ehre‹ stand auf diesen Dolchen, der Russe sammelte sie, er hielt sie versteckt. Natürlich besaß der Junge keinen Ehrendolch, aber eines Nachmittages entdeckte er in einer geplünderten Scheune eine Sammlung verzierter Ehrendolche. Es war das Versteck des russischen Kochs. Tag für Tag nahm er einen der Dolche, und mit einfältigem Gesicht und zitternden Knien brachte er dem Koch die Beute. Es muss ein wirklich kinderlieber Mann gewesen sein. Er ließ den Jungen nie spüren, dass der ihn austrickste.

Es fällt mir schwer, mir meinen Vater als Flüchtlingsjungen vorzustellen. Er passt nicht in meine Bilder. Als Kind spielte ich mit Geschwistern aus der Nachbarschaft, sie hatten auf einem der Schiffe überlebt, mit denen die vietnamesischen Boat-People vor den siegreichen Kommunisten in ihrem Land geflohen waren. Lange waren sie mein Sinnbild des Flüchtlings. Dann, in meinem rheinischen Gymnasium, sprachen wir auch über deutsche Flüchtlinge, ganze Projektwochen lang. Wir meinten jene Helden, die dem Kommunismus entkommen waren. Diese Männer und Frauen hatten den Todesstreifen der DDR überwunden, sie waren durch die Ostsee geschwommen und hatten Tunnel gegraben. Flüchtlinge waren Menschen, denen wegen ihres besonderen Schicksals mit großer Achtung zu begegnen war. Es wäre uns nicht in den Sinn gekommen, die eigenen Eltern, Großeltern, Tanten und Onkel dazuzuzählen.

Ihnen fehlte auch jene Exotik, die viele von uns damals suchten. Wenn wir, wie wir sagten, Flüchtlings- und Eine-Welt-Arbeit machten, entkamen wir den Grenzen der Kleinstadt. Wir wuschen Autos zugunsten lateinamerikanischer Oppositioneller, wir priesen fair gehandelten Kaffee an Straßenständen vor engen Fachwerkhäusern an und fühlten uns einer ungeordneten bunten Welt zugehörig. Natürlich redeten wir von Gerechtigkeit und Verantwortung. Natürlich halfen uns diese Jugendgruppen bei unserer Suche nach Maßstäben. Doch mindestens so wichtig waren die Trommelmusik und die farbigen weitgereisten Stoffe. Sie bargen das Versprechen, dass draußen ein anderes Leben warte als das der Bonner Republik.

Noch als Studentin diskutierte ich im Schneidersitz auf den afghanischen Teppichen einer Wohngemeinschaft und hielt es für einen Ausdruck von Weltläufigkeit, einen südsudanesischen Fürstensohn zu meinen Freunden zu zählen. Er war in einem Kofferraum aus seinem Heimatland geflohen. Nie wäre mir der Gedanke gekommen, ihn könne etwas mit einem Menschen wie meinem Vater verbinden. Ich pflegte ein merkwürdiges Nebeneinander von Anteilnahme und Desinteresse. Vielleicht lag es auch daran, dass die Erzählungen über Deutschland in meiner Bonner Republik eher schwarz und weiß gehalten waren. Von Grautönen hörte ich selten im Schulunterricht. Das Kaiserreich ein Untertanengebilde, die Weimarer Republik eine gescheiterte Emanzipation des Geistes, Bismarck irgendwie ein Wegbereiter der Nazidiktatur; und anschließend war die Welt geordnet: der Westen frei, der Osten kommunistisch, der Westen gut, der Osten schlecht. Dass viele Bürger der Bundesrepublik im Osten ihre Wurzeln hatten, fanden die meisten Rheinländer, die ich kannte, entweder verdächtig oder zu vernachlässigen. In ihren Anekdoten waren dies jene Menschen, mit denen man nach dem Krieg das Haus hatte teilen müssen, obwohl man nun endlich lieber seinen Frieden gehabt hätte.

Ich mochte den Osten mit seinem Stacheldraht auch nicht. Aber als die Abgeordneten im Bundestag die Stationierung von Pershing-II-Raketen beschlossen und amerikanische Bomberpiloten Libyen bombardierten, mochte ich den Westen auch nicht mehr. Der Charme Amerikas verblasste. So suchten wir in den Partnergemeinden der DDR nach dem guten Osten und sangen mit Joseph Beuys und Musikern der Rockband BAP »Sonne statt Reagan«. Auf dem Schulhof verteilten Mitglieder der Grünen Partei Aufkleber mit Friedenstauben, heimlich, denn Wahlpropaganda auf dem Schulgelände war verboten. Wir klebten sie auf die Schutzbleche unserer Fahrräder, badeten Bettlaken in Batikfarbe, verfertigen Kleidung daraus und tauschten Erinnerungen an die großen Demonstrationen gegen den Nato-Doppelbeschluss auf der Bonner Hofgartenwiese aus.

Keiner meiner Freunde hatte dort protestiert. Wir waren 1981 zwölf Jahre alt gewesen, 1983 immerhin vierzehn, immer noch zu jung für den Weltfrieden.

Vielleicht tat mein Vater gut daran, mich nie zur Seite zu nehmen, um mir aus seinem Leben zu erzählen. Ich hätte den alten deutschen Geschichten in meinem neuen Weltengeist wohl keine Aufmerksamkeit geschenkt.

»Sechs Wochen blieben wir in Bad Doberan«, setzt er seinen Bericht fort. »Am Morgen nach der großen Standpauke war ich gleich noch einmal in die Stadt gelaufen. Ich hatte ein neues Behältnis dabei, eine papierne Tüte.« Doch er fand nichts mehr, das er hätte plündern können. Die Fleischerei war verwüstet, die Bäckerei geleert, der Kolonialwarenladen ausgeräumt. So war die Familie einmal mehr auf die Findigkeit der Mutter angewiesen.

Gertrud Thimm bot den russischen Soldaten einen Bund an: Sie erlöste die Kühe, die sie zu ihrem Eigentum erklärt hatten. Von Ort zu Ort wurde die Herde größer, die sie vor sich hertrieben, sie hatten auch mehrere Milchwagen beschlagnahmt, die sie auf Karren mit sich zogen. Doch nur wenige Soldaten verstanden sich darauf zu melken. Prall hingen die Euter der Tiere, deren Schmerzensschreie weithin zu hören waren. Sie melke, wenn sie pro Kuh ein Gefäß mit Milch für den eigenen Gebrauch abfüllen dürfe, so vereinbarte Gertrud Thimm. Ihren Sohn wies sie an, Gefäße aufzutreiben. Möglichst viele, möglichst große.

Er fand einen Mann, der bei der großen Plünderei Kochtöpfe eingesteckt hatte, doch nichts besaß, was er darin

hätte kochen können. Die Mutter versprach diesem Mann
Sahne, und er überließ ihr das Kochgeschirr. Nun trug der
Junge die Milch in den Töpfen von der Weide. Morgens
schöpfte er den Rahm mit einem Deckel ab. Bald machte
die Mutter dann den Besitzer eines Butterfasses ausfindig.
Sie hatte an den Haustüren in Bad Doberan geklingelt und
den Bewohnern als Leihgebühr ein Stück Butter in Aus-
sicht gestellt. Butter im Tausch gegen Mehl, Butter gegen
Zucker, Butter gegen Seife – solange die russischen Soldaten die Kühe rund um Bad Doberan weiden ließen, waren
Gertrud Thimm und ihre Kinder versorgt.

Eines Nachts starb die Dame, deren Tochter ihre Freundin gewesen war. Die Freundin war als Nazifunktionärin inhaftiert, und auch andere Verwandte der Verstorbenen lebten nicht am Ort. Gertrud Thimm fühlte sich verpflichtet,
der Frau ein christliches Begräbnis zu bereiten. Die Kinder
an der Hand, stand sie Stunden in der Schlange vor der sowjetischen Kommandantur. Eine Frau müsse beerdigt werden, trug sie dem Chef der neuen russischen Besatzungsver-
waltung ihr Anliegen schließlich vor. Die Verstorbene sei im
christlichen Glauben groß geworden und habe der Sowjetunion nie geschadet. Der Junge fand die Prozedur seltsam.
Da musste erst ein Kommandant gewichtig den Stempel auf
ein Blatt Papier drücken, bevor die Familie mit traurigem
Gesicht zur Beerdigung antreten konnte. Es war derselbe
Kommandant, der ein paar Tage zuvor das Begräbnis eines
Ortspolizisten verboten hatte. Er werde seine Pistole nur auf
Anweisung Adolf Hitlers abliefern, hatte dieser Gendarm
den Besatzern erklärt. Dann hatte er geschossen und war
selbst erschossen worden. Wochenlang verweste er auf dem
Bürgersteig und mahnte daran, die Ordnung der Sieger zu
befolgen.

Der Junge war froh, als die Familie nach Eberswalde zurückkehren konnte. Sie fuhren mit der Bahn zurück durch das besiegte befreite Land. Manchmal stand der Zug still, weil die Gleise neu gerichtet werden mussten, und sie marschierten über die Felder zum nächstgelegenen Streckenabschnitt.

Zwei Stunden dauert die Fahrt mit dem Eurocity heute. Greifswald, Züssow, Anklam, Pasewalk, Prenzlau, Angermünde, Eberswalde; dazwischen weites flaches Land. Ich kenne die Strecke ziemlich gut. Sechs Jahre nach dem Fall der Mauer lebte ich während meiner Ausbildung drei Monate lang in Mecklenburg-Vorpommern. Ich suchte nach der untergegangenen DDR, nach Spuren des Lagerkampfs zwischen westlicher und sowjetischer Welt, ich verfasste Berichte über ostdeutsche Rechtsradikale und aus Westdeutschland entsandte Landräte, ich besichtigte Bad Doberan, seinen Stadtteil Heiligendamm und die klassizistische Bäderarchitektur. Von den Flüchtlingsbaracken der ersten Nachkriegswochen erfahre ich erst jetzt, auf der Terrasse eines Altenheims am Rhein.

»Herr Thimm?«

›Schwester Rabbiata‹ nennt mein Vater die Altenpflegerin, die an die Tür klopft. Sie gehe nicht zimperlich mit ihrer Klientel um, meint er. Er mag sie gern. »Bleiben Sie ruhig draußen sitzen«, sagt die Schwester, kommt auf die Terrasse, misst den Blutzuckerspiegel, den Blutdruck, spritzt Insulin. Ein paar Minuten nur, dann ist sie wieder weg.

»Die Buche ist wirklich schön«, sagt mein Vater. »Und wenn ich wieder besser in der Gegend herumgondeln kann, muss ich mal nach Bad Doberan fahren.«

Um siebzehn Uhr fünfundfünfzig erhebt er sich. Um

achtzehn Uhr beginnt im großen Speisesaal das Abendessen, und davor liegt noch der lange Flur. Manche Heimbewohner präsentieren hier in Wechselausstellungen selbstgemalte Bilder.

»Willst du mitkommen?«, fragt er.

»Ach, hab' keinen Hunger.«

Ich scheue den Aufenthalt zwischen den alten Menschen im Saal. Es mögen vierzig, fünfzig sein. Ihre zitterigen Stimmen beim gemeinsamen Gebet, ihre langsamen Bewegungen, ihre Kleckerei machen mir Angst. Wenn ich sie so versammelt sehe, fürchte ich, was meinem Vater bevorstehen mag. Ich behalte meinen Platz in der Abendsonne.

Als er zurückkommt, drückt er mir ein Butterbrot in die Hand. Er hat den rohen Schinken darauf mit einem Messer eingeritzt, so lässt es sich besser abbeißen. Als ich ein Schulkind war, bereitete er mir solche Pausenbrote. Er nannte sie Stullen. »Könnte ja sein, dass du doch Hunger hast«, sagt er.

Fünf

Als die Monate verstreichen, sammelt sich Unordnung im Zimmer meines Vaters. Zerdrückte Päckchen mit Tempotaschentüchern liegen zwischen den Biographien Lenins und Otto von Bismarcks im Regal, auch eingetrocknete Kugelschreiber bewahrt er dort auf, und aus den Memoiren Helmut Schmidts hat er eine Barriere errichtet, damit die Stifte nicht zu Boden rollen. Es liegen Tupfer im Regal, tägliche Überbleibsel der Blutzuckerkontrollen, lauter Rechtecke aus weißem Zellstoff mit einem roten Punkt in der Mitte. Auf dem Boden eines Weinglases kleckert eine ausgelaufene Batterie. Mein Vater hat einen abgegriffenen Notizzettel um sie gehüllt. Er hat ihn zwischendurch vermisst, diesen Zettel. Die Arzttermine der vergangenen Wochen sind darauf notiert.

Er könne doch mal versuchen, Ordnung zu halten, sagt eine der Mitarbeiterinnen aus der Abteilung Betreutes Wohnen. Wo beim Einzug doch alles so schön seinen Platz gefunden habe. Im Arm trägt sie einen Stapel Kleidung, den die Heimwäscherei geliefert hat. Bevor mein Vater eine Antwort findet, legt sie Pullover, Unterhemden und Socken auf seinem Bett ab und verabschiedet sich freundlich.

Manchmal legt er die Wäsche sofort in den Schrank. Manchmal legt er sie auf einen Stuhl. Dann drapiert er sie um, wenn die Skatpartner kommen oder die nächsten Stapel mit Wäsche. Dann legt er Pullover, Unterhemden und Socken auf den Schreibtisch oder ins Bad.

Manchmal sucht er stundenlang nach einem Hemd. Selten scheint es ihn zu bedrücken. »Ich hab' ein bisschen rumgekramt«, sagt er über diese Stunden der Suche, in denen er nicht immer findet, was er braucht, doch alles, was er anfasst, in eine neue, nur ihm bekannte Ordnung fügt: Die ausgelaufene Batterie in ein anderes Glas, den Zettel mit den Arztterminen in eine Plastikbox neben der Blechbüchse mit den Ersatzknöpfen. Er sortiert Fotos in diesen Stunden, breitet sie um sich herum aus und beherbergt sie anschließend in Umschlägen aus braunem Packpapier. Schnurz, der Dackel, ist auf diesen Bildern zu sehen; der Vater in der Uniform des Wehrmachtssoldaten; die Darsteller einer Scharade im Försterhaus, gezwirbelte Bärte, ausladende Kostüme. In immer neuen Koalitionen packt er die Erinnerungen zusammen. Auch das Bild eines jungen Mannes mit dicker Zigarre ist darunter. Stolz und verwegen schmiegt er sich vor einem lamettageschmückten Tannenbaum in eine schwarze Ledercouch.

Mein Vater muss auf diesem Foto so alt gewesen sein, wie ich es heute bin. Ich habe ihn nie mit dicker Zigarre und selten verwegen erlebt. Doch sein Bedürfnis die Welt zu ordnen kenne ich.

Manchmal ging er sonntags in den Keller, er sortierte dann Schrauben. Er war, wenn auch kein begeisterter, so doch ein rühriger Heimwerker. Man müsse nicht für jede Kleinigkeit einen Monteur, Maler oder Schreiner kommen lassen, fand er, man müsse sich auch selbst zu helfen wissen. Groß wie ein Koffer war der Holzkasten, den er im Keller verwahrte; voll von kleinen Schachteln, Dosen und ausgedienten Marmeladengläsern. Für jede Nagelgröße, für jede Mutterngröße, für jede Schraubengröße – Kreuzschlitz, Längsschlitz – hatte er ein eigenes Behältnis angelegt. Wir Kinder sichteten das Material beständig.

Wir brauchten die Schrauben und Nägel, wenn wir Baumhäuser bauten oder Wegekreuze für die Kadaver der Singvögel zusammenzimmerten, die wir auf den Feldwegen im Siebengebirge fanden. So währte die Ordnung nie lange.

Mit jeder Minute, die mein Vater vor dem Schraubenkasten zubrachte, sank seine Stimmung. Wir deuteten es als schlechte Laune. Sie schien unter der Kellertür herzuziehen, hinein in den Hausflur, die teppichbeklebte Steintreppe hinauf in die erste Etage ins Wohnzimmer, wo ich Klavier übte, in die Küche, wo meine Mutter das Essen zubereitete, in das Kinderzimmer meines Bruders. Ich fand es eigenartig, dass man die Stimmung eines Menschen spüren kann, den man nicht sieht.

An anderen Sonntagen zog sich mein Vater in das Zimmer unterm Dach zurück. Sein Schreibtisch stand dort, an dem er auch die Steuererklärung vorbereitete. Ein Haufen Belege, und jeden klebte er auf ein Blatt Papier, das bereits auf einer Seite beschrieben war. Er hatte das Papier aus dem Ministerium mitgebracht, »aus dem Dienst«, wie wir sagten. Es sei zu schade, um im Müll zu landen, meinte er. Meist malten wir auf diesem Papier. Doch an jenen Sonntagen tropfte mein Vater milchigen Leim aus einer orangefarbenen Plastikflasche darauf. Einen Beleg pro Blatt, alles übersichtlich, alles nachvollziehbar.

Er litt, wenn er Ordnung schuf. Er tat es dennoch, zwanghaft und penibel. Ein bisschen Ordnung, zwei Belege pro Blatt, zwei Schraubengrößen in einem Marmeladenglas wären damals für ihn undenkbar gewesen. Er hatte früh gelernt, aufzuräumen, zu sortieren. Es hatte ihm geholfen, im Chaos seiner Welt zu bestehen.

Schon während der Rückreise von Bad Doberan im Mai 1945 zeichnete sich ab, dass die Familie in Tumult und Unordnung zurückkehren würde. Der Weg führte Gertrud Thimm und die Kinder durch das zerstörte Berlin. Sie sahen die Krater in den Häuserreihen und stiegen über die Trümmerhaufen. Sie fanden, für Momente frohgemut, eine kaum versehrte S-Bahn-Station, von der ein Zug nach Eberswalde abfuhr. Einige Kilometer weit brachte sie die Bahn. Danach waren die vorausliegenden Gleise zerstört, und sie setzten ihren Weg zu Fuß fort. In Eberswalde trafen sie auf kaputte Häuser und zerschossene Läden. Die Überlebenden erzählten von den Kampffliegern, die den Ort bombardiert hatten, die Hauptgeschäftsstraße, das Heeresverpflegungslager, die Getreidemühle. Diese Augenzeugen hatten deutsche Kampfflieger gesichtet. Es war ein strategisch sinnloser Angriff, den die Piloten geflogen hatten, ihr Krieg war längst verloren gewesen: Die Städte Brandenburgs standen unter dem Kommando der Sowjets, die amerikanischen Truppen hatten Leipzig erobert, die britischen Einheiten Bremen erreicht, und im Westen war die Kesselschlacht um das Ruhrgebiet schon entschieden.

In Millionenmaxes Haus war bei den Kämpfen das Gebälk beschossen worden, und Sperlingslust, die Zuflucht unterm Dach, war nun zerstört. Eine fremde Familie hatte sich in der Villa eingerichtet, es waren alteingesessene Einwohner Eberswaldes, deren eigene Unterkunft den Bomben nicht standgehalten hatte. Sie hatten gehofft, Familie Thimm würde nie zurückkehren. Nun bemühten sie dürre Worte: Das Haus sei in einem chaotischen Zustand, erklärten sie den Thimms. Und jedwedes Chaos gehe auf das Konto russischer Soldaten.

Tatsächlich hatten Soldaten der Roten Armee während der letzten Kriegstage in der Villa gehaust. Die Heimgekehrten fanden erste Spuren, als sie im Badezimmer den Reisedreck abwaschen wollten. Klospülung und Wasserleitungen waren bei den Angriffen zertrümmert worden, und nun stand die Wanne gestrichen voll. Zwischen den Fäkalien lagen zerrissene Buchseiten, die als Toilettenpapier gedient hatten. Im Herrenzimmer waren die Sessel nackt, und auch die Couch war gehäutet. Die Soldaten hatten Stiefel aus dem Bezug fabrizieren wollen, doch weich, wie das Leder war, hatte das Schuhwerk nicht lange gehalten, die Überreste lagen noch in einer Flurecke. Die Teppiche fehlten im Haus, ebenso das Bettzeug und das Geschirr. Dies allerdings war nicht der Roten Armee anzulasten. Es waren die neuen Bewohner, die den Hausrat abtransportiert hatten, in eine zweite verlassene Wohnung, die sie ebenfalls unterhielten. Gertrud Thimm fand ihr Eigentum dort hinter einem Schrank, der den Zugang zu einem uneinsehbaren Raum versperrte, sie kam in ein wahres Möbellager. Doch das war viele Wochen später.

Zunächst teilten sich die beiden Familien das Haus für eine Nacht. Am folgenden Morgen beschlossen die neuen Bewohner, so gehe es nicht weiter: Frau Thimm und ihre Kinder müssten sich etwas anderes suchen.

Sie blieben. Sie legten die verbliebenen masurischen Wolldecken über die gehäuteten Ledersessel, und der Junge entsorgte den Unrat in der Badewanne, und den im Park, und irgendwann verließen die neuen Bewohner das Haus. Er hackte die zerschossenen Bäume zu Ofenholz; auch die Kiefernstämme, aus denen während der letzten Kriegstage auf der Straße vor dem Haus eine Panzersperre errichtet worden war, zerkleinerte er und stapelte sie im Keller. Zügig, zügig, mahnte die Mutter. Die kalte Jahreszeit breche schnell genug an, und andere Leute kämen sicherlich auch auf den Gedanken, Vorräte anzulegen. Er hatte die Panzersperre gerade abgeräumt, als ihn ein Aufruf des antifaschistischen Jugendausschusses Eberswalde ereilte: Der Jugendliche Horst Thimm solle der Gesellschaft dienen und sich an der allgemeinen Beseitigung der Kriegsfolgen beteiligen!

Horst Thimm, erzogen, für die Allgemeinheit einzustehen, trat an. Die Schulen hatten ihren Betrieb noch nicht wieder aufgenommen, und so meldete er sich gleich am darauffolgenden Morgen im Büro der Organisation, die später die Freie Deutsche Jugend werden sollte. Es lag in der Märchenvilla, einem klassizistischen Bau, der einmal ein Kurhotel gewesen war. Hier traf sich die neue alte Jugend Eberswaldes. Aus den einstigen Mitgliedern der Hitlerjugend waren jede Menge aufstrebende Funktionäre des Antifaschismus geworden.

Mein Vater mag nicht über diese Aufräumarbeiten reden. Mehrmals verabreden wir uns, um über die ersten Nachkriegswochen zu sprechen, doch sobald ich das Aufnahmegerät auspacke, fällt ihm ein, er müsse dringend zur Bank, er brauche seine Kontoauszüge, er müsse zur Drogerie, er brauche Tempotaschentücher. Ihm fehlen Briefmarken in diesen Momenten, und er bekommt Kaffeedurst. »Lass mal«, sagt er, als ich ihn schließlich nachdrücklicher an unser Vorhaben erinnere. »Nächstes Mal.«

Eine Woche darauf formuliert er flüssig und ohne Pause, als lese er die Sätze vor. »Zunächst bestand die Aufgabe darin, den Sportplatz in den alten Zustand zu versetzen«, sagt er. »Ihn von Leichen zu befreien. Wir haben die Toten gesammelt und zu einem Massengrab gebracht. Ich bin dort zum ersten Mal mit toten Menschen in Kontakt gekommen. Also nicht nur daran vorbeigezogen wie auf der Flucht. Sondern angefasst. Es war furchtbar.«

Als der Sportplatz geräumt war, zog der Aufräumtrupp ein paar Kilometer weiter zum nahe gelegenen Choriner See. Die Ruine der Zisterzienserabtei an dessen Südufer ist ein Zeugnis brandenburgischer Backsteingotik und heute ein heiterer, fein restaurierter Ort. Ein Ast hing damals dort im Wasser, darüber ein junger Soldat. So mürbe war der stinkende Körper, dass die Jungen ihm beinahe den Arm abrissen, als sie ihn hochhoben. Erschrocken ließen sie den Mann los. Sie zogen dann eine Zeltplane unter der Leiche hindurch, die sie immer wieder lüfteten, bis das Wasser unter dem Soldaten abgelaufen war.

Ob auch Mädchen dabei geholfen hätten, frage ich meinen Vater.

»Bei diesen Leichenarbeiten, da waren nur Jungen.«

»Und wie habt ihr das alles ertragen?« »Zu Witzchen war jedenfalls keiner von uns aufgelegt«, antwortet mein Vater.

Wochenlang standen die Bergungen auf dem Programm der sozialistischen Jugendorganisation. Jeder Tag brachte neue Leichen – und von dem Bruder, der Schwester und dem Vater, die noch nicht aus dem Krieg zurückgekehrt waren, kam keine Nachricht. Jedes Mal fürchtete der Junge, die Toten umzudrehen. Jedes Mal gab er die Fremden erleichert im Massengrab ab. Und je mehr Tote unter der Erde verschwanden, je ordentlicher es um ihn herum wurde, desto besser gelang es ihm, die Erinnerungen an deren Anblick zu verdrängen.

»Hast du jemandem davon erzählt?«

»Nein«, antwortet er. »Heute würde man wahrscheinlich sagen, die müssen einen Psychologen haben, der das mit ihnen aufarbeitet. Es war ja auch etwas, das ein schlichtes

Kindergemüt kaum nachvollziehen und verkraften kann. Aber damals bedeutete Aufarbeiten vergessen.«

Nur der Mutter berichtete er manchmal, was er erlebt hatte. Sie sprach dann über die Biochemie des Verwesens, so wie sie es in ihrem Studium gelernt hatte. Es half dem Jungen, von zersetztem Eiweiß zu hören. Seine Gedanken zerlegten die Toten in gesichtslose Moleküle, und sein Gefühl konnte sich hinter einer natürlichen Ordnung verstecken.

Die Mutter aber schrieb ihre Nöte nieder und schickte sie der Schwägerin in Westberlin. Brief um Brief heftete die Verwandte in den Ordner, der in meinen Besitz übergegangen ist.

»Meine Liebe, nun habe ich das Schreiben immer von einer Nacht auf die andere verschoben, und immer kam es anders, als ich dachte, nur zum Schreiben kam es nie«, begann einer dieser Briefe. »Mein Herz will mal wieder nicht, aber ich arbeite bei den Russen weiter, weil die Kinder dadurch besser zu essen haben, und dies ist mir die Hauptsache! Es wird ja auch mal wieder die Zeit haben, sich auszuruhen und sich zu erholen.«

Gertrud Thimm schälte, während ihr Sohn die Leichen barg, in einer sowjetischen Kaserne Kartoffeln. Sie war zu dieser Arbeit in der Frauenbrigade abkommandiert worden. Der Sohn fürchtete diesen Küchendienst. Er hatte im Nationalsozialismus gelernt, dass der Sowjetmensch ein Unmensch sei. Auch kannte er den Satz des russischen Schriftstellers Ilja Ehrenburg, der sowjetische Soldat, der die Ehrendolche gesammelt hatte in Bad Doberan, hatte ihn wohl zitiert. »Die deutschen Frauen werden die Stunde verfluchen, in der sie ihre Söhne – Wüteriche – geboren haben«, hatte Ilja Ehrenburg geschrieben. So ängstigte sich der Junge, wenn die Mutter morgens zu der Sammelstelle ging, wo sie mit anderen Frauen in einen LKW kletterte und in die Kaserne gebracht wurde.

Es schien, als sorgte er sich umsonst. Bald stieg die Mutter in der Hierarchie der Kolonne auf und putzte in den Morgenstunden den Kinoraum im Kasino. Sie erhalte nun zweihundert Mark und die Erlaubnis, nachmittags die Reste des Kasernenessens abzuholen, schrieb sie der Schwägerin. »Wenn ich dann so um zehn Uhr wieder zu Hause angelangt bin, mache ich meine Zimmer und die Küche sauber, koche Mittag, oft langt das Kasernenessen. Manchmal rase ich dann zu der Nachbarin, die eine Sterbende ist, und dann geht es zu dreiviertel vier Uhr in die Kaserne, neues Essen zu holen. Aber es muss durchgehalten werden der Kinder wegen, je mehr gutes Essen ich ihnen geben kann, umso besser kommen wir über den Winter. Sonst geht es uns allen ganz gut, die Kinder sind gesund und haben ein warmes Zimmer, heute schon allerhand.«

Während die anderen Grundstücke am Eberswalder Stadtwald der sozialistischen Allgemeinheit übertragen worden waren, hatte Gertrud Thimm ihr Elternhaus behalten können. Allerdings musste sie weiterhin in einigen Räumen russische Offiziere beherbergen. »Ich möchte mich hier nicht so deutlich auslassen wegen der Zensur«, schrieb sie der Schwägerin im Sommer 1945. »Ich habe getan, was ich konnte. Ich musste schon zweimal zur Kommandantur zum Verhör, blieb aber bei meinem guten Gewissen eisern ruhig, und nach ein bis eineinhalb Stunden wurde ich entlassen.« Bald verlangten die sowjetischen Kommandanten von der Kapitalistin, die ihren Besitz so unbedingt wahren wollte, Gebühren in Höhe von fast zweitausend Mark. Die Konten der verstorbenen Großmutter aber hielten sie beschlagnahmt. Mehrmals zog Gertrud Thimm vor den Stadtkommandanten, unterbreitete ihre Verdienstbescheinigung über zweihundert Mark Monatslohn und erwirkte schließlich einen Aufschub.

Es regne nun auch durch sämtliche Schießlöcher in die Stube, schrieb sie der Schwägerin in Westberlin. Als nehme jemand eine Gießkanne. Sie schrieb über die Haltbarkeit ihrer Nerven und über ihre Sehnsucht nach schönem Konfekt und einer schönen Flasche Likör. Sie schimpfte über die Schniefkebonbons, die sie für die Lebensmittelkarten erhielt, sie berichtete von den Rohrbrüchen im Klosett und von der Kapitänsfamilie, für die sie im Tausch gegen ein Seifenstück die Wäsche wusch. Und als sie von ihrem ältesten Sohn Bodo die Nachricht erhalten hatte, dass er, verwundet zwar, lebe, ließ sie die Schwägerin nach einer ersten Freude bald auch an ihren praktischen Überlegungen teilhaben: »Die Verpflegung soll ja im Lazarett auch immer gleich gut sein. Also soll er sich ruhig Zeit lassen zum Gesundwerden, hier ist das Essen nachher knapper.«

Immer häufiger handelten ihre Briefe vom Essen. »Wer auf Karten leben muss, kann verhungern«, so formulierte sie es im Oktober 1945. In diesem Monat schickte sie ihren Sohn Horst erstmals zu den Verwandten nach Westberlin. Sie war nun immer mehr auf seine Hilfe und seine Tatkraft angewiesen. Die jüngere Tochter und der jüngere Sohn waren klein, die erwachsene Tochter und der Ehemann umgekommen. Der erwachsene Sohn lag im Lazarett, die enge Freundin aus Eberswalde war eine Kriegsgefangene, die Lieblingsschwägerin lebte in Westberlin. »Horstl« nannte sie den Sohn nun oft und fand, dass er ihrem verstorbenen Vater, dem unerschrockenen Millionenmaxe, immer ähnlicher sah.

110

»Nun will Horst also die angekündete Seife abholen, versuchen, ob er etwas Tee bei jemandem bekommt und zwei Brote in Weißbrot umtauschen kann«, kündigte sie seine erste Fahrt in den amerikanischen Sektor Westberlins an. »Mehl haben wir keins, um zu Neujahr backen zu können, und so soll dieses Brot den gewünschten Festkuchen ersetzen.« Als er wenige Tage darauf erfolglos zurückkehrte, setzte sie einen neuen Brief auf: »Tauschen ist heute solch dummes Geschäft. Viel kommt dabei nicht heraus. Dieser Winter ist, glaube ich, unsere härteste Nuss! Mit Kohlen ist es ja auch schlecht, ab und an bekomme ich ein paar durch die Russen.«

Regelmäßig handelte sie mit den Besatzern; den Männern verkaufte sie selbstgebrannten Schnaps, den Frauen Pelze und Schmuck aus dem Familienerbe. Und immer wieder schickte sie ihren Sohn auf Hamsterfahrt. Geschirr, Porzellanvasen, Kleidung, Tischwäsche lud er auf, um sie bei den brandenburgischen Bauern gegen Kartoffeln, Eier, Milch oder Getreide einzutauschen. Er lief mit dem Handwagen von Hof zu Hof, und gelegentlich, wenn sein junges Alter die Bauersfrauen rührte, gaben sie ihm mehr Lebensmittel, als es üblich war. Manche war darunter, die noch immer auf eine Lebensnachricht von ihrem eigenen Sohn wartete.

Beschämt, aber glücklich marschierte der Junge dann mit einem vollen Wagen nach Hause. Es waren Tage darunter, da fand er den Wald herrlich grün, und die Finow, das Flüsschen im Eberswalder Tal, schien zu murmeln und zu plätschern. Oft winkte ihn gerade in solchen Momenten vor dem Stadteingang ein Hilfspolizist heran. Die Männer in Uniform, die für die neue Ordnung sorgen sollten, entwendeten ihm dann im Namen der sozialistischen Internationale Eier, Kartoffeln, Milch und Getreide. Der Junge nahm Schleichwege, um ihnen zu entgehen, kilometerweite Umwege legte er zurück, und die eisenbereiften Handwagen zogen sich schwer über die Sandwege der Mark Brandenburg. Manchmal machte er sich auch mit dem Fahrrad auf. Er hatte es aus den Resten alter Vorkriegsmodelle zusammengebaut, die er im Keller gefunden hatte, und auf dem Lenker hatte er eine Ablage für den Vorratssack errichtet. Er liebte sein Fahrrad, obwohl es eierte und schlingerte. Dennoch nahm er es nicht oft in Betrieb. Das Fahrrad lockte die russischen Soldaten. Sie gingen auch ungern zu Fuß.

Nach Westberlin aber reiste er mit der Bahn. Am Bahnhof Friedrichstraße verließ er die sowjetisch besetzte Zone, um im amerikanischen Sektor die Tante zu treffen. Meist trug er in einem Beutel gebrauchte Schuhe aus dem Familienfundus mit sich, und kam er das nächste Mal nach Westberlin, hatte die Tante im besten Fall damit gehandelt. »Was ich für die Schuhe haben will?«, schrieb die Mutter ihr in einem Brief, der in dem Beutel lag. »Was weiß ich, was es dafür bei Euch gibt! Um Fleisch, Wurst und Fett ist es bei uns doch sehr schlecht bestellt, bei Euch aber doch sicher auch. Wenn Leute die Schuhe gerne haben wollen und nichts anderes haben als Geld, nehme ich auch das! Also ich überlasse es gern Dir, denke mal, es wären Deine, Du hättest für 8 Menschen zu sorgen und vertauschtest sie deswegen.«

Zucker und Fett brachte der Sohn anschließend nach Eberswalde. Zucker und Fett könne man ja immer gebrauchen, dankte die Mutter der Schwägerin, »und wo Kinder sind, besonders«. Nun habe es zu Ostern einen Kuchen gegeben. »Verzeih die Schrift«, endet dieser Brief. »Ich schreibe im Sitzen auf dem Dach, sonst komme ich doch nie in die Sonne, und ich gehe so ungern mit weißen Beinen ohne Strümpfe. Diese muss man sparen, also muss man die Beine braun brennen lassen. Euch allen viele herzliche Grüße und Dir besonders,

Deine Trudel«

In Muße versunken habe ich meinen Vater kaum erlebt. Allenfalls am Kamin saß er lange, stand ab und an auf, schichtete das Holz um. Er schien selten entspannt, und in ausgelasser Partylaune sah ich ihn nur auf einer Photographie. Meine Eltern hatten abends Freunde eingeladen, wir Kinder lagen längst im Bett, als dieses Bild entstand: Auf dem Couchtisch Rauchglasschalen mit Nüssen und Salzstangen, eine Platte mit Käsewürfeln, Gläser, Wein, Wasser. Auf dem Boden Schallplattenhüllen, mein Vater tief in den Knien, das Hemd gelockert, Boogie-Woogie, meine Mutter und die Freunde lachend und klatschend.

Oft brauste er auf, wenn mein Bruder und ich unachtsam waren. Missgeschicke, über die andere hinwegsahen, machten ihn wütend: Ein umgestürztes Glas im Restaurant, ein verbummelter Handschuh, ein zersprungener Teller.

Ihn ärgerte die Selbstverständlichkeit, mit der wir davon ausgingen, der Nachschub sei schon irgendwie gesichert. Er konnte es nicht leiden, wenn seine Kinder die Annehmlichkeiten ihres Leben wie ein Naturgesetz hinnahmen. Sein Anspruch war zuweilen schwer zu ertragen.

Wurden wir ihm nicht gerecht, konnte es passieren, dass er schwieg, stundenlang, und wenn er antwortete, waren seine Erwiderungen einsilbig.

Ja.

Nein.

Es gab Wochenenden, da ergoss sich samstags die Frühstücksmilch auf den Teppich, und er schwieg bis zum späten Sonntagnachmittag. Nur die Türen fielen an solchen Tagen unüberhörbar ins Schloss.

Oder er schimpfte, kurz und laut. Einmal schnappte ein Schäferhund beim Wandertag meine Grillwurst vom Pappteller. Die anderen lachten, doch er rief ärgerlich: »Ein bisschen mitdenken. Ein-biss-chen-mit-den-ken!« Einmal rief er mich am zweiten Weihnachtsfeiertag ins Wohnzimmer, ich war noch in einem Alter, in dem man sich zum Spielen verabredet, und hatte eine Freundin zu Besuch. Er hatte die Kerzen am Tannenbaum angezündet, draußen breitete sich die Dämmerung aus, am Tag darauf würde er wieder im Ministerium arbeiten. Wir Kinder lachten, redeten, tobten. Wir sollten unsere Aufmerksamkeit auf den schönen Baum lenken, sagte er, kurz und laut. Mit nassen Augen saß ich vor der funkelnden Nordmanntanne. Ich schämte mich schrecklich wegen meines Vaters. Einmal belog ich ihn, und er merkte es. Ich weiß nicht mehr, um was es ging, doch er saß anschließend auf dem Sofa, in sich gekehrt, abweisend, und sprach von Vertrauensbruch. Ich kann nicht älter als zwölf Jahre gewesen sein.

Da ich mir nicht erklären konnte, warum er so strikt reagierte, so karg und gleichzeitig voller Wut, dachte ich mir Erklärungen aus. Er sei launisch. Er sei cholerisch. Er spinne doch total. Noch als Studentin sah ich es nur so. Ich wusste nichts von dieser Flucht, nichts von der Kälte und den Bomben, dem Hunger, der Todesangst, der Verlorenheit.

Oft breitete er ja auch die Arme aus. Er unterstützte uns, und wenn ich es heute richtig verstehe, bestimmten ihn in allem zwei Erfahrungen: die Heimatlosigkeit und die

Gewissheit, dass es irgendwie ja doch noch immer weitergegangen war. »Zuhause« war ein magisches Wort für ihn. »Du schaffst das schon« die magische Formel.

Er holte uns mitten in der Nacht ab, wenn meinen Bruder oder mich bei Spielkameraden das Heimweh überfiel. War eine Freundin mein Übernachtungsgast und konnte nicht einschlafen, bereitete er eine heiße Milch mit Honig zu, und konnte sie dann immer noch nicht einschlafen, fuhr er sie viele Kilometer durch die Nacht nach Hause. »Soll ich dich holen?«, fragte er mich noch, als ich längst in Hamburg studierte und mich eine Grippe packte. Er wäre jederzeit gekommen.

»Du schaffst das schon«, sagte er, wenn uns alles zu viel erschien, die französischen Vokabeln, die Klassenarbeiten, die Führerscheinprüfung. »Du schaffst das schon«, sagte er, wenn es darum ging, bei einem unangenehmen Termin die eigenen Interessen zu vertreten. »Du schaffst das schon«, sagte er, als ich zum ersten Mal allein in den Schulferien zu einer französischen Familie aufbrach, und steckte mir seine Visitenkarte in den Brustbeutel. »Für den Fall einer Erkrankung meiner Tochter komme ich für die Behandlungskosten (ambulant u. stationär) auf. Erbitte Rechnung an umseitige Anschrift«, hatte er auf die Rückseite geschrieben.

Doch für das, was er ein Wehwehchen nannte, brachte er kaum Verständnis auf. Er fuhr zügig Auto, manchmal rasant, die Rücksitze federten weich, auf jeder längeren Fahrt kämpfte ich mit Übelkeit, und er, der als Kind auf dem Schlitten geflohen war, verstand es nicht, wie es einem Kind möglich war, sich in einem warmen, gepolsterten Reiseauto schlecht zu fühlen.

Er arbeitete im Garten, ein Spätsommer, die Stachelbeersträucher und Johannisbeerbüsche trugen, das Unkraut trieb hoch, mein Bruder pflückte, meine Mutter zupfte, und ich lag mit den Bauchschmerzen eines Teenagers auf dem Bett. In meinem Zimmer hing das Poster einer Sarah-Kay-Puppe, ich besaß auch eine Tasse und einen Stoffbeutel mit den Motiven dieser Blumenmädchen, und es fiel mir schwer zu begreifen, dass zum Leben fortan monatlicher Schmerz gehören sollte. Mein Vater bearbeitete ungehalten das Rosenbeet unterhalb des Fensters. Er fand, ich hätte mich beherrschen, mich zusammenreißen können. Er schien immer sicher zu sein, der Mensch könne sich zusammenreißen.

Meine Mutter riss sich zusammen an diesen Tagen. Irgendwie ertrug sie seine Laune, und zu uns Kindern war sie zugewandt und fürsorglich.

Nichts machte er provisorisch, alles erledigte er gründlich, und wenn möglich für die Ewigkeit. Kleider, Schulranzen, Winterschuhe, jeder Gegenstand sollte solide sein und von bleibendem Wert. Ich verachtete die gefütterten Winterschuhe, die er mir mitbrachte, er hatte sie gekauft, weil sie warm waren, sie würden jedem Schneematsch, jeder Kälte trotzen. Meine Klassenkameraden trugen Turnschuhe mit drei Streifen. In Turnschuhen gehe man nicht in die Schule, sagte mein Vater, und bei Regen und Schnee taugten die ohnehin nichts. Auch die Schultasche, die er mir schenkte, war aus dickem Leder. Es war eben solch eine Tasche, wie sie heute als gutes, altes Ding gepriesen wird; ein stabiles Rechteck, in dem Bücher und Mäppchen sicher jeden Regen überstehen. Wir stritten oft wegen dieser Tasche. Ich fand es schick, Bücher und Hefte in Plastiktüten herumzutragen, sogar eine grüne Tüte aus London hatte ich aufgetrieben. »Harrods« stand darauf und »By Appointment to Her Majesty The Queen«. Ich sollte dennoch mit dem Lederranzen losziehen. »Solide« wurde ein Wort, das mir lange suspekt war.

Selbst seine Kräfte schien mein Vater für die Ewigkeit vorgesehen zu haben. Hackte er Kaminholz, tat er es einen ganzen Tag lang; reisten wir in die Sommerferien, sechzehn Stunden dauerte die Autofahrt, plante er drei Toilettenpausen ein. Bluthochdruck und Blutfettwerte regulierte er einzig mit Tabletten, und in manchen Nächten schlief er nicht, weil noch irgendetwas zu erledigen war. Er fand es normal, seinen Körper Gewalttouren unternehmen zu lassen.

Der Gang zum Notar ist eine seiner letzten Gewalttouren.

Immer schwerer fällt es ihm, in seiner neuen Unterkunft Ordnung zu halten. Er sortiert weiterhin, er räumt, schiebt Zettel hin und her, Bücher, Schrauben, Tesafilmrollen und die gekochten Eier, die er vom Abendessen im Speisesaal mit in sein Zimmer bringt. Doch eine Ordnung stellt sich nicht ein.

Die unbezahlten Rechnungen häufen sich. Jene, die er bezahlt, aber anschließend nicht bei der Krankenkasse einreicht, auch. Bei jedem Besuch suchen mein Bruder und ich Belege zusammen, legen ihm Erstattungsformulare und Überweisungsträger zur Unterschrift vor. Es wäre einfacher, wir könnten die Dinge in seinem Namen erledigen. Doch eine Generalvollmacht mag uns mein Vater, der um die letzten Momente seiner Unabhängigkeit ringt, nicht übertragen.

Schon einmal ist er dem Gang zum Notar ausgewichen, in den ersten Jahren nach dem Schlaganfall, da häuften sich die Rechnungen ebenfalls. Auch die Außenstände auf dem Konto stiegen in dieser Zeit, denn mein Vater war ein

Abonnent nahezu aller deutschsprachigen Zeitungen und Zeitschriften geworden. Die ersten Ausgaben kamen gratis, so wie es die beredten Männer versprachen, die an der Tür klingelten, und dann versäumte er zu kündigen.

Ich hasste sie, mehr noch hasste ich die Antwortschreiben der Sachbearbeiter in den Vertriebsfirmen: Wir sollten eine Vollmacht vorlegen. Dann könnten wir, nach Ablauf der vereinbarten Frist, in seinem Namen die getroffene Vereinbarung kündigen. Ich hasste die Antworten der Sachbearbeiterin in der Bank. Sie verwies auf Vertraulichkeit und Persönlichkeitsrechte, als ich sie um Einblick in die Konten bat, sie erhöhte stillschweigend Überziehungskredite, und waren die erschöpft, rief sie meinen Vater an und schlug ihm neue Kredite zu neuen Konditionen vor. Mein Vater unterzeichnete, auch jenen Kredit über eine Laufzeit von 45 Jahren, den er weit nach seinem hundertsten Geburtstag hätte abbezahlt haben können. Er war ihr ein großartiger Kunde mit seinem Grundbesitz und seiner Beamtenpension.

»Sie haben kein Recht auf Auskunft«, sagte sie zu uns Kindern noch in dem Moment, als wir schließlich doch mit ihm in der Bank saßen. Nein, nein, entgegnete er da, müde und bestimmt. »Mein Sohn und meine Tochter haben nun ein Recht auf Auskunft.«

»Kommt doch noch mit hoch«, hatte er uns zuvor gebeten, wie nach jedem Spaziergang am Rhein oder im Siebengebirge. Er kehrte ungern allein zurück in seine Wohnung. Ich fürchtete dieses »Kommt doch noch mit hoch«. Manche Tage plante ich absichtlich so, dass mir keine Zeit blieb, der Bitte zu entsprechen. Kaum etwas war mir unangenehmer, als in seinem Wohnzimmer zu sitzen, während er in der kleinen Küche Tee kochte oder eine Weinflasche ent-

118

korkte. Oft pfiff er dann, glücklich, seine Kinder zu bewirten. Ich hätte am liebsten alle Schubladen durchgesehen, ich wollte erfahren, worüber die Bankangestellte nicht reden wollte. Doch ich saß da, befangen und nicht in der Lage, in seinen Sachen zu wühlen. Womöglich schreckte ich auch davor zurück, Dinge zu entdecken, die mich wirklich nichts angingen. Mein Bruder und ich hatten bereits eine Rechtsanwältin aufgesucht, um herauszufinden, auf welchem Weg wir Auskunft von der Bank verlangen könnten. Ich hatte diese Anwältin gezielt gesucht, eine Frau in unserem Alter, vielleicht würde sie bei ihren Antworten ja an die eigenen Eltern denken, so hatte ich gehofft. Als wir in ihrem Büro aus Glas, Metall und Hydrokultur unser Anliegen schilderten, unterbrach sie uns nach wenigen Sekunden. »Für eine Betreuung müssen Sie einen Antrag beim Amtsgericht stellen«, sagte sie. Nein, nein, erwiderten wir, wir wollten ihn ja nicht entmündigen, wir wollten nur Einsicht in seine Konten. Man spreche nicht mehr von Entmündigung, sondern von gesetzlicher Betreuung, antwortete sie und unterbreitete uns die Vorteile eines Antrags bei Gericht. Wir verabschiedeten uns und stellten keinen Antrag, doch ich war mir vorgekommen wie eine Verräterin.

Und dann, als wir an jenem Tag seiner Bitte folgten, ihn doch noch in seine Wohnung zu begleiten, lagen auf dem Esstisch lauter Zettel. Kontoauszüge. Es hätte niemand über sie hinwegsehen können. Er habe sich überlegt, es sei womöglich doch sinnvoll, seinen Kindern eine Bankvollmacht zu erteilen, sagte er zu uns. »Am besten, wir erledigen das gleich.«

Und nun, als es ihm in seiner neuen Unterkunft immer schwerer fällt, Ordnung zu halten, reicht die Bankvollmacht nicht mehr aus. Die Schwestern im Seniorenheim drängeln.

Sie wollen sich absichern, verlangen nach einem Dokument, schriftlich fixiert und amtlich beglaubigt, für den Fall, dass Horst Thimm plötzlich nicht mehr allein entscheiden kann.

»Papa«, sage ich, »es ist doch besser, wenn du jetzt selbst festlegst, wen du mit einer Generalvollmacht betraust.« Eine allgemeine Vollmacht widerstrebe seiner Auffassung von Unabhängigkeit, antwortet mir mein Vater. »Papa«, sage ich, »wenn du die Person nicht festlegst, bestimmt es irgendwann ein Richter.«

Er blickt mich an, als lieferte ich ihn aus. Nur wenige Wochen zuvor hatte er allen gezeigt, dass er seine Dinge noch ganz gut allein geregelt bekommt, wie er es nennt. Sein Nachbar im Altenheim war ausgezogen, und gleich am selben Tag hatte mein Vater im Büro der Verwaltung vorgesprochen: Er wolle den frei gewordenen Raum dazumieten und die Wand zwischen diesem und seinem Zimmer durchbrechen lassen. Er brauche dringend mehr Platz. Als ich ihn das nächste Mal besuchte, hatten die Handwerker bereits alle Arbeit erledigt, und er platzierte in seinem neuen zweiten Zimmer Gläser auf einem Tablett. »Orange, Sekt oder gemischt?«, fragte er. »Auf die Platzerweiterung!«

»Lass gut sein«, sagt er nun. »Wir werden sehen.«

An einem Freitagvormittag im August 2006 hole ich ihn im Altenheim ab. Das Ankleiden muss ihn an diesem Morgen mindestens eine Stunde Zeit gekostet haben. Er trägt einen Anzug mit passender Weste und hat die Krawatte mit korrektem Knoten gebunden.

Die Kanzlei des Notars liegt in der Bad Godesberger Innenstadt. Wir suchen lange nach einem Parkplatz in der Nähe des alten Bürogebäudes. Vorsichtig hebt er sich aus dem Autositz. Er zieht das rechte und dann das linke Bein aus dem Fußraum, stellt sie auf den Asphalt, greift nach dem oberen Ende der Autotür und zieht den Körper hoch. Er macht es immer so. Jedes Mal sorgt er sich, die Schutzeinlage in der Hose könne verrutschen. Manchmal fällt er zurück auf den Sitz, und wenn er schließlich aufrecht steht, atmet er tief. Dann rückt er den Bund zurecht und stößt sich vom Auto ab. Ein paar Schritte weit trägt ihn der Schwung.

Es führen Stufen hinauf zum Hauseingang des Notariats. Jede Stufe ein Gebirge, denke ich, als er sich am Geländer die Treppe hochzieht. Auf jedem Absatz bleibt er stehen, redet von diesem und von jenem, es soll nicht aussehen wie eine Pause. Meinen Arm verweigert er. Als wir vor dem Klingelschild stehen, sind wir bereits verspätet. »Zweiter Stock«, sagt die Stimme aus der Gegensprechanlage. Das Gebäude hat keinen Fahrstuhl.

Irgendwann nimmt mein Vater im Wartezimmer Platz. Der Notar hat einen anderen Mandanten vorgezogen. Mein Vater schläft ein, auf einem Stuhl neben einem Beistelltisch, auf dem die abgegriffenen Illustrierten des Lesezirkels wie ein Fächer ausgebreitet liegen. Aschgrau ist sein Gesicht, sein Kopf fällt auf die Brust, er braucht ein Bett oder zumindest einen Sessel. Doch ich zupfe an seinem Arm, hilflos, damit er wach und präsent wirkt, wenn der Notar uns aufruft. Immer wieder schiebt er meine Hand zur Seite. Er will schlafen.

Der Notar ist ein Mann in kariertem Jackett und gestreiftem Hemd. Er trägt dazu eine Fliege. Als wir den Raum betreten, spricht er in eine Telefonanlage: »Kopie der Ausweise«, sagt er. Dann tritt er uns entgegen, schüttelt uns die Hand und zieht sich hinter den Schreibtisch zurück, einen breiten wuchtigen Schreibtisch aus dunklem Holz. Uns weist er einen Platz an dem Besprechungstisch zu, auch dies ist ein großes dunkles Möbel, um das große dunkle Stühle gruppiert sind. Es liegen drei Meter poliertes Holz zwischen meinem Vater und dem Notar.

»Verhandelt zu Bonn-Bad Godesberg«, liest der Jurist vor, mit jener nöligen monotonen Stimme, wie sie Notare pflegen, als sei es egal, was sie vorlesen, weil ja doch keiner die Sprache ihrer Profession versteht. »Der Erschienene wies sich aus durch Vorlage seines Bundespersonalausweises«, liest er. »Der Erschienene erklärte zur Beurkundung folgende General- und Vorsorgevollmacht nebst Patientenverfügung.«

Die Vollmacht bleibt über den Tod hinaus wirksam, liest er, zitiert Paragraphen, spricht Worte wie »geschäftsunfähig«, »Überwachungsperson« und »Vormundschaftsgericht«. »Mir ist bekannt, dass die Erteilung einer Vollmacht in dem vorstehenden Umfang ein entsprechendes Vertrauensverhältnis zu dem Bevollmächtigten voraussetzt«, liest er. »Haben Sie das verstanden, Herr Thimm?«

Mein Vater drückt den Rücken durch. »Es ist ja nur für den Fall«, antwortet er dem Notar, »es ist ja an der Zeit, so etwas zu regeln.« Er sei es eigentlich gewohnt, alleine zu bestimmen, und so wolle er es auch weiterhin halten. Er habe im Leben immer auf Abhängigkeit verzichten wollen.

Er blickt den Herrn mit der Fliege an, als suche er wenigstens ein Zeichen der Zustimmung. Der Notar schaut auf von seinem Dokument, blickt seinen Mandanten an, blickt auf das Dokument, dann fragt er durch das Tischtelefon die Anwaltsgehilfin, ob die Ausweise inzwischen kopiert seien. »Nun ja«, sagt mein Vater. »Ich wollte nur meinen Standpunkt erwähnen.«

Ich versuche, dem Notar ein persönliches Wort abzuringen. Mein Vater habe einiges erlebt, das ihn Unabhängigkeit als großes Gut betrachten lasse, sage ich. Der Notar blickt auf die Uhr. »So, Herr Thimm. Dann hätten wir hier noch die Patientenverfügung«, sagt er und fährt fort in seinem eintönigen Vortrag. »Ich versichere hiermit, dass ich im Falle eines unheilbaren Leidens eine Lebensverlängerung ›um jeden Preis‹ ablehne. Ich beanspruche mein Recht, menschenwürdig sterben zu können, sofern nach aller Erfahrung und aller Voraussicht keine Chance auf Gesundung von einer körperlichen oder geistigen Krankheit oder von einer Schädigung besteht, von der angenommen werden muss, dass sie mir schweres Leiden verursacht und mir ein bewusstes und lebenswertes Leben unmöglich macht.

Ich verweigere ausdrücklich meine Zustimmung dazu, dass ich mit allen nur möglichen Maßnahmen – Mitteln oder Methoden, zumal solchen der Intensivmedizin – künstlich am Leben erhalten werde.« Er blickt auf. »Haben Sie das verstanden, Herr Thimm?«

Mein Vater nickt. »Diese Niederschrift wurde dem Erschienenen von dem Notar vorgelesen, von ihm genehmigt und wie folgt eigenhändig unterschrieben«, beschließt der Notar mit seiner monotonen Stimme.

Die Hände meines Vaters zittern, als er das Dokument unterschreibt.

Der Abstieg zum Parkplatz dauert fünfzehn Minuten.

»Sollen wir Mittag essen gehen?«, frage ich.

»Oh ja«, antwortet er. »Aber wir sollten das Auto nehmen.«

Er steigt auf den Beifahrersitz, hebt das linke, das rechte Bein hinein in den Fußraum, hebt bald darauf das rechte, das linke Bein heraus auf den Asphalt. Es führen Treppen zu dem Eingang des Restaurants, das er ausgesucht hat. Als wir vor der Tür stehen, weist er auf die Anzughose. »Wir müssen leider nochmal in die Wohnung«, sagt er. Anschließend schimpft er auf die Schutzeinlage.

Im Altenheim zieht er sich in das Badezimmer zurück. Als wir eine Dreiviertelstunde später wieder vor dem Restaurant stehen, bittet er erneut darum, umzukehren. Es laufe heute vieles anders, als er sich vorgestellt habe, sagt er. Wieder zieht er sich in das Badezimmer zurück. »Kuchen?«, frage ich, als er hinauskommt, ein drittes Mal an diesem Tag frisch geduscht und neu gekleidet.

»Ach lass mal«, antwortet er und setzt sich in einen der roten Sessel, linkes Bein, rechtes Bein. Dann schläft er ein.

Sechs

Ich hatte gerade die Grundschule abgeschlossen, als die Ängste der Deutschen auch mein Leben erreichten. Ich fürchtete Terroristen und die Sowjetunion.

Die Terroristen lernte ich in der Postfiliale neben dem Spielplatz kennen. Meine Mutter hatte mir Briefe mitgegeben, die ich zum Schalter bringen sollte. Während ich wartete, studierte ich das Plakat über dem Ständer mit den Formularen. Es waren fünfzehn Fotos auf diesem Poster abgebildet, fünfzehn Namen, fünfzehn Altersangaben, Körpergrößen, Augenfarben. Die Serie begann in der linken oberen Ecke mit Susanne Albrecht. Ich hielt sie für die Anführerin einer Bande, zu der auch eine Brigitte Mohnhaupt gehörte und eine Friederike Krabbe. Die anderen hießen Silke Maier-Witt, Adelheid Schulz, Inge Viett. Ein Peter-Jürgen Boock machte mit, ein Christian Klar.

Die Schlange war lang an diesem Tag. Ich ratterte ihre Namen in Gedanken herauf und herunter und suchte ihnen Ordnung zu geben. Ich vertrieb mir oft die Zeit mit Sprachspielchen.

Krab-be, Al-brecht, Mohn-haupt, Viett,

Schulz und Klar und Bo-ho-hock.

Li-rum, la-rum, Löf-fel-stiel,

ich und Du und Mül-lers Kuh.

Und einer namens Freiherr Ekkehard von Seckendorff-Gudent. Es erstaunte mich, dass ein Freiherr auf der Liste verzeichnet war. Adlige kannte ich aus Büchern und vermutete sie in Schlössern. »Terroristen« stand in schwarzen

125

Druckbuchstaben über den Bildern. »Vorsicht Schußwaffen!« darunter.

Ich ging nicht mehr hinüber zum Spielplatz, wo eine Schaukel stand, die einen bis an die Baumkrone hob. Ich eilte nach Hause, als ich das Plakat zum ersten Mal sah, lief über den befestigten Feldweg, der an Pferdewiesen vorbeiführte, an Gemüsegärten und an dem Wohnhaus des Ortspolizisten. Angst hatte mich überfallen, hinter jeder Kurve vermutete ich einen dieser bewaffneten Menschen. Vor Adelheid Schulz hätte ich mich ohnehin in Acht genommen, da war ich sicher, ihr Bild war mir unangenehm. Aber Friederike Krabbe sah ganz nett aus. Silke Maier-Witt hatte Augen wie mein Vater, und der Freiherr war so alt wie meine Mutter.

Wer eigentlich Terroristen seien, fragte ich sie, als ich an ihre Praxistür geklopft hatte, im Wartezimmer saßen die Patienten. Wer eigentlich Terroristen seien, fragte ich meinen Vater, als er abends von der Arbeit nach Hause kam.

Fortan scheute ich die Kinder der Bonner Politiker, die mit mir zur Schule gingen. Manchmal holten Männer vom Personenschutz sie nach dem Unterricht ab. Auch die Tochter eines Unternehmers hatte immer einen namenlosen Wächter in ihrer Nähe. Er fuhr ein großes, dunkles, glänzendes Auto. Ich war sicher, der Wagen würde Terroristen eher anlocken als abschrecken.

Sie kamen dann doch nicht in meine Kleinstadt am Rhein. Sie nahmen erst Gestalt an, als der bärtige Gesellschaftskundelehrer die Rote Armee Fraktion zum Prüfungsstoff erklärte. Er fragte ab: Andreas Baader und die erste Generation, angeklagt im Mai 1975 wegen Mordes, einhundertzweiundneunzig Prozesstage, verurteilt zu lebenslanger Haft. Er bewertete unsere Kenntnis über den

9. Mai 1976, jenen Sonntag, an dem Ulrike Meinhof in ihrer Zelle im Gefängnis Stuttgart-Stammheim aufgefunden worden war, erhängt, mit einem Handtuch. Er benotete unser Wissen über den 18. Oktober 1977, als Andreas Baader, Gudrun Ensslin und Jan-Carl Raspe im selben Gefängnis den Freitod wählten. Er war der Einzige im Klassenzimmer, den ihr Schicksal wirklich berührte.

Wir fanden diesen Lehrer, der »Ey Leute« sagte, viel von Gefühlen sprach und immer die neuesten Turnschuhmodelle trug, merkwürdig. Wir verstanden nicht, dass er sich als Vertreter jener jungen Generation fühlte, die sich von der RAF den Aufbruch in eine gerechtere Welt erhofft hatte. Dass er sie wahrscheinlich bewunderte, weil sie sich so verhielten, wie er es nie gewagt hätte. Er hätte den Dienst quittieren müssen, hätte er es laut ausgesprochen. Er hatte als Beamter für die freiheitliche demokratische Grundordnung einzustehen, und die meisten Eltern in der rheinischen Provinz wachten über dieses Gesetz.

Wusste er seine Begeisterung nicht zu zügeln, rettete er sich in Theorie. Er schwang sich aufs Pult, schlug die Beine übereinander, wippte mit den Turnschuhen und sprach von Marxismus und Leninismus als geistiger Grundlage allen Klassenkampfes.

Er blieb ein Außenseiter. Die meisten im Ort hatten sich darauf geeinigt, dass stärker als die RAF allenfalls die Sowjetunion ihr Kleinstadtleben bedrohte.

Beinahe jeden Abend waren in den Fernsehnachrichten Bilder der sowjetischen Armee zu sehen, die in Afghanistan einmarschiert war. Beinahe jeden Abend kämpften in den Wohnzimmern auch irakische Truppen und iranische Revolutionäre gegeneinander. Die einen bezogen ihre Waffen vor allem aus der Sowjetunion, die anderen vor allem aus Amerika, und der neue Präsident der USA rief: Freiheit! Freiheit! Freiheit! Kampf dem Kommunismus!

Ronald Reagan wollte den Rüstungswettlauf gegen die Staaten des Warschauer Paktes um jeden Preis gewinnen. Und die Bundesrepublik, in der Mitte des geteilten Europas, schien als Basis für nukleare Mittelstreckenraketen im westlichen Verteidigungsbündnis besonders wichtig. Der Großmachtanspruch der Sowjetunion ängstigte die Westdeutschen, die den Alltag sozialistischer Herrschaft hinter der Mauer besichtigen konnten. Die lebensbedrohliche Logik des Wettrüstens aber ängstigte sie ebenfalls – und Hunderttausende demonstrierten.

Auch jene, die von Hippies und Hottentotten sprachen, wenn sie die langhaarigen Männer der Friedensbewegung meinten, fürchteten einen Dritten Weltkrieg. Ihre Stimme war Nicole, das siebzehnjährige Mädchen, das 1982 den Eurovision Song Contest gewann. Sie war das Gegenmodell. Ihre Garderobe war von der Art eines Konfirmationskleids, ihr Haar sorgfältig gebürstet, und sie sang zur weißen Gitarre von ein bisschen Frieden. Das Lied stand wochenlang auf Platz eins der Hitparade.

Es lebten reiche Leute in unserer Straße, die sich die Single von Nicole kauften und trotzdem Ronald Reagan bewunderten, auch, weil er Cowboystiefel trug und ein Filmschauspieler gewesen war. Ihr Haus war vollgestopft mit Dingen, die mich faszinierten, weil meine Eltern sie scheußlich fanden. Eine lederne Couchinsel stand dort, auf der man sich ausschließlich lümmelnd aufhalten konnte, und zu Weihnachten hingen an ihrem Tannenbaum goldene Glitzerketten aus den USA. In ihren Kellerräumen lehnten gleich mehrere Bilder von Friedensreich Hundertwasser an einer Wand. Der Hausherr hatte sich nicht entscheiden können.

Samstagnachmittags zogen Rauchschwaden von Zigaretten durch das Wohnzimmer, manchmal sog der Hausherr auch an einer Zigarre. Er reichte Whiskey und für die Damen trockenen Martini auf einer Olive am Plastikspieß, der Fernseher lief und der Plattenspieler auch.

Die Nachbarn sprachen gerne über die Sowjets und ihre diffusen Machenschaften. Baten sie in ihr Haus, schloss ich mich meinen Eltern an. Es gab Cola mit Strohhalm dort, und so lümmelte ich auf der Sitzinsel und fühlte mich weltgewandt.

Ein Bunker, sagte der reiche Mann an einem dieser Nachmittage zu meinem Vater. Im Garten. Atombombensicher. Falls die Sowjets kämen. Man könne sich die Kosten doch teilen.

Ein Bunker? dachte ich. Ich konnte mir nicht vorstellen, was ein Sowjet mit unserer Straße zu tun haben wollen würde. Sie war nach einem Heimatdichter benannt und mündete in einen Wald voller Wildschweine und Rehe; die Brüder Grimm hatten hier gewohnt, als sie auf der Suche nach Volksmärchen durch Deutschland reisten. Doch mein Vater diskutierte eifrig Vorzüge und Nachteile eines Bunkers. Es wurde ein langer Nachmittag auf der Couchinsel.

Am Abend kannte ich einen neuen Begriff. Weißer Jahrgang.

Wie alle Männer, die zwischen 1929 und 1937 als Deutsche geboren wurden, war auch mein Vater während des Krieges zu jung und in der neuen Bundesrepublik zu alt für den Wehrdienst gewesen. Er schien auf eigenartige Weise erleichtert und zugleich unzufrieden darüber. Er hätte für Deutschland nie in den Krieg ziehen wollen, und doch fand er, sein Land müsse sich jederzeit gegen den Angriff einer Diktatur schützen können. Auch er fürchtete mitten im

Kalten Krieg das Ende des Friedens, auch er wollte für den Notfall gerüstet sein, sogar an Wehrübungen hatte er als Gast schon teilgenommen. Nun suchte er Schutz bei dem Gedanken an einen Bunker. Er hatte nicht vor, ihn zu bauen. Er brauchte ihn als Idee. Er fühlte sich so weniger ausgeliefert.

In Eberswalde hatten die sowjetischen Besatzer bald Leben und Alltag bestimmt. Sie beaufsichtigten auch die Schulen, als der Lehrbetrieb 1946 wiederaufgenommen wurde.

Gertrud Thimm hatte ihren Sohn auf dem Wilhelmsgymnasium angemeldet, auf dem bereits ihr Vater gelernt hatte. Die Besatzer hatten dort das Fach Russisch zur Pflicht erhoben und Offiziere der Sowjetarmee zu Lehrern bestellt. Regelmäßig mussten die Kinder russische Lieder und Gedichte auswendig lernen und vor einem großen Publikum im Eberswalder Lichtspielhaus darbieten. Versammlungen hießen diese Aufführungen, deren wichtigster Gast der sowjetische Stadtkommandant war. Er kam in Uniform, um die Tüchtigkeit der Schüler und der lehrenden Offiziere zu kontrollieren. Vorn in der ersten Reihe sank er in einen Sitz, während sich auf der Bühne die Schüler aufreihten und von Moskaus Straßenzügen und dem Klang der Abendglocken sangen.

Horst Thimm trug ein weißes Hemd aus dem Bestand seiner verstorbenen Großmutter bei diesen Auftritten, und die Schuhe hatte er zuvor mit Spucke gewienert. Meist hatte er auch eine Krawatte angelegt, er hatte aus alten bunten Stoffservietten einige Binder fabriziert. Im Winter hakte er die langen Strümpfe an einem Leibchen fest, denn seine Hose war kurz. Er hatte die Hose schon in Ostpreußen getragen, sie hatte zur Uniform der Pimpfe gehört. Die Mutter hatte alle Abzeichen entfernt. Es trugen viele Jungen seiner Klasse die Hosen der alten Zeit. Sie fanden es normal, sie besaßen nur diese Kleidung.

Wusste er den Text einer Strophe nicht mehr, bewegte er stumm die Lippen, wie er es sich beim Singen im Gottesdienst angewöhnt hatte. Er sollte nun auch konfirmiert werden, die Mutter drang darauf. Er hatte in Ostpreußen bereits eineinhalb Jahre Konfirmandenunterricht hinter sich gebracht, und den kommunistischen Besatzern zum Trotz wollte Gertrud Thimm die protestantische Familientradition fortführen. So hatte sie ihren Sohn im Kirchenbüro angemeldet, und nach einer Prüfung attestierte der Pfarrer ihm die Kenntnis der Zehn Gebote und einen rechten Glauben. Am 19. Mai 1946 kniete Horst Thimm vor dem Geistlichen in der Maria-Magdalenen-Kirche zu Eberswalde. Er dachte an Bockwurst, während der Pfarrer ihn segnete, und seine Mutter sprach das Glaubensbekenntnis und grämte sich, weil sie keine Kartoffeln für das Mittagessen hatte auftreiben können. Mit hohlen Augen und hohlen Mägen zogen sie nach dem Gottesdienst an den Gaststätten vorbei, die auch nichts anzubieten hatten. Nur gute Lebensratschläge gab es für den Konfirmanden reichlich. Vertrau auf Gott, denn er ist immer für dich da. Benimm dich zu Hause wie in der besten Gesellschaft, dann bist du zu Hause in der besten Gesellschaft. Nicht für die Schule, sondern für das Leben lernen wir.

Doch ein Geschenk erhielt der Konfirmand. Ein Junge, den er bei den Aufräumarbeiten am Choriner See kennengelernt hatte, brachte ihm ein Pfund Mehl aus Esskastanien. Er ist ihm als echter Freund in Erinnerung geblieben. Albert hieß er, und gemeinsam mit einem dritten, den sie ohne besonderen Grund »Aschermittwoch« nannten, führten sie, als die Zeiten besser wurden, ihre Freundinnen auf den Gepäckträgern ihrer Fahrräder zum Maskenball aus. Der Kneipier, der die Abende ausrichtete, unterhielt auch einen Bauernhof, und wenn die jungen Männer Brandenburgs um ein Mädchen zankten, landete meist einer neben dem Tanzsaal im Misthaufen. Die drei Freunde aus Eberswalde aber zankten nie. Sie hatten gelernt, einander den Rücken zu stärken, um alles Merkwürdige zu überstehen.

In ihrer Schule hatten die sowjetischen Besatzer viele der ehemaligen Lehrer wieder eingestellt. Sie trugen ebenso schreckliche Erinnerungen an den Krieg in sich wie ihre Schüler, und auch sie quälten verstörende Träume. Doch es sprach niemand in den Klassenzimmern über den Schrecken, den alle miteinander teilten. Wieder einmal galten Disziplin und Gehorsam, diesmal im Namen des Sozialismus.

Der Lehrer für Biologie, Physik und Chemie schloss morgens vor dem Unterricht seine Frau ein, damit der Klassenfeind sie ihm nicht wegschnappe, und anschließend beherrschte er die Schüler. Den jungen Thimm teilte er als Hilfskraft für die Versuche im Chemielabor ein und ließ ihn auch die Wandbilder mit botanischen Zeichnungen aus dem Kartenraum holen. Jedes Mal betrat dieser Lehrer das Klassenzimmer mit gezücktem Notizbuch. Er rief einen Schüler zur Tafel, und an manchen Tagen fragte er so lange, bis der Prüfling nicht mehr weiterwusste. »Leider durchgefallen«, sagte er dann, und in sein Notizbuch schrieb er »ungenügend«. In einer Biologiestunde traf sein Ehrgeiz auch Horst Thimm. »Vorbild Wald« hieß das Thema, das er ihm stellte, und der Junge erzählte von dem Wald und der Försterei in Masuren. Mit geradem Rücken stand er hinter dem Pult, wie es vorgeschrieben war, und tagträumte von Dackel Schnurz, von den Pferden, von den Bienen. »Bei euch im Wald, das war wohl nichts«, unterbrach ihn der Lehrer. »Ungenügend.« Er hatte einen Vortrag über den Wald als Biotop eines Kollektivs erwartet, einschließlich einiger Gedanken über den Ameisenstaat als Spiegelbild der sozialistischen Gesellschaft. »Setzen!«

Auch die Deutschstunden waren den Prinzipien der neuen Lehre gewidmet. »Kapitalismus ist, wenn jemand eine Presse zum Entsaften von Rüben besitzt und sie im Tausch gegen Sirup verleiht, der aus Saft stammt, der mit der Rübenpresse produziert wurde«, erklärte der Lehrer, er war ein Doktor der Philosophie. »Sozialismus ist, wenn solche Besitzverhältnisse ausgemerzt werden und Presse und Sirup allen zu gleichen Teilen gehören.«

Es war der Moment, in dem mein Vater den Sozialismus für unbrauchbar erklärte. Er liebte Zuckerrübensirup. Er hätte immer gerne mehr davon gehabt, als vorgesehen war, und in dieser Zeit ohnehin. Er hatte das Gefühl, er brauche einen Trost.

Wenn die Mutter abends von der Arbeit in der Kaserne nach Hause zurückkehrte, erschöpft und niedergeschlagen wie ihr Sohn, malten sie sich aus, wie es wäre, wenn sie ihr Geld mit einer Hundezucht verdienen könnten. Sie verabredeten, dass der Zwinger dann »vom Lenksee« heißen müsse, so wie früher in Masuren. Der Junge lag längst im Bett, da verfasste Gertrud Thimm einen Brief an die Schwägerin in Westberlin. »Na, noch ist nicht aller Tage Abend!«, schrieb sie. »Es kommt auch wieder mal anders.« Sie hatte einen Plan gefasst. Sobald wie möglich würde sie eine Hündin kaufen. »Bekommt Ihr eigentlich auch Geld auf Postsparbücher?«, so schrieb sie weiter. »Ich habe eines mit zweitausend Reichsmark. Vielleicht bekämst Du ja Geld für mich. Erkundige Dich doch einmal danach. Im Westen soll ja jeder über seine Konten verfügen können. Bei uns ist eben alles anders!«

Im Westen, in Westberlin, halfen die amerikanischen und die britischen Sieger den Verwandten beim Überleben. Als sie 1948 gemeinsam mit den Franzosen die D-Mark in ihren Besatzungszonen einführten und die neue Währung auch in Westberlin gültig sein sollte, blockierten russische Soldaten sämtliche Zugänge in die Stadt. Es sollte eine Demonstration des sowjetischen Alleinvertretungsanspruchs für Berlin werden, doch die Blockade endete als Triumph des Westens.

»Ihr Völker der Welt«, hatte der sozialdemokratische Politiker Ernst Reuter im September 1948 auf dem Platz vor dem Reichstag gerufen, »ihr Völker in Amerika, in England, in Frankreich, in Italien! Schaut auf diese Stadt und erkennt, dass ihr diese Stadt und dieses Volk nicht preisgeben dürft und nicht preisgeben könnt!« Ein Jahr lang versorgten Amerikaner und Briten Westberlin aus der Luft. Mit mehr als 270 000 Flügen lieferten sie über zwei Millionen Tonnen Getreide, Trockenmilch, Kartoffeln, Briketts, Medikamente und Benzin. »Rosinenbomber«, riefen die Kinder, wenn die Flugzeuge am Himmel zu sehen waren, und sammelten kurz darauf von den Straßen Päckchen mit Schokolade und Kaugummi, die an kleinen Fallschirmen auf die Erde schwebten, noch bevor die Maschinen landeten. Die Hilfe sicherte das Überleben von fast zweieinhalb Millionen Menschen.

Am Rhein, am Fuße des Drachenfels, setzte derweil Konrad Adenauer seine Ideen vom freien Westen durch. In den Gesprächen mit den Alliierten ließ er Kurt Schumacher hinter sich, den kargen, autoritären Preußen, der die

Sozialdemokraten anführte und für ein demokratisches ungeteiltes Deutschland stritt. Kurt Schumacher hatte im Ersten Weltkrieg den rechten Arm verloren und war 1944 schwerkrank aus dem Konzentrationslager zurückgekehrt. Er galt vielen im Land als ein Symbol für unbeugsamen Kampf und moralische Aufrichtigkeit, doch für die Alliierten war er ein unbequemer Gesprächspartner. Konrad Adenauer aber hatte in seiner Amtszeit als Kölner Oberbürgermeister alle rheinischen Spielarten des Klüngels zu beherrschen gelernt. Schon damals war er dafür eingetreten, das Rheinland von Preußen abzuspalten. Gewandt verknüpfte er nun das Schicksal Westdeutschlands mit den Zielen des westlichen Verteidigungsbündnisses. Er machte sich zum ersten Mann eines Staates, noch ehe es ihn gab.

Er war kein Mann nach dem Geschmack von Gertrud Thimm. Sie fühlte sich verraten im brandenburgischen Eberswalde, ausgeliefert an die Sowjets von einem rheinischen Katholiken, der Rosen liebte und ein batteriebetriebenes Stopfei mit Innenbeleuchtung erfunden hatte. Auch ein elektrischer Brotröster mit Innenspiegel zählte zu seinen Ideen. Brachten ihm die Kinder in Rhöndorf am Abend einer Bundestagwahl ein Ständchen, breitete er die Arme aus und gab ihnen schulfrei. Unter seiner Führung entdeckten die Frauen in Westdeutschland Kaffeekränzchen bei Schwarzwälder Kirschtorte und die Kleidermodelle Kunigunde, Gundula und Edelweiß von Josef Neckermann. »Wir werden in Gedanken feiern helfen und die Torten mit Schlagsahne in Gedanken mit essen, damit Ihr nicht mit allem allein fertig werden müsst, denn dann verderbt Ihr Euch am Ende den Magen«, schrieb Gertrud Thimm an die Schwägerin in Westberlin. »Die Kinder schließen sich meinen Wünschen an. Dir viele liebe Grüße, Deine Trudel.«

Auch ihr Sohn und seine Freunde übten sich in der Zeit des westdeutschen Aufbruchs in lakonisch subversiver Stimmung. Sie saßen im Ratskeller von Eberswalde, und falls der Wirt einmal eine Lieferung erhalten hatte, tranken sie dunkles Bauernbier. Sie erhoben sich dann und brachten einen Toast auf den Genossen Walter Ulbricht aus, der später den Bau der Mauer verantworten würde; sie hatten das Kampflied der Arbeiterklasse umgedichtet. »Völker, hört die Signale, auf zum letzten Gefecht, die Internationale versorgt Berlin mit nischt«, sangen Horst, Albert und Aschermittwoch. Und warteten, ob ein anderer Gast etwas dazu sagte.

Einmal nahmen Artisten am Nebentisch im Ratskeller Platz. Ihr Zirkus gastierte auf dem Marktplatz. Die Freunde forderten das Fräulein auf, das während der Vorstellungen die Darbietungen ankündigte, sie prahlten, sie hätten einen schrägen Westtanz mit Namen Boogie-Woogie drauf. Einer nach dem anderen tanzte mit der jungen Frau, und die Zirkusleute klatschten und trommelten. Plötzlich stand ein Mann in der Tür. Einer der Artisten hechtete zu ihm und brachte ihn zu Fall. Die Gaststube leerte sich binnen Sekunden. Der Mann hatte eine Pistole in der Hand gehalten. Viel später sollte sich herausstellen, dass er die Namen der drei Freunde notiert hatte.

Bei ihrem nächsten Treffen mutmaßten sie stundenlang: Wer wohl der Mann gewesen sei? Und ob er wirklich hatte schießen wollen? Sie trafen sich immer, wenn ihnen ein Ereignis suspekt erschien. Sie hielten sich selten zurück mit Kommentaren. Sie diskutierten und witzelten, sie fühlten sich dem System, in dem sie leben mussten, haushoch überlegen und dennoch ausgeliefert. An einem sonnigen Morgen fanden sie sich auf dem Rathausplatz ein. Ein sozialistisches Festkomitee hatte die Bewohner Eberswaldes dorthin eingeladen. Einige ehemalige Gruppenführer der Hitlerjugend waren aus einem sowjetischen Lager zurückgekehrt und sollten vor großem Publikum über ihre erfolgreiche Umerziehung berichten. Die Heimkehrer trugen bereits die Uniform der Freien Deutschen Jugend. Primitive Propaganda, so urteilten die Freunde an jenem sonnigen Morgen. Sie lebten gefährlich in ihrer trotzigen Freimütigkeit.

Es war einem alten Sozialdemokraten, einem Lehrer, zu verdanken, dass Horst Thimm nicht schon im Sommer 1948 inhaftiert wurde.

Der Junge hatte am letzten Schultag vor den Ferien den sowjetischen Offizier im Russischunterricht brüskiert. Die Schulstunde war bereits beendet, doch der Offizier bestand darauf, dass die Schüler noch einen Artikel aus der russischen Tageszeitung *Prawda* übersetzen sollten.

Ganz einfach, hatte Horst Thimm seinem Sitznachbarn zugeraunt, da müsse man sich nicht weiter anstrengen. Da stehe ohnehin drin, dass die Sowjetunion ein Freund und Amerika ein Feind sei. Sieg dem Sozialismus, Kampf dem Imperialismus. Der Offizier hörte ausgezeichnet und verstand gut Deutsch. Er nahm den Jungen mit zum Lehrerzimmer, er ließ ihn lange warten vor der Tür. Als er ihn hereinrief, saßen der Genosse Stadtkommandant und der russische Kontrolloffizier für das Schulwesen am Tisch.

Der Junge war erleichtert, auch den alten Sozialdemokraten zu sehen, einen Lehrer, den er mochte und dem er vertraute. Dieser Mann war im Nationalsozialismus verfolgt worden und unterrichtete nun Heimatkunde.

Die beiden hatten sich auch schon einmal auseinandergesetzt. Der Lehrer hatte sich aufgeregt, weil eine Vielzahl ehemaliger SS-Männer mit ihren brachialen Methoden in der Fremdenlegion unterkamen. »Aber Herr Schulrat«, hatte der Junge ihm entgegnet, »wo sollen denn diese Leute sonst hin, wenn wir sie alle zu Verbrechern erklären. Dann bleibt die Fremdenlegion ihre einzige Möglichkeit, und sie dienen keiner guten Sache.« Der Schulrat hatte den Jungen nach dem Unterricht im Klassenraum behalten. Er habe im Kern recht, hatte er zu ihm gesagt. Man solle Menschen eine zweite Chance geben. Aber diese Fälle müsse man dennoch anders bewerten. Dann hatte er von den Gräueltaten der SS gesprochen.

Nun hörte dieser Lehrer schweigend zu, während der russische Kontrolloffizier und der Stadtkommandant den Schüler Thimm anklagten, er habe die Klassenkameraden mit antisowjetischer, faschistischer Hetzpropaganda aufwiegeln wollen. Sie kündigten Konsequenzen an. Dann entließen sie ihn.

In den Ferien traf der Junge den Lehrer auf der Straße. »Sie wollten dich verhaften«, sagte der Schulrat. »Du solltest abgeholt werden.«

Schüler Thimm sei in Ordnung, so hatte der alte Sozialdemokrat argumentiert. Der Junge sei kein Faschist, er habe nur eigene klare Vorstellungen von Gerechtigkeit. Und weil der Lehrer im Nationalsozialismus ein Verfolgter gewesen war, hatten seine Worte bei den Genossen Gewicht. »Ich habe mich für dich verbürgt«, sagte der Schulrat dem Jungen nun auf der Straße. »Und jetzt noch gute Ferien.«

Der Satz ließ den Jungen nicht los. Er war sicher, dass es nicht lange dauern würde, bis er erneut auffiele, auch wenn er sich rechtschaffen bemühen würde, nicht aufzufallen.

Ich habe mich für dich verbürgt.

Dann muss er für mich einstehen, dachte der Junge. Das hat er nicht verdient.

Im Altenheim möchte ein Mitarbeiter der Abteilung Sozialer Dienst mit den Bewohnern »Biographiearbeit machen«. Er bittet Herrn Thimm darum, den Fragebogen zur Person zu überprüfen, den er bei seinem Einzug beantworten sollte. »Beamter« steht darauf, »Bundesgesundheitsministerium« als letzter Arbeitsplatz, »Politik und Geschichte« als Interesse. Mein Vater hat den Zettel damals mit Sorgfalt ausgefüllt.

Er geht gerne zu den Gesprächskreisen des Sozialen Dienstes. Er trifft dort andere Ausgediente der alten Bonner Republik. Ein ehemaliger Beamter aus dem Bundeswirtschaftsministerium nimmt an der Runde teil, eine resolute Dame mit toupiertem Haar, die früher für die FDP stritt, auch ein Richter ist darunter. Wenn sie sich treffen, bei Kaffee und Wasser im Aufenthaltsraum, sprechen sie über Zeitungsartikel oder Fernsehbeiträge, manchmal hat einer von ihnen auch einen Vortrag vorbereitet. Sie debattieren und argumentieren, wie sie es sich in den Jahren angewöhnt haben, in denen ihre Stimmen Gehör fanden. Sie ringen, als könnten sie nach wie vor Einfluss nehmen. Dann bedankt sich der Mitarbeiter des Sozialen Dienstes für die lebhafte Diskussion, und sie gehen auseinander und tragen Kopien mit Übungen zum Gedächtnistraining in ihre Zimmer.

Mein Vater sucht eine Mappe mit Zeitungsausschnitten zwischen den Tempotaschentüchern in den Regalen, als ihn der Aufruf zur Biographiearbeit erreicht hat. Er könne damit konkreter belegen, was er so getrieben habe, meint er.

Genau habe ich nie verstanden, was er in den zehntausenden Dienststunden im Ministerium tat. Die Arbeit meiner Mutter gehörte zu meinem Alltag. Ihr Sprechzimmer lag unter meinem Kinderzimmer, die Patienten gingen an uns vorbei, wenn wir im Garten spielten. Manchmal holte sie mich von der Schule ab, und ich begleitete sie anschließend zu Hausbesuchen. Oft wartete ich im Auto, doch zu den alten Leuten kam ich häufig mit, sie freuten sich über Kinderbesuch. Sie kramten Kekse aus verstaubten Dosen oder boten selbstgemachten Holunderblütensaft an, und ich thronte auf Sofas, deren Kissen die Hausfrau mit einem Knick in der Mitte versehen hatte. Selten verließ ich die Wohnung ohne eine Tafel Schokolade.

Nur die alten Menschen in den Heimen scheute ich. Dabei wohnten viele Patienten in Altenheimen, die von Nonnen geführt wurden, und die Frauen in den grauen Trachten und schwarzen festen Schnürschuhen faszinierten mich. Ich hielt es damals für die größte Herausforderung ihres Lebens, in solchen Kleidern die schwülen rheinischen Sommer zu überstehen. Die Nonnen boten meiner Mutter immer eine Tasse Tee an, sie waren auch zu mir sehr freundlich. Manchmal ließen sie mich mit ihrem Harmonium spielen, ich zog an den Registern und trat den Blasebalg, der Ton schwoll an und ebbte ab in der Altenheimkapelle. Ich liebte dieses Spiel. Doch mich schreckte der Geruch in den Zimmern. Ich fühlte mich beklommen, wenn die Nonnen Teller mit Püree und zerkleinerten Möhren an die Betten der Alten brachten. Oft waren die Fenster verdunkelt, und das Licht brach nur durch die Ritzen zwischen den Rolladenschienen. Überall tanzte dann der Staub.

Wem mein Vater begegnete, wenn er arbeitete, interessierte mich nicht. Manchmal brach er zu Dienstreisen auf, und wir brachten ihn zum Flughafen. Wir standen neben unserer Mutter auf der Aussichtsterrasse und winkten der Maschine hinterher, wenn sie abhob. Kam er zurück, manchmal spät am Abend und wir lagen bereits im Bett, durften wir noch einmal aufstehen. »Hast du etwas mitgebracht?«, fragten wir, und ich hütete die Grüße aus der fernen Welt, auch wenn ich nichts mit ihnen anzufangen wusste. Ich mochte die Geschichten, die zu den Dingen gehörten. Noch immer besitze ich einen Ball aus Leder, in dem schwarzblaue Federn stecken, obwohl es mir nie gelungen war, ihn lange durch die Luft zu pritschen. »Wie Häuptlingsfedern«, hatte mein Vater gesagt, als er ihn aus den USA mitgebracht hatte. Die sähen genauso aus.

Seine Arbeit wirkte menschenleer. Er schien sich mit Organisationen und Institutionen zu beschäftigen, mit Ministerentscheiden, und dem DIMDI, einer dieser unbestimmten Vokabeln meiner Kindheit. Immerhin wusste ich, dass sich darin die Wörter »Information« und »Dokumentation« verbargen. Viel später habe ich im Internet nachgelesen. »Deutsches Institut für Medizinische Dokumentation und Information. Das DIMDI gibt Klassifikationen zur Kodierung von Diagnosen und Operationen heraus und pflegt weitere medizinische Bezeichnungssysteme.« Mein Vater war im Gesundheitsministerium über viele Jahre der Ansprechpartner für die Mitarbeiter des DIMDI.

Als ich schon studierte und zu Weihnachten eine bulgarische Austauschstudentin mit nach Hause brachte, fuhr mein Vater uns durch Bonn. Er zeigte ihr den alten Bundestag, den Langen Eugen, das Tulpenfeld mit den Büros der Parlamentsredaktionen, die Botschaften, auch die kleine Vertretung Bulgariens nahe am Fluss. Wie denn die Arbeit meines Vaters in dieser Bundeshauptstadt ausgesehen habe, wollte die Freundin wissen. Weil auch ihr das Wort »Datenverarbeitung« nicht viel bedeutete, endete die Stadtrundfahrt im Gesundheitsministerium. Zum ersten Mal sah ich den gesicherten Raum mit den Computern, lauter unförmige Apparate, die so groß waren wie Autos. Dass sie irgendwie auch die Gedankenkraft meines Vaters speichern sollten, fand ich seltsam. Ich gehörte der Generation von Studenten an, die ihre ersten Seminararbeiten noch mit einer Schreibmaschine zu Papier brachten.

Wir finden die Mappe, die mein Vater für die Biographiearbeit im Altenheim sucht, neben der Büste von Onkel Hans. Sie steht mitten im Regal auf einem herausgehobenen Platz, denn in der Marmorausführung ähneln seine Gesichtszüge denen meines Bruders. Hans war der Patenonkel meines Vaters und der Bruder seiner Mutter. Er starb, bevor ich ihn kennenlernen konnte, doch ich war begeistert von diesem Verwandten.

Der Onkel hatte in der Musikindustrie sein Geld verdient und Kurzspielplatten hinterlassen, in deren Mitte man eine orangefarbene Plastikscheibe legen musste, bevor man sie abspielte. Mein Vater fand Schallplatten wenig bedeutsam, und meine Mutter hortete Vinylscheiben mit den Werken Johann Sebastian Bachs. Das Vermächtnis des Onkels aber hatte den deutschen Schlager in unser Wohnzimmer gebracht, und niemand konnte etwas dagegen sagen. »Ein dicker Elefant ist nicht sehr elegant«, so beschallte ich das Haus. »Pack die Badehose ein, nimm dein kleines Schwesterlein. Und dann nischt wie raus nach Wannsee«!

Es liegen Zeitungsartikel und Briefe in der Mappe neben Onkel Hans. Freundliche Zeilen von einem Abteilungsleiter des DIMDI, der sich in den Ruhestand verabschiedet und meinem Vater dankt. Viele handbeschriebene Seiten eines Sachbearbeiters, der in eine andere Stadt zieht: Ein großartiger, gradliniger, gerechter Chef sei Horst Thimm gewesen, nie werde er das vergessen. Karten mit guten Wünschen für die Zeit nach seiner Pensionierung. Lauter Rückblicke mir unbekannter Menschen. Ich blicke irritiert auf diese Sammlung. Er war doch ein so schwieriger Mensch.

»Warst du da nie schlecht gelaunt?«, frage ich meinen Vater. »Sie wussten, dass sie sich auch auf meine Launen verlassen konnten«, erwidert er und verstaut die Briefe wieder in der Mappe. Dann faltet er ein dünnes Blatt Papier auseinander. »Das hier, das erschien an deinem dritten Geburtstag«, sagt er. *Saarbrücker Zeitung* 15. Februar 1972. »Das war noch in der Strobel-Zeit.«

Das Porträtfoto seiner ersten Ministerin steht nicht weit von Onkel Hans. Käte Strobel hat eine Widmung für den jungen Beamten darauf geschrieben, den sie förderte und beförderte. »Horst Thimm. Mit tiefem Dank und allen besten Wünschen.« Die Schrift verblasst. Als sie noch lebte, schickte sie lange Zeit Weihnachtskarten an unsere Familie. Auch sie habe ich nicht kennengelernt.

Sie muss eine engagierte Frau gewesen sein. Zwei Töchter; ihr Mann, ein Buchdruckermeister, war als Sozialdemokrat in einem Konzentrationslager inhaftiert worden. Sie sprach manchmal mit ihrem Mitarbeiter Thimm über die Wunden, die Lagerhaft und Gefangenschaft hinterlassen.

1968 hatte sie ihn zum Leiter des neu eingerichteten Referats für Öffentlichkeitsarbeit in das Bundesgesundheitsministerium bestellt. Er sollte den Deutschen die Kampagnen der Ministerin nahebringen. Es war ein turbulentes erstes Arbeitsjahr.

»Sex-Käte«, wie die Konservativen die Sozialdemokratin nannten, hatte einen Film produzieren lassen: Eine Gynäkologin klärt die unerfahrene Helga über Geschlechtsverkehr und Geburtenkontrolle auf, und schon bald besucht Helga einen Kurs für werdende Mütter. Der

Film zeigt die Frau mit gespreizten Beinen bei der Geburt und beim Spiel mit den Brustwarzen zur Stimulation der Milchproduktion. Beinahe fünf Millionen Deutsche sahen ihn im Kino. Weil immer wieder Zuschauer in Ohnmacht fielen, betroffen über so viel Haut, kamen zu den Vorführungen meist Sanitäter des Deutschen Roten Kreuzes.

Auch einen »Sexualkunde-Atlas« für den Unterricht hatte die Ministerin erstellen lassen, denn die Lehrer hatten 1968 den staatlichen Auftrag erhalten, die Sexualerziehung an den Schulen zu gewährleisten. Die Tafeln und Schaubilder, die Aufnahmen von einer Geburt, von einer Nachgeburt und einem Penis im ersten Stadium der Syphilis sollten die Worte ersetzen, die vielen dafür fehlten.

Journalisten rügten die »wütige Art der Aufklärung«, die nicht nur die Prüderie ausrotten wolle, sondern zugleich alle Gefühle rund um das Wort Liebe. Andere hielten die zweieinhalb Zeilen über Onanie für ein unzureichendes Bekenntnis zur Lust. Die Kultusminister der Union drohten, den Atlas in den Schulen ihrer Bundesländer nicht zuzulassen. Vertreter der katholischen Kirche prangerten die schematischen Darstellungen als Pornographie an. Sie prophezeiten, Frau Strobel müsse damit rechnen, in die Hölle zu kommen. Es war das Jahr, in dem ich geboren wurde. Heute hat Käte Strobel immerhin einen Platz in der Briefmarkenreihe »Frauen der deutschen Geschichte«.

Ich nehme den Artikel aus der *Saarbrücker Zeitung*, den mein Vater mir hinhält. Er kramt noch immer nach Unterlagen für die Biographiearbeit.

Die Frankfurter Beratungsstelle für Schlankheitsprobleme hat angefragt, wie es mit der geforderten Sondersteuer für Dicke steht, lese ich vor. *Er glaube nicht, dass die geforderte*

Sondersteuer eine Chance habe, erklärte Regierungsdirektor Thimm, weil dann nach dem Gleichheitsgrundsatz auch für die Leute eine besondere Steuer erhoben werden müßte, die sich anderen Risiken aussetzen: Beispielsweise Raucher und Alkoholtrinker.

»Da hat sich ja nichts verändert«, sage ich. »Du könntest heute noch die gleichen Antworten geben.«

»Na ja«, sagt mein Vater, und dass sich das Rad eben nicht immer wieder neu erfinden lasse. Dann fragt er, was das Blättchen in puncto Biographiearbeit sonst noch hergebe.

Ich überfliege die Meldungen: Das Existenzminimum für eine vierköpfige Familie wird 1972 auf 1113 Deutsche Mark geschätzt. 1971 sind eine Million Farbfernsehgeräte verkauft worden. In Schwenningen werden die Namen der Menschen, die aus der evangelischen Kirche austreten, vorerst nicht mehr im Gottesdienst verlesen. Dann ist da noch ein mahnender Artikel: Agenten sind weder Supermänner noch ungewöhnlich schöne Frauen.

»Lies die Story mal bitte vor.«

Vor allem die Mitglieder des Ostberliner Staatssicherheitsdiensts haben eine Meisterschaft darin entwickelt, harmlose Menschen zu Agenten zu pressen, lese ich. *Sie scheuen sich nicht, ihre Hilfe bei der Regelung von Erbschaftsangelegenheiten anzubieten, wenn in Thüringen, Sachsen oder einer anderen Provinz ein Häuschen zu teilen ist und der im Westen lebende Erbberechtigte nicht an das Geld herankann. Als kleine Gegenleistung wird die Beantwortung harmlos wirkender Fragen verlangt.*

»Na ja.« Mein Vater faltet die Zeitungsseite zusammen. Erst Monate später wird er mir erzählen, wie die Stasi versuchte, ihn anzuwerben.

145

Das nächste Blatt, die *Stuttgarter Nachrichten*, ebenfalls vom 15. Februar 1972.

Regierungsdirektor Horst Thimm, in dessen Büro im Bonner Gesundheitsministerium die Fäden zusammenlaufen, weiß aus eigener Erfahrung, welche Überwindung er von jenen 50 Prozent der 14- bis 70-Jährigen verlangt, die dem Laster des Tabaks frönen. Er hat sich selbst das Rauchen schon dreimal abgewöhnt, zum letzten Mal vor sieben Jahren und nunmehr endgültig.

Ich blicke auf. »Dreimal?« Er zuckt die Achseln.

Auch Verteidigungsminister Helmut Schmidt entschloß sich nicht wegen des Anti-Glimmstengel-Feldzugs zum Abschied von der Menthol-Zigarette, lese ich. *Mit Rücksicht auf seine angegriffene Gesundheit fing er am Neujahrstag ein neues Leben als Pfeifenraucher an.*

»Hat ja auch nicht lange vorgehalten«, unterbricht mein Vater.

Thimm, der No-Smoking-Propagandist, erklärt: Das wahre Problem besteht darin, dass wir bei uns eine Rauchergesellschaft haben. Der Raucher gilt als weltoffen, aktiv, männlich, intelligent, der Nichtraucher als Außenseiter, Gesundheitsapostel, Genußmuffel und Spielverderber. Angesichts dieser Einschätzung wäre es völlig verfehlt, das Rauchen zu verteufeln: Man würde nur als Spielverderber gelten.

»Du hast genau solche Sätze von dir gegeben, wie Journalisten sie hören wollen«, sage ich.

»Hab ich?« Er lacht. Als ausgefuchsten Medienexperten hat er sich nie gesehen.

Ganz unten in der Mappe liegt ein Artikel aus dem *Spiegel* über eine Broschüre zum Thema Verhütungsmethoden und Sexualpraktiken. Alle Bürger des Landes konnten sie in Käte Strobels Ministerium bestellen. Noch einmal lese ich ihm vor, was ihn einmal beschäftigte. Ich stocke dabei, der erste Satz ist kompliziert.

Die unverfängliche Adresse der mit einem Grußwort von Käte Strobel verzierten Sexual-Fibel sichert nach Ansicht der Gesundheitsbeamten das Interesse auch jener Wißbegierigen, die sich bislang an aufklärungsbeflissene Versandhäuser nicht wenden mochten. »*Post vom Gesundheitsminister zu bekommen*«, *so mutmaßt Aufklärer Thimm,* »*ist sicher für viele weniger verfänglich als etwa von Beate Uhse.*«

Auch für das nächste Jahr haben sich Frau Strobel und ihr Thimm viel vorgenommen: 1973 soll in den Großstädten ein Telephon-Ansagedienst mit Tips zur Empfängnisverhütung organisiert werden.

Mein Vater klappt die Mappe zu. »Ist doch alles bestens geeignet für Biographiearbeit«, sagt er. »Da kann sich dann jeder an das erinnern, woran er sich erinnern will.«

Uns verbot er, zu rauchen. Keine weitere Diskussion. Auch meine Sexualaufklärung betrieb er weitaus verkrampfter, als es die Zeitungsartikel vermuten lassen. Meine Mutter, die Ärztin, hatte mit mir ein medizinisches Gespräch geführt, doch schien sich auch er, der so lange öffentlich aufgeklärt hatte, in der Pflicht zu fühlen.

Eines Abends, ich legte ein Puzzle auf dem Teppichboden, es muss ein Pferdepuzzle gewesen sein, ich besaß nur Pferdepuzzle, klopfte er an der Tür meines Zimmers. Er setzte sich auf meinen Schreibtischstuhl, blickte zu mir herunter, ich hockte vor dem Pferdepuzzle, er räusperte sich und sprach dann Wörter wie »sich nicht verschenken« und »wissen, was man tut«.

Bis es so weit sein sollte, tat er sein Mögliches, um mich vor Männern zu schützen, auch wenn sie in Form heranwachsender Jungen vorstellig wurden. Er wollte sie nicht ernst nehmen, er nannte sie, selbst wenn sie sich in Hörweite aufhielten, »Jüngelchen«. Und doch kosteten sie ihn den Schlaf. Er wachte, wenn ich feierte; er brachte mich zu den Festen, wo die Musik spielte, die zu Hause niemand ertrug, »Sex in der Wüste«, »Ich will Spaß, ich geb' Gas«, er holte mich ab. War ich mit dem Fahrrad unterwegs und die Dunkelheit brach an, konnte es geschehen, dass er im Auto hinter mir herfuhr und die Straße beleuchtete. Ich radelte dann absichtlich langsam. Er wisse, was passieren könne, sagte er, wenn ich ihm vorwarf, wie peinlich sein Verhalten sei. Keine weitere Diskussion. Dass er sich daran erinnerte, wie seine erste Freundin in Eberswalde ihm in schrecklichen Andeutungen von den Vergewaltigungen in den letzten Kriegstagen berichtet hatte, von Männern, die plötzlich aus der Dunkelheit erschienen, sagte er nicht.

In der Nacht zum 1. Mai schlief er eigentlich nie. Horden von Jungen fallen in dieser Nacht im Rheinland in die Wälder ein; sie fällen junge Birken und ziehen sie über Wege und Straßen, bis vor die Häuser, in denen junge Mädchen wohnen. Dort stellen sie jeweils einen Baum aufrecht, binden ihn meist an einem Regenrohr fest und zertrampeln die Vorgärten. Schlägt das Mädchen morgens die Augen auf, fällt ihr erster Blick auf die Birke. Die Tradition will, dass dann ihr Herz wild klopft, weil sie sich der Gunst eines Jungen sicher sein kann.

So wollte ich es auch. Angespannt lag ich im Bett und hörte die grölenden, angetrunkenen Jungen, die Dutzende Birken vor unserem Haus über die Straße zogen; sie lag direkt am Wald.

Es stand viele Jahre kein Baum neben der Regenrinne

unseres Hauses. Dafür stand mein Vater am Gartentor und wachte.

Sein Bestreben, mich zu beschützen und gleichzeitig zur Selbständigkeit zu erziehen, zog merkwürdige Momente nach sich. Ein Jahr vor meinem Abitur untersagte er mir, mit einer Gruppe von Mitschülern mit dem Fahrrad durch Frankreich zu touren. Es waren Jüngelchen darunter. Er ließ mich aber ohne jeden Einwand allein mit einer Freundin in das damals sozialistische Ungarn reisen. Wenn schon keine Fahrradtour, müsse es eben der Plattensee sein, so hatten wir Mädchen es uns zurechtgelegt, außerdem wollte die Freundin dort einen Freund aus Brandenburg treffen. Sie war mit ihren Eltern aus der DDR ausgereist und durfte nicht wieder einreisen. Ungarn bot sich als Treffpunkt an.

Mein Vater hielt es für selbstverständlich, dass wir selbständig ein Visum in der Botschaft beantragten, dass wir Zugverbindungen heraussuchten, dass wir eine Route planten. Irgendwann verabschiedeten wir uns und meldeten uns drei Wochen lang nicht. Noch besaßen wir kein Handy, und es war kompliziert, aus den Staaten des Warschauer Paktes in die Bundesrepublik zu telefonieren.

In der ersten Nacht zelteten wir mit ein paar Jungen aus Ostberlin im Privatgarten eines drogenabhängigen Funktionärs. Sie halfen uns, das Zelt aufzubauen; wir hatten noch nie eines aufgebaut. Anschließend betranken sie sich. In einer anderen Nacht öffnete ein Mann den Reißverschluss unserer Zeltplane. Er hielt ein Bündel Geldscheine in der Hand. Schlaftrunken rechnete meine Freundin eine Summe aus, wir hatten tagsüber bereits auf dem Schwarzmarkt D-Mark gegen Forint getauscht. Der Mann schüttelte den Kopf und strich über ihr Haar. Wir schoben ihn dann aus dem Zelt und umknoteten das Reißverschlussende mit den

Schnürsenkeln unserer Schuhe. Bis zum Morgen hielten wir die Enden zwischen den Fingern.

Unseren Eltern zeigten wir nach den Ferien Urlaubsfotos von Störchen. Wir erzählten von den weiten Sonnenblumenfeldern und stellten ihnen echten ungarischen Schafsmilchkäse aus Palpuszta auf den Küchentisch. Wir fanden, dass wir ziemlich erwachsen geworden waren in diesen Ferien.

Gegenüber der Rezeption brennt wieder die Kerze im Leuchter an der Wand. Immer, wenn sie brennt, fährt bald ein schwarzes Auto mit abgedunkelten Scheiben vor das Altenheim. Manchmal hält der Fahrer mitten auf der Auffahrt. Dann fragt er in der Rezeption nach, und anschließend lenkt er den Wagen zu der Rampe, über die wir beim Einzug die Möbel getragen haben. Es stehen Gartentische neben der Auffahrt, nicht weit entfernt von dieser Rampe, zwei Bänke, einige Stühle und Kübel für Zigarettenkippen. An warmen Tagen sitzen manche Bewohner dort bis in den Abend. Sie sehen den Leichenwagen ankommen, parken, abfahren, und über die Kerze sprechen sie nicht.

An diesem Nachmittag wartet mein Vater dort in der Märzsonne auf meinen Bruder und mich. Er hat darum gebeten, mit beiden Kindern zu sprechen. Es bestehe noch ein gewisser Klärungsbedarf, hat er gesagt.

Er strahlt, als er uns in Empfang nimmt. Mein Bruder greift ihm unter die Achseln und hilft ihm beim Aufstehen. »Danke, Sohn«, sagt mein Vater. Sein Sohn ist der Einzige, von dem er sich gerne helfen lässt.

Wir nehmen dann in den roten Sesseln Platz. Er hat sie in den neuen Raum hinter dem Mauerdurchbruch geschoben, auch die Bilder hat er umgruppiert. Die Topographie Ostpreußens, Maßstab 1 : 300 000, hängt nun von allen Sei-

ten frei zugänglich, und der Wandteppich mit dem Stadt-
motiv Olsztyns, das in der Erinnerung meines Vaters immer Allenstein heißen wird, ist über dem Sofa angebracht.
Auch die Bücher aus den Jahren der Bonner Republik hat er
in dem neuen Raum einsortiert. Keine Taschentücher,
keine ausgelaufenen Batterien, keine Kugelschreiber. Sauber und aufgerichtet steht »Machtwechsel« neben »Perestroika« und »Menschen und Mächte« im Regal. Es muss
ihn ungemein angestrengt haben.

Er wirkt beschwingt. Endlich überschaue er den ganzen
Krempel einmal wieder, sagt er. Dann klopft es. Im Türrah-
men steht eine Frau in einem wollenen Spitzenkleid. Mein
Vater stützt sich schwer auf seinen Stock, als er sich grü-
ßend erhebt. »Meine Kinder«, sagt er und weist auf uns.
»Danke, aber jetzt möchte ich keinen Kuchen.«

Die Frau balanciert ein Tablett mit zwei Kuchentellern
und zwei Kaffeetassen in der Hand. »Ich will nicht stören«,
sagt sie. Dann setzt sie sich neben ihn auf das Sofa.

Es finden sich nun öfter Damen bei ihm zum Kaffee-
besuch ein. Sie inspizieren den Durchbruch, über den im
großen Speisesaal so viel geredet wird. Die Frau mit den
Kuchentellern ist die unermüdlichste der Besucherinnen.
An manchen Tagen begleitet sie meinen Vater nach dem
Frühstück auch in sein Zimmer, schüttelt sein Kopfkissen
auf und legt die Tagesdecke über das Bett. Er findet sie nicht
unsympathisch, sagt er. Und wenn er selbst sein Bett her-
richtet, benötigt er inzwischen fast eine halbe Stunde.

Ist ja nett, dass sie sich kümmert, aber heute stört sie,
denke ich, während sie über dies und über das plaudert. Ich
will nicht noch stundenlang hier sitzen, ich habe noch anderes vor an diesem Wochenende, er hatte ausdrücklich um
einen Termin mit beiden Kindern gebeten, nun sind wir da,

und er macht Konversation mit einer Frau im Spitzenkleid. Es fällt mir schwer, höflich zu bleiben. Dabei weiß ich, dass ich freundlich sein sollte, weil es auch mich erleichtert, wenn sein Leben im Heim kein einsames ist.

»Alter Landadel«, erklärt er uns, als sie den letzten Kuchenbissen akkurat mit den Lippen von der Gabel gezogen und sich verabschiedet hat. »Pommern. Witwe, keine Kinder. Ziemlich einsames Dasein.«

Mein Bruder legt die Hände ineinander und schaut ihn fragend an. »Also gut«, sagt unser Vater. »Bringen wir es hinter uns. Ich habe euch hierher gebeten, weil ich über die Patientenverfügung sprechen will, die ich vor ein paar Monaten unterschrieben habe. Ich habe darüber nachgedacht.«

Ein Specht klopft gegen den Stamm der Rotbuche vor dem Balkon. Tock, tock, tock. Eins, zwei, drei, zähle ich leise mit. Nicht schon wieder, denke ich, es reicht doch auch mal mit den Abschiedsszenarien, es ist Wochenende, die Sonne scheint, und er hatte genügend Kraft für diesen Mauerdurchbruch. Tock, tock, tock, klopft der Specht. »Kein langfristiger Einsatz von Beatmungsmaschinen«, sagt mein Vater. »Keine endlose künstliche Ernährung.« Er sagt es scheu und zwischen die Wörter legt er Pausen, und in den Pausen blickt er auf und bietet Salzstangen an.

Und die Beerdigung, sagt er. »Am liebsten Seebestattung. In Ostpreußen.«

Und die Musik, sagt er. »Am liebsten ›Großer Gott, wir loben dich‹. Und ›Ännchen von Tharau‹.«

»Warum eigentlich ›Ännchen von Tharau‹?«, fragt mein Bruder schließlich. Das habe seine Mutter immer gesungen, antwortet er. Nicht schön, aber laut. Und er habe sich auch schon überlegt, wie man die Musik auf einem Bestattungsschiff abspielen könne.

152

»Dein iPod«, sagt er zu mir, »den laden wir entsprechend und beschaffen einen Lautsprecher.« Und einen Bärenfang solle es geben, ostpreußischen Honiglikör. Mit dem solle die Trauergemeinde anstoßen.

Tock, tock, tock, klopft der Specht. »Der macht aber wirklich ganz schön Radau«, sagt unser Vater. Und dann fragen wir einander, warum ein Specht wohl keine Kopfschmerzen bekommt.

Als die Altenpflegerin vor dem Abendessen den Blutzucker kontrolliert, findet sie uns in aufgeräumter Stimmung. Wir haben über Magensonden gesprochen und über invasive Beatmung, über Herz-Lungen-Maschinen und Wachkoma. Wir sind erleichtert.

»Schwester Rabbiata!«, ruft er, »wie schön, dass Sie Dienst haben. Darf ich Ihnen meine Kinder vorstellen?«

»Die kenne ich doch«, sagt die Altenpflegerin.

»Ich habe sie Rabbiata getauft, weil sie nicht zimperlich mit einem umgeht«, sagt er zu uns.

Das wissen wir doch, sagen wir.

Die Altenpflegerin nimmt uns zur Seite, als sie das Insulin gespritzt hat. Womöglich sei es an der Zeit, seine Wohnsituation zu überdenken, sagt sie leise. Es genügt nicht mehr, dass jemand die Räume putzt und die Wäsche wäscht, sagt sie. Er braucht mittlerweile weit mehr Unterstützung, als er bekommt. Es bereitet ihm Mühe, sich alleine anzuziehen. Manchmal vergisst er die Essenszeiten. Dann gerät sein Insulinhaushalt durcheinander. Dann besteht die Gefahr, dass er kollabiert. »Sie sollten Ihren Vater drängen, eine Pflegestufe zu beantragen. Wir haben es ihm schon nahe gelegt. Er will nicht.«

Pflegestufe ist ein Unwort für meinen Vater. Es gibt der Abhängigkeit, die er ablehnt, einen Namen.

»Hat sie euch auch verrückt gemacht?«, fragt er, als die Schwester das Zimmer verlassen hat. »Und bitte, lasst uns von etwas anderem reden.« Wir schweigen. Wir wissen auch nicht weiter. »Vielleicht könnten wir zu meinem Geburtstag wieder einmal nach Berlin fahren«, sagt er schließlich. Er fährt gerne nach Berlin, wenn ein besonderer Tag ansteht.

Ich gehe nach Berlin«, hatte er seiner Mutter verkündet, damals, als der Schulrat im Sommer 1948 für ihn gebürgt hatte. Er hatte es sich während der Ferientage genau überlegt: Er würde den Lehrer und auch sich selbst früher oder später mit irgendeinem Kommentar gefährden. Er hatte sich auch eine der Schulversammlungen mit dem russischen Kontrolloffizier in Erinnerung gerufen. Wer in der sowjetisch besetzten Zone zum Abitur zugelassen werden wolle, müsse sich organisieren, hatte der Mann in Uniform erklärt, in der Freien Deutschen Jugend und in der Gesellschaft zum Studium der Kultur der Sowjetunion. Und wer dem überholten Bewusstsein des Bürgertums nachhänge, habe in diesem neuen Land auf keinen Fall eine Chance.

»Wir fragen Onkel Bruno«, hatte die Mutter geantwortet, als ihr Sohn ihr mitteilte, er gehe nach Berlin. Sie wusste, dass sie ihn nicht aufhalten durfte.

Bruno war Superintendent in Berlin-Lichterfelde, sie war einmal mit ihm verlobt gewesen. Er hatte dann ihre ältere Schwester geheiratet, und so wurde er Onkel Bruno. Inzwischen war er Vater von sieben Kindern. Er meldete seinen Neffen in einem privaten evangelischen Schülerheim an. Dort sollte sich der Junge auf das Abitur vorbereiten.

Horst Thimm teilte sich ein Zimmer mit zwei Pfarrerssöhnen. Die meisten Jungen im Schülerheim waren Kinder evangelischer Pastoren, die in der sowjetisch besetzten

Zone in Schwierigkeiten geraten waren. Tag für Tag saßen sie in ihrem Zimmer und lernten, jeder absolvierte sein eigenes Programm, ohne Klassenverband, ohne gemeinsame Unterrichtsstunden.

Morgens mussten sie im Park Rumpfbeugen trainieren, vor dem Frühstück mussten sie einander an den Händen fassen und sich eine gesegnete Mahlzeit wünschen, nach dem Frühstück mussten sie beten. Der Heimleiter kontrollierte währenddessen, ob sie ihre Betten ordentlich gerichtet hatten. An vielen Tagen fanden die Jungen ihr Bettzeug wieder aufgeworfen vor. Dann mussten sie die Decken erneut schütteln, legen, glätten. Kante auf Kante, Eck auf Eck, und ihre Strafe hieß Hausarrest und Gebet.

Horst Thimm schreckte diese Art der Pflichtübung. Es schreckten ihn die Riten. Er wusste, er durfte den Vergleich nicht wagen, doch die Mischung aus Bekenntnis und Zwang erinnerte ihn an die Schulzeit im Nationalsozialismus mit ihrem Hohelied auf Führer, Volk und Vaterland.

Wenn er heute sein Glaubensbekenntnis formuliert, sagt er, dass er immer akzeptiert habe, dass es so etwas wie einen Gott geben muss, der die Dinge zusammenhält. Doch im Schülerheim schien es nicht um Gott zu gehen, sondern um Machtausübung im Namen einer höheren Macht.

An den Wochenenden stahl er sich davon. Sein älterer Bruder, der inzwischen aus der Kriegsgefangenschaft entlassen worden war, arbeitete nun in Berlin und hatte eine alte Segeljolle aufgetrieben. Auch wenn es regnete, ließen die Brüder sich auf dem Wasser treiben; und der Ältere, der selbst litt, weil ein Bombensplitter im Krieg seine Hüfte zertrümmert hatte, der beim Gehen das Bein pendeln lassen musste, weil er es nicht hochheben konnte, sprach dem Jüngeren Mut zu.

Fast zwei Jahre lang lernte er für das Abitur. Dann stellte

er beim Senator für Volksbildung den Antrag, zur Prüfung zugelassen zu werden.

Um die Prüfungen ablegen zu können, wurden die Kandidaten verschiedenen Schulen zugewiesen. »Externe« nannte man sie dort, Außenstehende. Horst Thimm erhielt einen Platz in einem Zehlendorfer Gymnasium zugeteilt, einem roten Bau mit großen Wandelhallen. Ein paar Wochen lang durfte er dort noch am Unterricht teilnehmen, aber er ging mit vielen Lücken in die Prüfungen. Er wusste es, und er schlief schlecht in der Nacht vor der ersten Klausur.

Früh stand er auf, machte Rumpfbeugen und sein Bett, bereitete Brote für die Schreibpause und verstaute das Stullenpaket in einer Stofftasche. Er zupfte noch die Flusen von seiner Jacke und wienerte die Schuhe mit Spucke; die widerspenstigen Locken kämmte er mit einem nassen Kamm.

Überrascht blickte er im Prüfungsraum in freundliche Gesichter. Er kannte die Lehrer nicht, die da auf ihn warteten, auch die Schüler, die ihm Tee, Limonadenbrause und Schokolade reichten, waren ihm fremd. Doch zum ersten Mal fühlte er sich wohl. Es schien ihm, als gehöre er einer Klassengemeinschaft an. Er hatte dieses Gefühl zwei Jahre lang vermisst. Am Ende der Woche aber gehörte er doch nicht zu den vier Kandidaten, die ein Abiturzeugnis in der Hand hielten. Horst Thimm war einer von zwanzig, die es nicht geschafft hatten. Die meisten Externen waren in diesem Schuljahrgang Außenstehende geblieben.

Er wollte unbedingt studieren. Er war ein junger Mann, dem von seinem alten Leben nichts geblieben war, und er glaubte mittlerweile fest daran, dass nur eine gute Ausbildung ihn weiterbringen könne. Noch immer wäre er am liebsten wie sein Vater Förster geworden. Doch ein Studium der Forstwirtschaft war ohne Abitur undenkbar.

Die Professoren an der wiedereröffneten Berliner Hochschule für Politik aber standen für den neuen Geist in Westberlin und in der Bundesrepublik, für Demokratie und Chancengleichheit, sie akzeptierten auch Kandidaten ohne Abitur. Und er hatte einen Plan, »einen kindlichen Flitz«, wie er ihn heute nennt. Wenn er schon nicht den Beruf des Försters ergreifen konnte, wollte er wenigstens für diesen Plan gerüstet sein. Die Lehre vom politischen System erschien ihm dafür passend.

In Masuren war er oft dem Landrat des Kreises Ortelsburg begegnet. Der Mann mit den wichtigen Verwaltungsaufgaben, der bei jedem Besuch im Forsthaus freundliche Worte fand, hatte ihn beeindruckt, und er konnte es sich gut vorstellen, ähnliche Aufgaben zu erledigen. Der Landkreis Ortelsburg wäre ein perfekter Arbeitsplatz. So dachte Horst Thimm nach dem verpatzten Abitur und träumte von Masuren mit ihm als Landrat hoch zu Pferd.

Er schickte einen Brief an die Hochschule im Stadtteil Wilmersdorf, er schrieb mit einem Füller auf kleinkariertem Papier, so schön er es vermochte.

»Ohne Zwischenfälle absolvierte ich die Lehranstalt bis zur Untertertia. In dieser Klasse konnte ich aber nicht bis zur Versetzung in die Obertertia gelangen, da alle Schüler nach mehreren Bombenangriffen zu Aufräumungsarbeiten und anderen Kriegsdiensten eingesetzt wurden. Im Januar 1945 begab ich mich ohne meine Eltern, die entweder bei der Wehrmacht bzw. auf Grund eines Todesfalles verreist waren, auf die Flucht aus Ostpreußen. Anfang 1945 erreichte ich nach mehr oder weniger erlebnisreicher Fahrt mein Ziel Eberswalde. Auch hier wurde kein regulärer Unterricht mehr abgehalten, und so konnte ich erst 1946 meinen Schulunterricht wieder aufnehmen. 1948 musste ich auf Grund einer unerfreulichen Kollision mit dem dortigen russischen Kontrolloffizier die Schule verlassen, um mich fortan in Westberlin privat auf das Abitur vorzubereiten. Mit 20 von 24 anderen Examenskandidaten bestand ich im Frühjahr dieses Jahres das Abiturientenexamen als Externer leider nicht.

Da man mir den Wunsch, das Abitur als Repitent an einer Westberliner staatlichen Schule zu wiederholen, ablehnte und ich es andererseits im Osten nach den Zwischenfällen mit den russischen Kontrollorganen nicht mehr machen kann, bewerbe ich mich hiermit an der Deutschen Hochschule für Politik, in der Hoffnung, daß man dort mit Fleiß auch ohne Abitur die Hochschulreife und den Hochschulabschluß erreichen kann.«

Während er auf eine Antwort wartete, eroberte er die Stadt. Zwei Töchter des Onkels schätzte er besonders, Zwillinge, so alt wie er; sie waren belesen und gebildet, und er hatte, je wichtiger ihm Abitur und Studium schienen, eine Schwäche für belesene, gebildete Frauen entwickelt. Sie gingen ins Kino und oft ins Theater, sie standen Schlange am Schillertheater, am Schlossparktheater, am Hebbeltheater, bald kannten sie in allen Häusern die billigsten besten Plätze. Nur zu den Ostberliner Bühnen begleitete er die Cousinen selten. Er fürchtete die Offiziere. Er war ein Bürger der DDR und amüsierte sich im Westen.

Im späten Herbst erreichte ihn die Einladung: Die Dozenten der Hochschule für Politik baten zur Aufnahmeprüfung. Warum er sich so sehr für Politik interessiere, fragten sie ihn. Er erzählte nichts von seinem Traum, und was er ihnen antwortete, weiß er nicht mehr. Doch in einer der Mappen hat er ein Studienbuch aus beigefarbenem Papier und einen abgegriffenen postkartengroßen Zettel aufbewahrt. »Wir bescheinigen hiermit, dass Herr Horst Thimm

158

die Zuzugsgenehmigung B Nr. 39415, befristet für die
Dauer des Studiums an der Hochschule für Politik, erhal-
ten hat. Bezirkseinwohneramt Schöneberg von Berlin.«
Stolz und erleichtert hatte er ihn abgeheftet. Er fühlte sich
tatsächlich frei in dieser Stadt, die das Symbol eines freien
Westens geworden war.

Es ist zu weit bis nach Berlin. Wir verbringen seinen Geburtstag in der Eifel. In einem Kloster.

Die Bruderschaft der Benediktinerabtei Maria Laach be-
treibt dort ein Hotel, sie sind erfahren mit alten kranken
Menschen. Die Rezeptionistin teilt Gummilaken aus, und
der Bruder Krankenpfleger spritzt Insulin. In brauner Kutte
kommt er ins Hotelzimmer, setzt sich aufs Bett, sticht zu,
erzählt ein bisschen, und draußen blühen wieder einmal
Tulpen und Narzissen.

Mein Bruder und ich laufen allein um den See. Unser
Vater will es so. Als wir zurückkommen, sitzt er immer
noch auf dem Stuhl in seinem Hotelzimmer. Auch auf ebe-
nem Boden gelingen ihm nun kaum mehr als zehn Schritte
ohne Hilfe. Nachts sorgen wir uns, dass er aufwacht und
sich nicht zurechtfindet. Dreimal stehen wir im Türrahmen
und horchen auf seine Atemzüge. Er wacht nicht auf, während wir da stehen.

Am darauf folgenden Morgen lebt er seit fünfundsiebzig
Jahren. Das ist länger, als alle Ärzte vorausgesagt haben.
Wir stoßen auf ihn an, und auf die Gesundheit, »und auf
Bruder und Schwester«, sagt er und lächelt uns zu. Die Gläser klingen noch, als ihn die Erinnerung überfällt: Der Bruder, der er einmal war, die Schwester, die er einmal hatte,
die als Flakhelferin bei einem Fliegerangriff ums Leben
kam, aus deren Gehirn eine Masse quoll, sich auf dem Bo-

den im Wald ausbreitete, dort, wo sie Schutz gesucht hatte. Aber er mag nicht davon sprechen. Und die Erinnerung mag sich nicht verflüchtigen.

Es dauert lange, bis er das Geburtstagsgeschenk aus der Folie wickelt. Wir haben ein Mobiltelefon mit großen Tasten gekauft, eines für Senioren, mein Bruder hat schon unsere Nummern darin gespeichert. Aufmerksam hört er zu, als sein Sohn ihm die Funktionen erklärt, fragt nach, nickt und wiegt den Apparat in den Händen. Er führt ein Probetelefonat mit uns. Wir sitzen neben ihm und sprechen in unsere Handys, und er freut sich, dass alles so gut funktioniert.

Er wird uns nicht oft damit anrufen. Er wird sich schon bald nicht mehr merken können, wie es zu bedienen ist.

Sieben

Immer öfter frage ich mich, ob ich recht tue, auch zu notieren, was die Ärzte einen Abbauprozess nennen.

»Vielleicht ist es ja interessant, wenn die Moritaten des Herrn Thimm einmal nachzulesen sind«, hatte mein Vater geantwortet, als ich ihn fragte, ob er sich das vorstellen könne: ein Buch über seine Lebensgeschichte. Er strahlte. Und seine Freude, nach so vielen Jahren der Zurückhaltung, hatte mich überrascht. »Es wird aber auch eine Geschichte über uns«, erklärte ich ihm vorsichtig. Über unsere Reise nach Masuren wolle ich schreiben, über meinen Blick auf ihn und wie der sich verändert habe. Auch über die Mühsal des Alterns. »Es geht auch um den Verlust deiner Kraft.« Ich sprach es ungern aus. »Du schaffst das schon«, erwiderte er da. Und freute sich.

Womöglich konnte er sich nicht vorstellen, in welchem Ausmaß ihn die Kraft verlassen wird. Womöglich zog er nicht in Betracht, wie schwer ihm der Verlust fallen wird. Vielleicht konnte er nicht einschätzen, was ich da aufschreibe. Aber jetzt zurückzuziehen hieße auch, ihn zu enttäuschen.

Ich lese ihm die Abschriften unserer Gespräche vor. Er soll einschreiten, wenn ihm etwas fehlt, falls er eine Episode nicht gedruckt sehen mag. Nicht alle Tage sind für Lesestunden geeignet. Einmal liegt zwischen zwei Terminen ein Jahr. Wie soll ich ihn an seine Flucht erinnern, wenn bereits der Alltag schmerzt? Wie das Versagen im Abitur heraufrufen, wenn jede Woche neues Scheitern bringt?

»Ich verstehe kein Wort«, sagt er nun manchmal, wenn

wir telefonieren, und knurrt, ich solle den Hörer vor den Mund nehmen. »Und falls du ihn nicht aus eigener Kraft halten kannst, dann lass dir einen Druckknopf ans Ohr machen«. Im nächsten Satz kippen seine Stimmung und seine Stimme. Ob ich es schon wisse, fragt er mich. Dass er ein Volltrottel sei, der neuerdings Namen und Uhrzeiten verwechsele. Und auch sonst alles Mögliche. Er hatte beschlossen, auch im Altenheim seinen Geburtstag zu feiern. Er bestellte Kuchen und Käseplatten für dreißig Personen, er baute die kalten Platten in seinen beiden Zimmern auf, er rückte die roten Sessel zurecht. Aber die Einladungen vergaß er auszusprechen. Vier Damen kamen, um zu gratulieren, und eine Abgesandte der Kirchengemeinde.

Wie geht es dir? Ist alles in Ordnung? Was sagen die Schwestern, will ich wissen, und er kämpft gegen meine Fragen am Telefon. Zu oft müsste er Antworten geben, die er nicht geben mag. So hat er sich darauf verlegt, zu erwidern, dass es besser oder schlechter gehen könne. Seine Strategie strengt an. Es liegen 450 Kilometer zwischen Bonn und Hamburg, viel Platz für Unruhe und Phantasie.

Er müsse noch die leichte Kleidung zusammenpacken, erzählt er an jenem Abend im Juni 2008, an dem die Fußballnationalmannschaft gegen Spanien um die Europameisterschaft spielt. In meiner Wohnung in Hamburg läuft bereits der Fernseher, es ist immerhin das Finale.

»Warum willst du packen?«, frage ich, aufgeschreckt, in den Telefonhörer.

»Na, für die Reise«, sagt mein Vater.

Er hat keine Reise geplant. Er hat nichts gegessen nach der Insulinspritze, das bringt seinen Körper und seine Gedanken durcheinander. Wenigstens kenne ich solche Erklärungen inzwischen.

»Hat dich niemand zum Abendessen abgeholt?« Im Altenheim feiern sie an diesem Tag zum Fußballspiel ein Sommerfest, das weiß ich. Die Pfleger haben einen großen Fernseher auf die Terrasse gerollt und Würstchen auf den Grill gelegt. Am Tag zuvor fand mein Vater die Idee noch ganz nett.

»Hat mich niemand abgeholt«, klingt es durch den Hörer. »Lege aber auch keinen gesteigerten Wert drauf.«

»Aber du wolltest doch hingehen.«

»Ja.«

»Und warum hast du es nicht getan?« Ich finde die Rolle der lästigen Gouvernante selbst unsympathisch. Doch es haben ihn schon mehrere Notärzte wegen eines diabetischen Schocks behandelt, wenn er zu essen versäumt hatte.

»Weil ich es wenig erbaulich finde, von den Alten dort meine Zukunft vorgeführt zu bekommen.«

Bis auf die Bettlägrigen bringen die Pfleger bei einem Sommerfest alle Bewohner auf die Terrasse. Es stehen dann viele Rollstühle dort. Wir werden diese Fürsorge selbst bald schätzen lernen, noch aber scheut mein Vater die Gesellschaft der gänzlich Gebrechlichen. Und ich verspüre Ungeduld. Sie müssen bei den Nationalhymnen sein im Wiener Ernst-Happel-Stadion, die Fußballspieler haben sich aufgereiht und bewegen die Lippen, gleich ist Anpfiff. Ich würde den Ton gerne laut stellen. Ich merke, wie genervt meine Stimme klingt.

»Du musst aber trotzdem etwas essen!«

»Ja«, sagt mein Vater. »Eine Banane. Dann läuft alles weiter.«

»Was läuft weiter?«

»Dann läuft das Maschinchen weiter.«

Nach dem Spiel ruft er noch einmal an. Die Spanier, Teufelskerle, sagt er. Natürlich habe er die Banane gegessen. Er gehe jetzt schlafen. Und was ihn wirklich ärgere, seien diese akrobatischen Übungen, die er neuerdings unternehmen müsse, um sich ins Bett zu legen.

Als wir uns das nächste Mal sehen, fragt er nach dem Buch. »Unser Buch«, sagt er, »was macht unser Buch?« Immer öfter fragt er nun. Ein Brief vom Verlag enthält auch an ihn gute Wünsche, er wiegt ihn stolz in den Händen. Es sei durchaus wohltuend, dass die Welt da draußen einen Heimbewohner nicht automatisch als Trottel betrachte, sagt er dann.

Wir fahren in die Rheinauen, wo ein Restaurant liegt, vor dessen Fenster sich das Siebengebirge ausbreitet. Er isst ein Steak mit Pfeffersauce und ein Eis mit heißen Himbeeren, hantiert gewandt mit Messer, Gabel und Serviette; er wundert sich selbst, dass nirgends ein Fleck zurückbleibt. Als ich nachmittags nach Hamburg zurückfahren muss, besteht er darauf, mich zum Auto zu geleiten. Schwungvoll stößt er die Tür hinter mir zu, und als der Aufgang zum Altenheim wieder hinter ihm liegt, zünde ich den Motor. Ich fahre immer erst los, wenn er wieder oben vor dem Eingang angelangt ist. Dort sehen ihn die Rezeptionisten, sie können helfen, falls er fällt.

Bevor mein Vater das Heim betritt, dreht er sich noch einmal um. Er hat ein großes V mit den Fingern geformt.

Es war für lange Zeit der letzte Tag trügerischer Hoffnung. Bald nach dem Ausflug weckt mich in Hamburg früh am Morgen das Telefon. Auf der Anzeige leuchtet eine Bonner Nummer. Ein Pfleger teilt mir mit, dass ein Notarzt Horst Thimm in ein Krankenhaus eingeliefert habe. »Nichts Schlimmes«, sagt er. »Aber der Mann braucht mehr Betreuung.«

Er wird entlassen, noch bevor ich ihn besuchen kann. »Ich bin weiterhin gegen eine Pflegestufe«, erklärt er mir am Telefon. »Je mehr Hilfe man bekommt, desto mehr Hilfe braucht man. Was macht denn unser Buch?«

Ich muss arbeiten, im Kalender stehen Termine, mein Bruder lebt nun in der Schweiz, meine Mutter kann meinen Vater nicht betreuen – aber so geht es nicht weiter. Nicht morgen, nicht übermorgen, aber am Wochenende, da können wir uns treffen, beratschlagen, eine Lösung finden. So verabreden wir es, erleichtert, wenigstens ein Anfang. Er kommt uns zuvor. Wieder leuchtet die Bonner Vorwahl auf der Anzeige, diesmal ist es eine Schwester vom ambulanten Pflegedienst. Sie hat ihn bäuchlings auf dem Teppichboden vorgefunden und am Vortag nass und ausgekühlt im Duschraum. Stundenlang schaffte er es nicht, aufzustehen. Die Schwester klagt mich an. »Ihr Vater war sehr traurig. Er hat gefroren, er hat nicht getrunken. Er hat sich nicht angezogen, er hat nicht gefrühstückt.« Station 2, sagt die Schwester, »er muss endlich auf Station 2.« Station 2 ist der Pflegebereich im zweiten Stock des Altenheims, dort arbeiten Tag und Nacht festangestellte Schwestern. Mein Vater hat einmal den Aufzug genommen und Station 2 besichtigt. Eine Frau lebt dort, die dauernd auf einen Tisch klopft. Eine andere stöhnt pausenlos, eine dritte webt immerzu mit dem Kopf. »Holen Sie mich weg!«, ruft diese Frau, sobald sie einen Menschen erblickt. Es gibt auch einen Mann auf Station 2. Er scheint niemanden mehr wahrzunehmen.

Mein Vater wehrt sich. Er bittet um Aufschub. Er redet von Würde. Wir sprechen stundenlang.

Ich erinnere mich an seine Erleichterung, als er die Hürde in das Altenheim genommen hatte. Ich erinnere mich an seine Freude über die weit ausladende Rotbuche vor dem Fenster, an seine Entschlossenheit, diese Bleibe nun aber wirklich erst wieder zu verlassen, wenn man ihn mit den Füßen zuerst hinaustrage. Er glaubte damals, dort nie mehr ausziehen zu müssen. Auch auf seinem Flur arbeitete zu dieser Zeit Tag und Nacht ein Pflegeteam. Es wurde bald aufgelöst, und wer die angemieteten Zimmer im Erdgeschoss behielt, musste Hilfe von außen anfordern. Wir engagierten damals einen ambulanten Pflegedienst. Nun mache ich mir Vorwürfe. Vielleicht war es von vorneherein keine gute Lösung. »Lass gut sein«, sagt mein Vater. »Es ist Schnee von gestern.« Am Abend fahren ihn Rettungssanitäter erneut in ein Krankenhaus. Er schien den ambulanten Schwestern ungewöhnlich apathisch.

Als er entlassen wird, lege ich einen neuen Ordner an. »Antrag auf Feststellung einer Pflegestufe«, heißt das Formular, das zuvorderst darin heftet. Blaulicht und Notaufnahmen haben seinen Widerstand ermattet.

Doch das Versprechen, so lange wie möglich Hilfe in seinen Zimmern zu erhalten, nimmt er mir ab. »Vielleicht haben die Leute vom MDK ja eine Idee«, meint er. »Das müsste ja zu deren Aufgaben gehören.« An die zunehmende Unordnung seiner Gedanken gewöhnt, verwirren mich solche passgenauen Kommentare geradezu. Doch seine Überlegung ist richtig. Es sind die Ärzte vom Medizinischen Dienst der Krankenversicherung, die über seine Pflegebedürftigkeit entscheiden werden.

Als der Tag gekommen ist, den er so lange abgewehrt hat, wirkt mein Vater vergnügt. Trotz des warmen Sommers hat er ein Jackett und eine Anzughose in gedecktem Grau gewählt und eine Krawatte umgebunden. Aufrecht wartet er in einem der roten Sessel auf die Ärztin vom Medizinischen Dienst. Das Signal, das er so darbietet, ist unübersehbar: Herr Horst Thimm ist ohne Zweifel in der Lage, mit vollem Einsatz um die nächste Partie seines Lebens zu spielen.

Ob die Ärztin es wohl als Bestechung auffassen könne, wenn er ihr aus der Cafeteria einen Kaffee anbiete, fragt er mich. Oder einen doppelten Espresso. Wie die meisten Bewohner hat er die Formeln modernen Kaffeetrinkens erst im Ausschank des Altenheims kennengelernt. »Oder dieses Milchkaffeegesöff? Wie heißt das gleich?«

»Cappuccino.«

»Nee, das andere.«

»Latte macchiato?«

»Genau. Russisch Kakao gibt es ja leider nicht.«

»Der wird ja auch mit Alkohol zubereitet.«

»Und Alkohol ist nichts für den MDK. Aber wenn das Hauptgeschäft hier erledigt ist, können wir beide in der Rheinaue Russisch Kakao trinken.« Er überlegt, dies der Ärztin gleich anfangs mitzuteilen, um den Termin zu begrenzen.

»Ich möchte dich nicht desillusionieren«, sage ich. »Aber wenn die Ärztin da war, kommt die Schwester mit der Spritze, und dann ist Abendbrotzeit.«

Unverständnis zieht über sein Gesicht. Solch kleinkarierte Einwände an solch einem Tag. »Du bist doch sonst nicht so unflexibel«, entgegnet er mir. »Dann fahren wir eben zum Abendessen in die Rheinauen und nehmen den Kakao zum Nachtisch.«

Die Ärztin möchte keinen Kaffee. Keinen Cappuccino, keinen Latte macchiato. Nicht einmal Wasser mag sie trinken, dabei ist die Temperatur draußen auf über dreißig Grad gestiegen. Sie nimmt die Vorschriften sehr genau.

»Herr Thimm, wie lange wohnen Sie hier schon?«

Als wolle er sie unterhalten wie ein Conférencier, holt mein Vater aus. Wie er bei sibirischen Minusgraden nachts in den Rabatten gelegen habe. Wie es dort, nach einigen Stunden, doch zu kalt wurde. Wie ein Arzt ihn im Krankenhaus entgegen aller Erwartungen wieder hinbekommen habe. »Und seither wohne ich hier«, schließt er und lächelt sie an. »Und genieße den Blick auf den Baum vor dem Fenster.«

»Brauchen Sie, neben dem Spritzen des Insulins, noch andere Hilfe?«

»Die Schwestern haben es übernommen, die Gummistrümpfe anzuziehen und auszuziehen.«

»Können Sie stehen?«

»Ich kann stehen. Es kommt allerdings schnell der Moment, an dem ich wieder sitze.«

»Klingeln Sie um Hilfe?«

»Nein. Wenn ich falle, hangele ich mich an einem Band am Bettpfosten hoch. Ich habe da ein eigenes System entwickelt. Es dauert ohnehin zu lange, bis jemand kommt.«

Die Ärztin erkundigt sich nach den Medikamenten. Er hat die Frage erwartet und zieht ein Blatt Papier aus der Brusttasche des Jacketts. »Meine Güte«, sagt sie, als sie die Liste überflogen hat. »Man wird ein Medikamentenlagerhaus«, erwidert ihr mein Vater. »Das ist der Schatz des alten Mitmenschen.« Dann erhebt er sich, mühsam, aber ohne innezuhalten, nickt ihr zu und kramt in einem der Kartons im Regal. Noch immer bestellt er Wein beim Bundesforschungsinstitut für Kulturpflanzen. Ich kenne die grünen Flaschen mit dem Bundesadler aus meiner Kindheit; damals unterstellte ich auch diesen Flaschen irgendeinen merkwürdigen Nationalismus. Mittlerweile trinke ich den Wein selbst ganz gern, auch für die Pflegeschwestern und den Hausmeister legt mein Vater zuweilen ein paar Flaschen zurecht, oder er spendiert den Tischnachbarn im großen Speisesaal eine Runde Bundesadlerwein zum Abendessen.

»Wäre für Sie denn wohl ein weißer Burgunder gut?«, fragt er nun.

»Ja, der wäre gut«, entgegnet die Ärztin. »Aber ich nehme ihn nicht. Ein Gutachter, der eine Flasche Wein mit nach Hause nimmt, der wäre das Letzte.«

Bevor sie sich verabschiedet, teilt sie ihm das Ergebnis ihrer Untersuchung mit: »Pflegestufe I. Der Bedarf ist gegeben, dass jemand abrufbereit für Sie da ist und Ihnen außerdem beim morgendlichen und abendlichen Waschen und Ankleiden hilft. Wie lange sich das in diesen Räumen realisieren lässt, ist eine andere Geschichte. Das müssen Sie leider selbst organisieren.«

»Keine unangenehme Person«, sagt er, als sie gegangen ist. »Und mit dem Wein, da wollte ich sie ein bisschen testen.«

Mein Vater schläft an diesem Abend mit dem Gefühl ein, das Spiel des Lebens doch noch irgendwie zu meistern. Schließlich hat die Ärztin nicht für Station 2 plädiert. Ratlos betrachte ich, wie er die ersten Vorbereitungen für die Nachtruhe trifft, wie er mit dem rechten großen Zeh die Socke vom linken Fuß schiebt, so hat er es sich angewöhnt, seit ihm das Bücken schwerfällt. Ich weiß nicht, wer dieser jemand sein soll, morgens und abends und allzeit abrufbereit. Die Schwestern vom mobilen Pflegedienst jedenfalls können es nicht leisten. Wir werden suchen müssen. Als ich ihm eine gute Nacht wünsche, bedankt er sich für alle Unterstützung. »Nur eines noch«, sagt er dann zu mir. »Die tägliche Körperpflege würde ich schon gerne weiterhin alleine regeln. Was macht eigentlich unser Buch?«

Auf der Innenseite des Studienbuches mit der Matrikel-
nummer 972 klebt ein Passbild. Ein junger Mann, zwanzig
Jahre, mit kurzgeschnittenen dunklen Locken, er trägt den
karierten Schal am Hals gekreuzt und einen Mantel darüber. In Tinte hat er mit seinem Namen gezeichnet, dort,
wo ›Eigenhändige Unterschrift‹ steht. Alles wirkt sorgfältig in diesem Studienbuch, gehütet, bewahrt. Vorlesungen,
Übungen und Seminare sind säuberlich auf den folgenden
Seiten aufgelistet, auch die Namen der Dozenten, die dem
Studenten Horst Thimm die erfolgreiche Teilnahme mit
ihrem Kürzel attestiert haben. F-Baling. v. Eynern. Flechtheim. Sie verkörperten eine ihm fremde Welt. Eugen
Fischer-Baling wollte in einem Übungsparlament das demokratische Bewusstsein junger Menschen in der jungen
Bundesrepublik schärfen. Gert von Eynern hatte für die
Verwaltung Berlins gearbeitet, bevor er die Theorien politischer Wirtschaftslehre erforschte. Ossip K. Flechtheim,
der Deutschland 1935 hatte verlassen müssen, war gerade
aus den USA zurückgekehrt. Er hatte im Exil eine Syste-
matik begründet, die sich wissenschaftlich mit der Zukunft beschäftigte, »Futurologie« nannte er seine Lehre.
Horst Thimm faszinierte diese Welt. Sie sprengte alle Grenzen, die er kannte.

Die Themen, die ihn nun beschäftigten, hießen »Die
Agrarunion«, »Der Film als publizistisches Mittel« oder
»Die Integration Europas«. Er las Bücher und Aufsätze
über die Soziologie der politischen Herrschaftssysteme,
über die Vorgeschichte des Zweiten Weltkriegs, über den
Kommunismus in der Weimarer Republik. Er verfasste
Hausarbeiten und Referate im Lesesaal der Bibliothek, er
durfte einen eigenen Handapparat einrichten lassen, und
die Kommilitonen um ihn herum begeisterten sich wie er.

Er hätte gerne mehr Veranstaltungen besucht. Doch für jede einzelne, auch für die Pflichtvorlesungen, waren Teilnahmegebühren zu entrichten. Er hatte sich ein Limit von sechzig Mark im Semester gesetzt, West.

Sein Zimmer in der Wohnung eines Maurerpoliers kostete im Monat fünfzig Mark, zuzüglich der Kohlen für den Ofen. Es lag in der Schöneberger Kurfürstenstraße. Ein Schrank, ein Waschtisch mit Schüssel und Krug, darüber ein Spiegel, zum Schlafen eine Chaiselongue. Die Einrichtung stellte der Maurerpolier, aus Eberswalde kam der Bettvorleger. Er hatte die Mutter um ein Stück Zierrat für das Zimmer gebeten. Im Winter heizte die Wirtin den Ofen, bevor er von der Hochschule zurückkehrte; sie putzte das Zimmer und auch den Toilettenraum im Gang und bereitete morgens den Kaffee. Essen musste der Mieter auswärts. Oft kaufte er in den Zentren für studentische Verpflegung Milchreis mit Zucker und Zimt, der war günstig, und er hatte ihn schon als Kind gerne gegessen. Manchmal kehrte er mit den neuen Kommilitonen auch bei Aschinger ein. Dort standen sie an Stehtischen, vor ihnen Teller mit Erbsensuppe; die Männer trugen Schuhe mit Kreppsohlen und die begehrten Lumberjackets im Blousonstil; die Frauen führten die knielangen Röcke aus, die sie in den Zentren für studentische Bekleidung gekauft hatten. Schon in der Kaiserzeit hatte Aschinger in Berlin legendäre Stehbierhallen errichtet, in denen arme Leute sich inmitten hoher Kristallspiegel und Kronleuchter wie König Kunde fühlen sollten. Es kam dem Studenten so vor, als beköstigte der Betrieb halb Berlin. Er bestellte immer Suppe, das Standardgericht, an besseren Tagen leistete er sich die Bierwürstcheneinlage, und an allen Tagen griff er bei den Schrippen zu, da konnten sich die Gäste nach Belieben bedienen.

171

»Beste Qualität bei billigstem Preis« lautete der Wahlspruch bei Aschinger. Das Geld reichte trotzdem nicht.

Im zweiten Semester begann Horst Thimm, sich zu helfen. Er beantragte eines der Währungsstipendien, mit denen der Berliner Senat Studenten förderte, deren Eltern in der DDR wohnten. Währungsstipendiaten erhielten in den Wechselstuben für eine Ostmark eine Westmark – statt zwanzig Pfennig, und seine Mutter schickte ihm nun jeden Monat sechzig Mark Ost. Sie hatte tatsächlich eine Cockerspanielzucht in Eberswalde begründet und in Erinnerung an den Forstbetrieb in Masuren »vom Lenksee« genannt. Doch obwohl sich der Student an Umtauschtagen wie ein Fürst fühlte, merkte er bald, dass er im Kaufkraftbereich Schwierigkeiten bekam. So sagte er selbst, er hatte diese Formulierung in seinem neuen Lieblingsfach Wirtschaftslehre gelernt.

Er meldete sich bei einer studentischen Initiative zur Arbeitsvermittlung an der Technischen Universität Berlin. »Telefoniere und Studenten machen alles«, hieß diese TUSMA in der Langversion. Eine Mark West für eine Stunde Arbeit minus zehn Pfennig Vermittlungsgebühr, lautete ihr Geschäftsmodell.

Häufig stand er auf der Liste der Zementschipper. Es war ihm ein Gräuel, doch für Schipper gab es damals viel Arbeit in Berlin. Tausende Güterwaggons voll Zement erreichten die wieder zu errichtende Stadt. Die Studenten schaufelten das graue Pulver in Schubkarren, fuhren sie zu den Lagerhallen der Maurerfirmen und entleerten sie dort. Jede Schaufelbewegung versetzte den Zement in Aufruhr. Horst Thimm war froh, wenn er statt zum Schippen als Beifahrer in einem Brauereiauto eingeteilt wurde, die Kneipenwirte spendierten meist ein Trinkgeld und stellten Bier und Butterbrote auf den Tresen. Glücklich war er an den Tagen, an denen er für die Deutsche Klassenlotterie Berlin arbeiten konnte.

Noch bevor 1955 in Westdeutschland zum ersten Mal »6 aus 49« gezogen wurden, war in Westberlin das Lottospiel genehmigt worden. Nach der sowjetischen Blockade schien es allenthalben aufwärts zu gehen, und immer mehr Berliner vergnügten sich mit dem Glücksspiel. »5 aus 90« hieß ihre Formel der Hoffnung. Jede Woche kam die Hälfte der Einsätze als Gewinn an die Spieler zurück.

Dutzende Studenten kontrollierten im Auftrag der Lottozentrale Hunderttausende von Scheinen. In den Annahmestellen waren die Zettel auf einem Transportband mit einem Punktestrahl phosphoreszierender Farbe gekennzeichnet worden; so sollte ausgeschlossen werden, dass jemand nach Bekanntgabe der Zahlen unbemerkt noch einen Gewinnschein in den Korb schmuggeln konnte. Die Studenten fischten dann alle Papiere ohne Punkt aus den feinmaschigen Drahtkörben und überprüften anschließend auf jedem gültigen Schein zweimal die Ziffernfolge. Sie saßen um einen Tisch, der Raum war geheizt, und weil Wochenende war, erhielten sie mehr Lohn als üblich. Bald stieg Horst Thimm zum Tischleiter auf. Er führte Buch über die Anzahl der Scheine und über die Gewinne, er erhielt eine Chefzulage, verdiente schließlich eine Mark achtzig in der Stunde und sechzehn Mark zwanzig pro Schicht, und gelegentlich spielte er nach der Arbeit mit Kollegen Skat oder Tischtennis. An solchen Tagen fand er, es gehe ihm prächtig.

Sorgen bereiteten ihm die Mutter und der kleine Bruder, der noch ein Schulkind war. Er meinte, die beiden müssten nach Westberlin ziehen, er misstraute dem Staat der SED. Auch die Mutter war unzufrieden. Die Briefe, die sie der

Schwägerin nach Westberlin schrieb, klangen zunehmend verbittert. Hunderttausende flüchteten damals aus der DDR in die Notaufnahmelager Westdeutschlands und Westberlins, doch Gertrud Thimm konnte sich nicht dazu durchringen. Mehr noch als die sozialistischen Machthaber ängstigte sie der Gedanke, im Westen ohne Haus und ohne Hunde ihre Existenz bestreiten zu müssen.

Sie solle den Gewinn aus der Spanielzucht in Kameras, Ferngläsern und Schreibmaschinen anlegen, riet ihr der Sohn. Optische Geräte von Zeiss-Jena und Optima-Büromaschinen, wie die ehemaligen Olympia-Schreibmaschinen nun hießen, ließen sich in Westberlin gut verkaufen. Eine der Tanten am Grunewald könne den Erlös doch aufbewahren. So plante er die Zukunft seiner Mutter, und die Erfahrungen des älteren Bruders bestärkten ihn darin. Dieser hatte als Jurist nur mühevoll in der DDR Arbeit gefunden und war bald wieder entlassen worden, weil der Jüngere in Westberlin die Lehre des feindlichen Systems studierte. Die beiden sahen sich nur noch selten. Sie litten darunter.

Der Mutter begegnete er öfter, in Westberlin, wenn sie die Verwandten besuchte. Er selbst begab sich ungern in den Ostteil der Stadt, obwohl ihm der Viermächtestatus immer noch einen gewissen Schutz zu bedeuten schien. Nach Eberswalde, in die DDR, fuhr er nie. Er nahm an, dort seit seinem Schulaustritt zur Fahndung ausgeschrieben zu sein.

Die II. Parteikonferenz der SED hatte mittlerweile strenge Richtlinien für den ›Aufbau des Sozialismus‹ verfügt. Die Landwirtschaft sollte kollektiviert, der Klassenkampf nach innen und nach außen beschleunigt werden. Ein neu geschaffener Straftatbestand, der Widerstand ge-

174

gen diesen Aufbau mit hohen Strafen ahndete, sollte das Volk disziplinieren – Bauern, die keinem Kollektiv angehören wollten, unliebsame Bürger. Gleichzeitig verschärften sich die Lebensbedingungen. 308 Mark Ost verdiente ein Bürger der DDR durchschnittlich im Monat. Die Funktionärsschicht aber, das wusste jeder, litt keinen Mangel.

Auch sahen alle, dass der Lebensstandard in der Bundesrepublik nach der Währungsreform stetig stieg. Die neue Gesellschaft dort schien auf stabilem Grund zu stehen. In Dortmund war gerade die Westfalenhalle als größte Sporthalle Europas errichtet worden, und in Wolfsburg hatte die Geschäftsführung im Volkswagenwerk beschlossen, den Käfer massenhaft produzieren und billiger verkaufen zu lassen. Die Bundesregierung ließ nach den Regeln eines neuen Lastenausgleichsgesetzes eine Milliardensumme aus dem Vermögen der Reicheren an Vertriebene und Flüchtlinge verteilen. Und schließlich lief auch noch Konrad Adenauer an Bord des weltschnellsten Passagierschiffs zum Staatsbesuch nach New York aus. Mit tausend Wörtern Englisch ausgerüstet und gegen Pocken geimpft, verließ er im April 1953 im Alter von 77 Jahren zum ersten Mal den europäischen Kontinent. Der Kurs, den die Bundesrepublik eingeschlagen hatte, bewährte sich. Allerorten herrschte Aufbruch.

Horst Thimm belegte in diesen Monaten eine Übung mit dem Titel »Psychologie in der Politik«. Er hatte gerade das grundlegende Werk von Gustave Le Bon über die »Psychologie der Massen« durchgearbeitet, als am 17. Juni in Ostberlin das Volk protestierte. Er wollte wissen, ob die Wirklichkeit der Massenpsychologie tatsächlich der Theorie entspreche. Er machte sich auf über die Sektorengrenze.

Am Tag zuvor hatten die Bauarbeiter von Block 40 nahe

der Stalinallee ihre Maurerkellen auf den Gerüsten niedergelegt. Monate schon waren sie damit beschäftigt, ein gewaltiges Wohngebäude im Moskauer Stil zu errichten, nun hatten sie in der Gewerksschaftszeitung ein Plädoyer für eine Normenerhöhung um zehn Prozent gelesen: Für ihren Lohn, der ohnehin kaum zum Leben reichte, sollten sie künftig noch mehr arbeiten. Skandierend waren sie durch Berlin marschiert, und am frühen Morgen des 17. Juni protestierten sie weiter. Höhere Löhne! Niedrigere Lebenshaltungskosten! Freie, geheime Wahlen! Streikrecht! Versammlungsfreiheit!

Bei strömendem Regen zogen sie los, vorweg ein Maurerpolier im weißen Leinenanzug, untergehakt bei einem Zimmermann in grober Cordweste, gefolgt von Betonbauern, Klempnern, Malern. »Kollegen, reiht euch ein, wir wollen freie Menschen sein«, riefen sie, Tausende marschierten vom Strausberger Platz zum Regierungsviertel, zogen aus dem Stahl- und Walzwerk Hennigsdorf durch den französischen Sektor nach Ostberlin, machten sich in Schöneweide auf den Weg, in Treptow und in Köpenick. Gegen elf Uhr zerrissen die Demonstranten die rote Fahne vom Brandenburger Tor.

Hunderttausende waren auf den Straßen. Sie besetzten Kreisratsgebäude, Bürgermeistereien und Büros der Sozialistischen Einheitspartei Deutschlands. Sie blockierten Gefängnisse, Polizeireviere und Dienstgebäude des Ministeriums für Staatssicherheit. Die Führungsriege der DDR flüchtete unter den Schutz der sowjetischen Besatzer, die im Stadtteil Karlshorst einen Hauptsitz unterhielten.

Als der sowjetische Militärkommandant in Ostberlin gegen dreizehn Uhr den Ausnahmezustand verhängte, war Horst Thimm längst in der Masse unterwegs. Er hatte am

Potsdamer Platz das brennende »Haus Vaterland« gesehen, dessen Restaurant, die »Rheinterrasse«, vor dem Krieg mit verwegenen Gewittersimulationen berühmt geworden war. Auch das Columbushaus brannte an diesem Tag, ein großes Geschäftshaus aus den dreißiger Jahren, hinter dessen kriegsversehrter Fassade nun ein Vorzeigekaufhaus der staatlichen Handelsorganisation untergebracht war. Der Student mied Restaurant und Kaufhaus, auch an den Kiosken mit den brennenden Parteizeitungen ging er rasch vorüber. Er wollte vermeiden, jenen Demonstranten zugeordnet zu werden, die zur Gewalt gegen Sachen oder womöglich gegen Menschen neigten.

Auf der Leipziger Straße spülte ihn der Strom in Richtung Osten zum Haus der Ministerien. In Viererreihe und mit Hundestaffeln standen Volkspolizisten vor dem ausladenden Gebäude, in dem heute das Finanzministerium seinen Sitz hat. Mann an Mann hielten sie einander am Koppelzeug fest, nur einer trat aus der Barriere hervor. Plötzlich diskutierte der Student mit ihm, hin und her schnellten die Sätze. Den Studenten faszinierte, wie der Polizist reagierte, wie er schließlich zugab, den Zorn der Arbeiter zu verstehen. Der Mann sprach leise. Keiner seiner Kollegen sollte hören, was er da sagte. Mit einem Mal übertönte ein Dröhnen jedes Wort. Sowjetische Panzer.

Langsam rollte die Kolonne auf das Haus der Ministerien zu. Die Demonstranten stoben auseinander. Aus dem Führungspanzer kletterte ein sowjetischer Offizier. Was er vorhatte, ob er den Protestierenden Befehle erteilen wollte, erfuhr niemand: Wütend umdrängten die Demonstranten die Kriegsfahrzeuge. Einige versuchten, die Ketten und Laufbänder mit Eisenträgern zu blockieren. Schließlich stieg der Offizier zurück in das Kriegsgerät, und die Panzer drehten ab zum Potsdamer Platz und waren bald wieder außer Sicht. Einen Moment lang hatte den Studenten Furcht erfasst. Als er aber den Rückzug beobachtete, deutete er ihn als friedliches Zeichen. Es zog ihn nun heimwärts, zur Hochschule nach Westberlin. Er wollte den Kommilitonen von dem Volkspolizisten berichten, der sich zu einer Herrschaftskritik hatte hinreißen lassen.

Er kam nicht weit. Die sowjetischen Panzer hatten das Viertel nicht verlassen. Durch die Straßen peitschten Schusssalven. Zwanzigtausend Besatzungssoldaten und achttausend Angehörige der kasernierten Volkspolizei waren an diesem Tag im Einsatz. Bald versperrte ihm jemand den Weg. Es war der einsichtige Volkspolizist. »Da ist ja noch so ein Provokant«, sagte er. »Zeigen Sie mal Ihre Hände.«

Die Hände waren sauber. Horst Thimm hatte weder Steine noch Eisenträger angefasst. Der Polizist führte ihn ab, in einen Innenhof im Haus der Ministerien, wo bereits weitere Gefangene standen, dichtgedrängt. Ihre Bewacher hantierten mit Kalaschnikows, und als der Student über den Hof gezerrt wurde, nannte ihn einer der Uniformierten ein Schwein, das man umlegen könne. In einem nächsten Innenhof waren grüne Lastwagen geparkt. Die Polizisten befahlen ihm und anderen Gefangenen aufzusteigen und verschlossen die Persenning. Es war so dunkel, dass er die Finger nicht sah, die er vor die Augen hielt. Einen Moment lang dachte er daran zu fliehen. Dann erinnerte er sich an die bewachten Innenhöfe. Es war still auf der Ladefläche des LKW, als der Fahrer den Motor anließ. Ein jeder vermutete im anderen einen Spitzel der sowjetischen Besatzer.

Sie hörten, wie sich die großen Eisentore öffneten. Der Wagen rollte durch laute Straßen, und als er anhielt, vernahm der Student russische Wörter. Er schloss daraus, dass die Polizisten die Fuhre zu den sowjetischen Besatzern gebracht hatten. Tatsächlich hatte die sowjetische Militäradministration nach Aufständigen verlangt, auch wenn die meisten Gefangenen des 17. Juni vom Staatssicherheitsdienst der DDR verhört wurden. Aber Horst Thimm landete in einem ehemaligen Entbindungsheim in Karlshorst, das nun ein sowjetisches Untersuchungsgefängnis war.

Er hatte das Gefühl, er werde die Freiheit vielleicht erst in fünfundzwanzig Jahren wiedersehen – eine Freiheit nach Moskauer Standard. Fünfundzwanzig Jahre war eine gängige Strafe. Oder zweimal fünfundzwanzig Jahre und einmal lebenslänglich, auch solche Fälle waren ihm bekannt. Er ängstigte sich vor den Launen der Wachmannschaft, er hatte von brutalen Methoden in sowjetischen Gefängnissen gehört. Und er fürchtete einen dritten Weltkrieg.

Noch während er aus dem LKW kletterte, beschloss er, die Angst zu verdrängen. Er würde die Vernehmungen ohne Schwäche besser durchstehen.

Sie brachten ihn in eine Sechs-Mann-Zelle. Zwei Meter lang und vier Meter breit, gezimmerte Bretterpritschen, ein Kübel als Toilette, keine Matratzen. Der Waschraum mit den Bottichen lag am Ende des Kellergangs. Jeden Tag aß er eine Suppe aus Kartoffeln und Trockenfisch. Es fiel ihm nicht leicht, sie herunterzuschlucken, doch er wusste, dass er nichts anderes bekäme. Sogar die Fischgräten kaute er, weil er meinte, er könne seinem Körper damit eine Grundlage für Knochenkalk geben.

Der Tee, den die sowjetischen Soldaten anschließend in die Suppenschüssel schenkten, schmeckte dann ebenfalls nach Trockenfisch. Doch ein anderes Getränk gab es nicht, auch kein Wasser. In den ersten Tagen fragten die Häftlinge einander noch: Woher kommst du? Wie heißt du? Der Student traf auf einen Kommilitonen, dessen Eltern das Klubhaus im Grunewalder Tennisclub bewirtschafteten. Sie fachsimpelten, um sich zu beruhigen, sprachen von Demokratie und Rechtsstaatlichkeit und dem Viermächtestatus Berlins. Die westlichen Besatzungsmächte würden die willkürliche Inhaftierung von Passanten schon bald anprangern, versicherten sie einander. Auch ein Dreizehnjähriger saß in ihrer Zelle, den beschwichtigten sie, er sei so jung, er werde sicherlich bald entlassen. Wenigstens darin täuschten sie sich nicht. Als der Junge gehen durfte, gelang es Horst Thimm noch, dem Kind eine Nachricht an die Wirtin in der Kurfürstenstraße mitzugeben. Sie sollte die Mutter in Eberswalde und die Hochschule für Politik verständigen.

Der Hof, in dem die Gefangenen täglich ein paar Runden gingen, jedes Wort war dabei verboten, sah aus wie eine Zelle ohne Zimmerdecke, eng und grau. Vor dem Himmel zeichnete sich der Wachturm mit einem bewaffneten Soldaten ab. Nur ein klapperndes Geräusch durchdrang auch hier die Stille. Die Soldaten nutzten es als Signal, um den Kontakt zwischen den Häftlingen zu unterbinden. Führten sie Gefangene durch die Anstalt, schlugen sie mit dem Schlüsselbund fortwährend gegen ihr Koppelschloss. So warnten sie entgegenkommende Kollegen, die ebenfalls mit Häftlingen unterwegs waren. Das Geräusch begleitete sie alle Tag und Nacht.

Bereits am Abend des 17. Juni beorderten zwei russische Offiziere Horst Thimm zu einem ersten Verhör. Sie fragten nach Namen und Beruf, Familienstand und Konfession, Nachbarn und Wohnort. In den darauffolgenden Nächten fragten sie in immer neuen Worten nach den Hintergründen des 17. Juni.

Warum die Menschen in der DDR gegen das System rebelliert hatten? Ob sich der Aufstand gegen die deutschen Behörden oder gegen die sowjetische Besatzungsmacht richtete? Wer die Revolutionäre waren? Tatsächlich eine Westberliner Agententruppe? Er gehöre doch sicherlich zu ihnen – als Student der Hochschule für Politik.

Jede Nacht die gleiche Prozedur. Gleißendes Licht, zwei Soldaten, die ihn von der Pritsche rissen, einen Faschisten schimpften und in den Raum des Untersuchungsoffiziers führten, der in überladener Armeeuniform hinter einem Tisch saß. Um ihn herum hatten sich Soldaten verschiedener Dienstgrade aufgebaut, und eine Dolmetscherin. Sie bildeten eine Front vor dem Stuhl des Häftlings.

Er wählte die Strategie, als ehemaliger Kriegsflüchtling vom Land aufzutreten. Er kenne die DDR nicht so gut, sagte er, er habe den Großteil seines bisherigen Lebens im fernen Ostpreußen verbracht und in Berlin meistens über den Lehrbüchern gesessen.

Die sowjetischen Offiziere hatten ihre eigenen Quellen. Auch der Mann mit der Pistole, der damals, an dem heiteren Abend mit den Zirkusartisten, so überraschend in der Rathauskneipe aufgetaucht war, schien einer ihrer Informanten gewesen zu sein. Jedenfalls erkundigte sich der Offizier schon bald nach den Schulfreunden aus dem Ratskeller. Horst Thimm blieb bei der Version des naiven Landjungen. Mit den Schulfreunden habe er nur ein Interesse geteilt: die Neugier auf Mädchen, auf die Schönen des Landes. Er bemühte sich um treuherzige Blicke, er erzählte von Schülerstreichen, von Kügelchen und Blasröhrchen, er erwähnte auch die Aufräumarbeiten des antifaschistischen Jugendausschusses am Choriner See, damit die Offiziere seine Glaubwürdigkeit bestätigt fänden, wenn sie die Berichte überprüften. Er hatte ja tatsächlich keine Verschwörungsaktivitäten zu berichten. Er hatte nur manchmal gemeckert. Er konnte nicht bieten, wonach sie suchten. Auch nicht, als der Wachhabende von hinten mit der Faust auf ihn einschlug. Mehrere Zähne fehlten dem Studenten nach diesen Verhören.

Tagsüber brachten die Soldaten unbekannte Mitgefangene in seine Zelle. Er hielt sie für mögliche Spitzel und verzichtete auf möglichen Trost. Wenn er entlang der Pritschen hin und her lief, weil es verboten war, sich vor Einbruch der Dunkelheit niederzulegen, dachte er an sein Examen. Streckte er sich doch einmal aus, stürmten die Wachhabenden in die Zelle und schüttelten ihn. Von niemandem erhielt er eine Nachricht in dieser Zeit. Er wusste nichts von seiner Familie, nichts von den Kommilitonen, nichts über den Zustand der Welt.

Seine Mutter hatte zwei Wochen nach den Protesten von der Verhaftung erfahren. Dem Jungen, der mit ihm anfangs die Zelle geteilt hatte, war es tatsächlich gelungen, der Zimmerwirtin den Kassiber zu überbringen. Die Frau meldete die Nachricht im Revier-Kriminal-Büro 180 des Berliner Polizeipräsidenten, und ein Beamter verfasste folgende Aktennotiz: »Die Frau Anna Meyer hat hier am 26.6.53 eine vermißten Anzeige erstattet, wonach ihr Untermieter Horst Thimm, Student, 6.4.31 Jedwabno/Ostpr.geb., Kurfürstenstraße 148 wohnhaft gewesen, seit dem 17.6.53 vermißt wird. Vermutlich ist er in dem Sowjetsektor festgenommen worden.«

Mittlerweile hatten Volkspolizei, Staatssicherheit und Sowjetarmee sechstausend Menschen als Aufständische des 17. Juni verhaftet. Die Zahlen variieren, mindestens fünfundfünfzig Menschen kostete der Volksaufstand das Le ben, darunter auch fünf Staatsbedienstete. Vierunddreißig Demonstranten und Passanten wurden erschossen, sieben wurden hingerichtet. Acht starben in Haft. Einer erlitt beim Sturm auf ein Volkspolizeirevier einen Herzinfarkt. Hunderte wurden zu Zwangsarbeitslagerstrafen in Sibirien verurteilt, weit über tausend zu Zuchthausstrafen in der DDR. Gertrud Thimm fuhr sofort nach Karlshorst, als sie die Nachricht vom Verbleib ihres Sohnes erhalten hatte. Sie sprach bei der Wache vor und verlangte einen leitenden Offizier und ihren Sohn zu sprechen. Die Soldaten reagierten nicht.

Mit einem Mal zahlte sich die so oft verfluchte Nähe zu den russischen Besatzern in Eberswalde aus. Sie hatte häufig Schnaps für den Offizier besorgen müssen, der immer noch einige Zimmer in ihrem Haus bewohnte, einen Pelz für seine Frau hatte sie ebenfalls beschafft, nun drängte sie ihn. Sie suchte auch einen Oberstleutnant auf, für den ihr Sohn Horst in den Nachkriegsmonaten Brennholz gehackt hatte, es hatte einen ganzen Winter lang gewärmt. Die beiden sandten Botschaften nach Karlshorst: Mit den irregeleiteten Feinden der Deutschen Demokratischen Republik habe dieser Junge nichts zu tun.

Am 30. August 1953 brüllte der Wachhabende: »Thimm Horst, dawei!« Zehn Wochen lag die Festnahme zurück, und das Gefühl für Zeit war dem jungen Gefangenen bereits abhandengekommen. Er wurde in einen Kleintransporter verladen, und als er ausstieg, befand er sich auf dem Gelände des Staatssicherheitsdienstes in der Ostberliner Magdalenenstraße. Ein Arzt kam, der ihn untersuchte, dann führte ihn ein Mitarbeiter der Stasi durch ein Tor in eine Seitenstraße. Er hörte, wie es hinter ihm zuklappte und einrastete. Vor ihm öffnete sich der Eingang zur U-Bahn.

Einige Gefangene aus Karlshorst, so erfuhr er später, wurden von den Männern des Staatssicherheitsdienstes am Bahnsteig wieder abgefangen, erneut verhaftet und in ein Gefängnis gebracht, diesmal in eines, das den Behörden der DDR unterstand. Horst Thimm aber gelangte unbehelligt nach Schöneberg in das Studentenzimmer. Er kaufte noch ein Schweineohr beim Bäcker und legte sich knabbernd auf die Chaiselongue. Er konnte sein Glück kaum fassen.

Der 17. Juni war mir ein lieber Tag. Ein Feiertag mitten im Sommer, meist warm genug für Grillwürstchen und einen Besuch im Freibad. Es lag auf einer Insel mitten im Rhein, und von der Terrasse, wo ein Ehepaar Lakritzwaren und Pommes frites verkaufte, öffnete sich der Blick auf den Rolandsbogen am linken und auf den Drachenfels am rechten Ufer. Führte der Fluss niedriges Wasser, schob ich mein Fahrrad auf dem Nachhauseweg über eine Mole im Nebenarm zurück. Ich stellte mir vor, das Wasser steige plötzlich an und überspüle diesen Steinweg. Ich trainierte dann, den Fluss immer schneller zu überqueren und das Rad dabei hoch in der Luft zu tragen. Irgendwann lag ich unter einer Minute. Ich fand Gefallen an meiner Heldenrolle.

Traf ich abends zu Hause ein, wurde in den Fernsehsendungen der Aufständischen von 1953 gedacht. Das SED-Regime habe sich damals nur mit sowjetischen Waffen aufrechterhalten lassen, hieß es in den Berichten. Seither arbeite die Stasi mit Hilfe zahlreicher Spitzel daran, weitere Proteste im Voraus niederzudrücken. Und auch der Bau der Mauer im August 1961 sei letztlich eine Antwort auf den Freiheitskampf an jenem unglaublichen Tag. Die Kommentare und Bilder berührten mich nicht.

Es war ja auch ein merkwürdiger Nationalfeiertag. Weder leuchtete über uns ein Feuerwerk wie in Frankreich, noch drapierten wir uns mit Nationalflaggen wie die Menschen in Amerika. Wir schwenkten keine Wimpel und schickten auch die Luftwaffe nicht zum Formationsflug in den Himmel über der Bundeshauptstadt Bonn. Es wäre völlig absurd gewesen. Aber irgendwie mussten wir die Prinzipien unserer Staatsform an diesem Tag ehren. So feierten wir einen Tag der Trauer, des Bedauerns und der Klage.

Jahr für Jahr sprachen die ersten Politiker im Staat von der Spaltung der Nation, die überwunden werden müsse. Jahr für Jahr erinnerten sie an die Präambel des Grundgesetzes, die ich in der Schule hatte auswendig lernen müssen.

Im Bewusstsein seiner Verantwortung vor Gott und den Menschen, von dem Willen beseelt, seine nationale und staatliche Einheit zu wahren und als gleichberechtigtes Glied in einem vereinten Europa dem Frieden der Welt zu dienen, hat das Deutsche Volk in den Ländern Baden, Bayern, Bremen, Hamburg, Hessen, Niedersachsen, Nordrhein-Westfalen, Rheinland-Pfalz, Schleswig-Holstein, Württemberg-Baden und Württemberg-Hohenzollern, um dem staatlichen Leben für eine Übergangzeit eine neue Ordnung zu geben, kraft seiner verfassungsgebenden Gewalt dieses Grundgesetz der Bundesrepublik Deutschland beschlossen. Es hat auch für jene Deutschen gehandelt, denen mitzuwirken versagt war. Das gesamte Deutsche Volk bleibt aufgefordert, in freier Selbstbestimmung die Einheit und Freiheit Deutschlands zu vollenden.

Es war schwierig, die Bundesländer in der richtigen Reihenfolge zu nennen. Der Lehrer, der uns die Aufgabe erteilt hatte, hielt uns die Präambel als ein Musterbeispiel hohler

Politik vor. Das behauptete Ziel einer Wiedervereinigung sei die Lebenslüge der Bundesrepublik, pflegte er zu sagen. In Bonn habe man sich zu keiner Zeit für preußische Kartoffeläcker interessiert. Die Frage einer Wiedervereinigung war eine Glaubenssache. Es glaubte kaum einer daran, den ich kannte.

In Berlin ging mir das geteilte Deutschland nahe. Meine Eltern reisten immer wieder mit uns in diese Stadt, die meinem Vater so wichtig war. Wir standen an der Mauer, und Schilder warnten uns davor, den amerikanischen Sektor zu verlassen. Wir blickten zu den Wachtürmen, auf denen Männer mit graugrünen Uniformen und unnahbaren Gesichtszügen lange Waffen hielten. Manchmal griff ich nach dem Fernrohr meines Vaters, um die Gesichter dieser Männer zu beobachten. Meist sah ich dann ein anderes Fernrohr, das auf mich gerichtet war, und suchte Schutz hinter meinen Eltern. Weit hinter der Mauer, weit hinter dem Brandenburger Tor, erblickte ich einmal Menschen, klein wie Punkte, die in unsere Richtung schauten. Da verstand ich die Vokabel deutsch-deutsch.

Im Bahnhof Friedrichstraße fürchtete ich mich. Die Zwischenetage war mir unheimlicher als ein Film, den ich nicht bis zum Schluss ansehen mochte. Die fensterlosen Wände waren voller Kacheln, die Warteräume voll stummer Menschen, und dazwischen erhob sich eine Kasse für Einreisegebühren. Ich scheute die Uniformierten, die hin und her liefen, mal den einen anblafften, mal den anderen aufscheuchten. Im Obergeschoss teilte eine Wand aus Metallplatten den Bahnhof. Sie zerschnitt ihn in der Mitte: die eine Hälfte den Westreisenden, die andere den DDR-Bürgern. Einmal wurden wir hier nicht eingelassen in die Deutsche Demokratische Republik, als wir es versuchten.

Auch zur Absperrung an der Glienicker Brücke fuhren wir. Irgendwo dahinter lag Potsdam, und meine Eltern erzählten von Schloss Sanssouci und Friedrich dem Großen, von seiner Querflötenmusik und seinem aufgeklärten Absolutismus mit dem König als erstem Diener des Staates. Sie berichteten von Peter Joseph Lenné und Karl Friedrich Schinkel, die hinter dieser Brücke ein Meisterwerk aus Natur und Architektur geschaffen hatten. Wir sollten uns Parkanlagen, Hügel und Seen vorstellen, darin die Havel und die Glienicker Lake, die Sacrower Kirche und die Schlösser von Potsdam und Babelsberg, und überall Gärten. Schon das Zuhören bereitete uns Mühe. Ohnehin interessierten uns die Geschichten vom dreimaligen Agentenaustausch zwischen westlichen und östlichen Geheimdiensten weitaus mehr. Doch meine Eltern mit ihrer ostdeutschen Vergangenheit versuchten alles Mögliche, damit wir diese Gegend hinter der Mauer und den Männern in Graugrün nicht als Brachland begriffen.

Von Eberswalde, das kaum hundert Kilometer von uns entfernt lag, sprachen wir nicht.

Meine Eltern waren anders in Berlin. Die Tage waren anders in Berlin, auch anders als jene, die wir in Köln, der großen Stadt in unserer Nähe, zwischen Kleidergeschäften, dem Walraff-Richartz-Museum und romanischen Kirchenschiffen verbrachten. Ein rheinisches Wochenende fühlte sich oft klebrig an. Das Wetter drückte, und alles schien ineinander überzugehen, bis es gleichförmig und gleichmäßig wirkte. Kam Besuch, überzog die Klebrigkeit den Tag trotz der Abwechslung oft noch stärker. Ein spätes Frühstück, ein schweres Mittagessen, Kuchen zum Kaffee und ein schleppender Spaziergang durch das Siebengebirge. Bevor die Gäste fuhren, aßen wir zu Abend. Und während alle einander versicherten, dass man nicht schon wieder Appetit verspüren könne, langten wir zu.

In Berlin aßen wir, wenn es passte, und fanden wir gerade kein Lokal, hielt mein Vater vor einer Dönerbude an. In meiner Heimatstadt betrieb niemand eine Dönerbude und auch kein anatolisches Gemüsegeschäft. Es lebten auch lange kaum Türken in dem rheinischen Beamtenort. Allein ein Serbokroate ging in meine Klasse, und ein Italiener, dabei war die Schule ein normales städtisches Gymnasium. Nur an der Bushaltestelle, noch in der Grundschulzeit, wartete morgens auch ein türkisches Geschwisterpaar. Der Bruder hielt die Schwester an der Hand, und wir hielten Abstand. Wir hüpften Gummitwist und blickten zu ihnen hin, während wir auf den Bus warteten. Nicht ein einziges Mal forderten wir sie auf mitzuspielen. Wir wollten nicht unfreundlich sein, aber wir hatten noch nicht gelernt, auf Fremde zuzugehen. Und wir wussten nicht, wie einsam dieses Gefühl macht, Fremdsein. Das Mädchen trug immer einen Rock und darunter eine Hose. Ich fand das ungewöhnlich schick und ahmte es nach, bis meine Mutter es mir ausredete.

In Berlin aber, wo alles anders war, zog ich einen Rock über die Hose. Wir waren noch klein, als mein Bruder und ich über die Ränge im gewaltigen Olympiastadion kletterten. Wir stellten die Posen siegreicher Leichtathleten nach, der Ort schien uns dafür wie gemacht, bis unsere Eltern Einhalt geboten, wir hörten damals zum ersten Mal den Namen Leni Riefenstahl. Wir waren Teenager, als wir die »Topographie des Terrors« besichtigten, die Ausstellung über die Verbrechen des Nationalsozialismus auf dem Gelände der ehemaligen Zentralen von Gestapo, SS und dem Reichssicherheitshauptamt. Wir sahen im Reichstagsgebäude Exponate der deutschen Geschichte und beim Umsteigen in die nächste S-Bahn die Drogenabhängigen am Bahnhof Zoo. Wir machten uns, wie früher mein Vater und die Cousinen, ins Schillertheater auf und hörten, weil meine Mutter alle Musik so mag, Konzerte in der Philharmonie. Und nach der Vorstellung, zu einer Zeit, zu der wir im Rheinland längst im Bett gelegen hätten, kehrten wir in Restaurants ein, wo ich Carpaccio erst aussprach und dann probierte, bevor wir uns in hochwandigen Pensionen mit weißen Flügeltüren eine gute Nacht wünschten.

Die Stadt wirkte wie ein ständig wechselndes Bühnenbild, und sie schien von ihren Besuchern ständig neue Rollen zu verlangen. Mal blickte ich scheu Richtung Osten und stellte mir einen der graugrünen Grenzsoldaten als einen meiner Großcousins vor, mal betrachtete ich verstört die Bilder kahlgeschorener Menschen in den Gedenkstätten für die Opfer des Nationalsozialismus. Dann wieder fächerte ich mir in einem Theater mit dem Programmheft Luft zu oder wich auf Treppenstufen Heroinsüchtigen aus und dachte an Christiane F.

Keine andere Stadt in Deutschland vereint so viel unterschiedliche Symbolik. An jeder Straßenecke fordert Berlin zu einer Haltung auf. Trauer, Pathos, Demut, Extravaganz, Ignoranz, Entsetzen, Weltläufigkeit: Die Stadt verlangt nach einer Pose – und sei es jene, Posen zu verweigern. Sie schafft den Eindruck, der Mensch müsse Stellung beziehen. Auch deshalb verspüren in Berlin viele ein erhabenes Gefühl. Sie fühlen sich gefragt. Mich faszinierte dieses Gefühl. Es war so anders als am Rhein.

Auf dem Weg nach Berlin aber überwog Beklemmung. Sie kam kurz vor dem Grenzübergang Helmstedt-Marienborn, wo die Bundesrepublik zu Ende war und die DDR begann. Ich verspürte dort dieselbe Bangnis wie in den Sommerferien, wenn ich in der Ostsee schwamm. Im Wasser stellte ich mir manchmal vor, ich triebe, ohne es verhindern zu können, auf das Territorium der DDR zu. Auch sensorgesteuerte, auf dem Meeresboden verankerte Selbstschussanlagen hielt ich für möglich. Wie auf der Mole im Rhein trainierte ich dann Schnelligkeit. Irgendwann schwamm ich hundert Meter in gut zwei Minuten. Doch in dieser Heldenrolle fühlte ich mich unwohl.

In Helmstedt-Marienborn spann sich eine graugetünchte Überdachung über die Fahrbahn, und mehrere Baracken teilten die Straße darunter in Standstreifen und Fahrstreifen. Auch hier wachten die Männer mit den graugrünen Uniformen und den unnahbaren Gesichtszügen. Sie schienen überall zu sein. Zeitweise arbeiteten mehrere hundert Bedienstete der Deutschen Demokratischen Republik an dieser Leitstelle zur Überwachung des innerdeutschen Grenzverkehrs. Rechts und links erhoben sich Gitter und Wände, und war es früher Morgen oder später Abend, erfasste das gleißende Licht einer Flutlichtanlage die Autos.

Viele Kilometer vor der Grenze bereits hielt meine Mutter unsere Pässe in der Hand, damit mein Vater sie sogleich durch das Autofenster hinausreichen konnte. Kurz hinter Hannover schon fragte sie nach unseren Kinderausweisen. Wir bestanden darauf, sie in unseren eigenen Rucksäcken zu transportieren, wir führten darin auch Bildbände über Tiere und jene Jugendbücher mit, die wir von den Verwandten aus der DDR zu Geburtstagen und zu Weihnachten geschenkt bekommen hatten. Nichts Politisches, keine Verheißungen des Westens, keine Kassetten mit den Geschichten der Drei Fragezeichen, die in einem Wohnwagen auf einem Schrottplatz in Rocky Beach, California spielen.

Ich habe Tierbildbände nie gemocht. Es waren, bis an die Grenze zur DDR, ziemlich langweilige Autoreisen.

Dann aber folgten in der Regel furchtsame Momente, in denen die Kontrolleure Namen, Einreisetag und Uhrzeit notierten und das grüne »Transitvisum zur einmaligen Reise durch das Hoheitsgebiet der Deutschen Demokratischen Republik« ausstellten. Manchmal dauerte es Stunden. Sie winkten uns auf den Standstreifen und bedeuteten uns zu warten. Es war dann still in unserem Auto. Wir sollten am besten gar nichts sagen, schärften uns unsere Eltern ein. »Nicht einmal Guten Tag?«, fragten wir, wenn wir es böse meinten und ihnen die innerdeutsche Grenze als Lackmustest ihrer Erziehung vorführten. Nun ja. Grüßen könnten wir. Das aber reiche aus.

Wir sollten trotzdem die Koffer auspacken auf dem Standstreifen. Die Grenzschützer wollten alles sehen, was wir mit uns führten. Jedes Unterhemd, jeden Socken. Ich habe meine Mutter selten wutentbrannt erlebt, aber in Helmstedt-Marienborn pfefferte sie ihre Büstenhalter auf den Asphalt. Der Polizist befahl ihr daraufhin, nun noch die Stecknadeln aus dem Reisenähetui vorzuzeigen. Aber einzeln.

Einhundertsiebenundsechzig Kilometer dauerte es, bis sich am Kontrollpunkt Dreilinden ein weiteres Brückenhaus über die Fahrbahn spannte. Meist löste sich die gedrückte Stimmung im Auto erst, als wir bei diesem Kontrollposten an der Grenze Berlins eintrafen. Vorher sorgten mein Bruder und ich uns um unser Schicksal, falls ein Unfall geschehe. Wir wussten, dass Transitreisende weder von der Straße abfahren noch Verwandte kontaktieren durften. Ich wagte mich auch nicht in eines der Toilettenhäuser auf den Rastplätzen. Meine Eltern versuchten uns zu beruhigen. Sie erinnerten uns daran, dass nicht nur Menschen in graugrünen Uniformen jenseits der Autobahn lebten. Sie zählten die ostdeutschen Tanten und Onkel auf, die wir mochten. Doch das Gefühl, im nächsten Moment wegen irgendeines Fehlverhaltens abgeführt zu werden, dauerte an. Dabei ahnten wir damals nicht einmal, dass uns Mitarbeiter der Staatssicherheit überwachten, die sich als Westreisende oder Tankwarte tarnten.

Es war eine merkwürdige Gespaltenheit, zu der die DDR Westkinder wie uns erzog. Es galt, sie abzulehnen und ihre Menschen, Städte und Landschaften dennoch hoch zu schätzen. Bach und Händel, die Onkel und Tanten, die Weimarer Klassik und die Kreidefelsen der Insel Rügen konnten ja nichts dafür.

Vor jeder Reise in die DDR oder in einen anderen Staat des Warschauer Paktes musste mein Vater als Bundesbeamter um Genehmigung nachsuchen. »Betrifft: Reisen in den kommunistischen Machtbereich (Länder des Ostblocks)«, begannen die Briefe an den Sicherheitsbeauftragten des Gesundheitsministeriums. Im Jahr 1976, kurz nach meinem siebten Geburtstag, lehnte der Kollege einen solchen Antrag ab. »Ich beabsichtige, auf dem Landwege in der Zeit vom 17. bis 21. Juni 1976 nach Prag oder in den sowjetischen Sektor Berlins (Ostberlin) zu reisen, um dort meinen Bruder nach sechzehn Jahren erstmalig wiederzusehen«, hatte mein Vater geschrieben. »Ich bitte zu prüfen, ob gegen diese Reise Bedenken bestehen und dabei die speziellen Randbedingungen (Haft in der SBZ) in die Prüfung einzubeziehen.« Abgelehnt, lautete der Bescheid. Das persönliche Risiko sei zu hoch. Auch für die Familie. Je länger die Teilung Deutschlands aber andauerte, desto unproblematischer erschienen dem Sicherheitsbeauftragten solche Reisen.

Einmal verschwand mein Vater dennoch an der inner-deutschen Grenze. Die Soldaten hatten ihn abgeführt. Meine Mutter wiesen sie an, den Seitenstreifen unter keinen Umständen zu verlassen. Auf ihre Fragen antworteten sie nicht. Die Bürgerin der BRD kenne die Personalie ihres Ehemannes doch, sagten sie nur und schoben einen Spiegel unter dem Fahrgestell hin und her, der aussah wie eine ausfahrbare Schneeschippe. Wir kannten diese Prozedur bereits, sie suchten immer nach Republikflüchtlingen unter unserem Auto. Meine Mutter versuchte, uns zu beruhigen. Dann saß sie still und aufrecht auf dem Beifahrersitz, und mein Bruder und ich versuchten auf dem Rücksitz, es ihr gleichzutun.

Irgendwann kehrte mein Vater zurück. Sie hatten ihn in einer der grauen Baracken einer Leibesvisitation unterzogen. Horst Thimm war bei den Grenzposten als ehemaliger Häftling der DDR erfasst. Aber das konnten wir Kinder nicht ermessen.

Wir waren auf dem Weg nach Hause an diesem Tag. Als wir über die Grenze rollten und uns die bundesdeutschen Schilder entgegenleuchteten, wurde es laut in unserem Auto. Mein Vater lachte und pfiff, meine Mutter redete in einem fort, und wir Kinder, mit unseren Tierbildbänden auf den Rücksitzen, kicherten. Wir spielten: Wer kann länger ernst bleiben? Wir guckten uns an, probierten unbewegte Gesichtszüge aus, wie sie die Volkspolizisten beherrschten, und prusteten los.

Während der letzten Kilometer vor der Autobahnausfahrt ›Siebengebirge‹ beschleunigte mein Vater das Tempo. Er stimmte das Lied an, das er immer sang, wenn er gute Laune hatte, er sang es auch am Wochenende, im Garten, und kopfschüttelnd gingen dann die rheinischen Spaziergänger auf ihrem Weg in den Wald an unserem Haus vorüber.

*Wacht auuuf, Verdammte dieser Eeerde ... reinen Tiiisch
macht mit dem Bedrääänger ... ein Niiichts zu sein, tragt es
nicht lääääänger ... uns auuus dem Elend zu erlööösen können wir nur selber tuuun ...Völker hööört die Signaaale!*
Er mochte diese Hymne auf den Sozialismus. Er fand sie
überhaupt nicht falsch. Nur diesen Staat ertrug er nicht.

Als ich im Burgenland den Neusiedler See kennenlernte, er
war voller Surfsegel und bunter Badekappen, kam mir zum
ersten Mal der Gedanke, ob sich in der DDR wohl eine besonders penible Variante des Sozialismus durchgesetzt
hatte. Ich hielt sie für das Ergebnis einer typisch deutschen
und entsetzlichen Gründlichkeit. Denn auch der See, der
zu Österreich und Ungarn gleichermaßen gehört, schied
den Westen vom Osten. Die Grenze zwischen der Tsche-
choslowakei und Bayern, so fand ich, wirkte ebenfalls weniger bedrohlich. Wir wanderten im Bayerischen Wald in
den Sommerferien 1981, und weil wir es nicht anders kannten, hielten wir auch dort nach den Schildern Ausschau, die
vor dem Eisernen Vorhang warnten. Sie waren oft klein
und zugewachsen, sie standen plötzlich zwischen Büschen
und Bäumen im Moos und wiesen darauf hin, dass wir die
Bundesrepublik verließen. Sicherlich unterschätzte ich den
Ernst dieser Grenzen, sicherlich verharmloste ich die Gefahr, die von ihnen ausging und tat jenen Unrecht, die auf
der anderen Seite ohne Passierschein lebten. Doch verglichen mit den Schießanlagen in der Mitte Deutschlands erschienen sie mir friedlich.

Einen Tag lang besichtigten wir Prag. Wir brachen von
einem Ort namens Ringelai dorthin auf. Es regnete so häufig in diesen Ferien im Bayerischen Wald, dass wir schließlich jede Stadt besuchten, die sich anbot, selbst wenn sie

drei Busstunden entfernt lag wie die tschecheslowakische Hauptstadt. Wir konnten schließlich nicht jeden Tag in Gummistiefeln an der Grenze Blaubeeren pflücken.

Meine Eltern hatten uns vom Prager Frühling erzählt, von dem gescheiterten Versuch der tschechoslowakischen Kommunisten, einen Sozialismus mit menschlichem Antlitz zu schaffen. Eine halbe Million Soldaten des Warschauer Paktes waren im August 1968 in ihr Land einmarschiert und hatten alle Reformen unterdrückt. Ich hatte die Zusammenhänge nicht genau verstanden, doch die Geschichten der zerstörten Hoffnungen, die Berichte der ins Exil geflohenen Künstler berührten mich. Ich stellte mir diese Tschechen als freiheitsliebend, lebensfroh und reformbegeistert vor, ich sagte damals dazu allerdings eher total mutig, total fröhlich und total ohne Lust auf Regeln. In meiner Geschichtsschreibung, die sich aus dem Weltwissen der Zwölfjährigen speiste, war das Land, in das wir nun fuhren, ein Opfer sowjetischer Herrschaft. Mir gefiel es besser als die DDR. »Der Aufenthalt in der ČSSR verlief ohne Störungen oder besondere Vorkommnisse«, schrieb mein Vater anschließend an den Sicherheitsbeauftragten des Ministeriums, Betreff: »Einreise in ein Ostblock-Land, hier: Tagesausflug nach Prag.«

Wir lernten viel, als wir von Ringelai nach Prag reisten. Nahe der Karlsbrücke erwartete uns ein alter Mann in einem grauen Rollkragenpullover. Seine Stimme hatte einen Klang, wie ich ihn nie zuvor gehört hatte. Ob wir ein Interesse hätten, auch das jüdische Prag zu sehen, fragte er. Er führte uns durch das ehemalige Ghetto, er erklärte uns die Synagoge, die Regeln im Gottesdienst, die Inschriften auf dem Friedhof und die Bedeutung der Steinchen auf den Gräbern. Sie sollten den Toten symbolisch bedecken, sagte er, der Brauch stamme aus der Zeit der Wüstenwanderung, da habe man Verstorbene nur unter Steinen begraben können. Der alte Mann erzählte uns alles, was wir wissen wollten, er war so freundlich, dass wir später noch von ihm sprachen, wenn wir eine andere Stadt besichtigten. Weißt du noch, der alte Mann in Prag?

Er war der erste gläubige Jude, dem ich begegnete. Er zeigte mir die erste, als Gebetshaus genutzte Synagoge, die ich sah. Er zitierte Franz Kafka und andere deutschsprachige, in Prag beheimatete Schriftsteller jüdischer Herkunft; er führte uns zum Grab des Rabbi Löw, wo unter den Steinchen kleine Zettel mit frommen Bitten steckten. Viele Menschen vertrauten noch immer auf den Rabbi Löw, erklärte uns der alte Mann. Der Sage nach hatte der Gelehrte einst einen Golem aus Lehm geschaffen, der die Juden vor den Anwürfen der Christen beschützte. Immer wieder, so geht die Geschichte, hatten Christen tote Kinder vor der Synagoge niedergelegt und die Juden der Blutschuld bezichtigt. Doch dann ließ der Rabbi nachts den Golem durch die Straßen patrouillieren, und ertappte der einen Übeltäter, band er ihn und die Kinderleiche mit einem Strick zusammen und brachte sie der Obrigkeit. Nach einer Weile waren die Prager Juden von dem schlimmen Verdacht befreit. Der Golem aber wurde wieder zu Lehm, und der Rabbi verwahrte ihn in alte Gebetsmäntel gewickelt in der Dachstube.

In Prag war ich zum ersten Mal auf die Welt getroffen, die in meinem Land auf so grausame Weise nicht hatte überleben dürfen. Viel später erinnerte ich mich im Schulunterricht an diesen Ausflug. Im Unterricht jenes Lehrers, der uns schon beigebracht hatte, an der Wahrhaftigkeit der Grundgesetzpräambel zu zweifeln, hörten wir die offizielle

Gründungsgeschichte der Deutschen Demokratischen Republik. Die DDR stelle sich als ein rundum neuer, sozialistischer antifaschistischer Friedensstaat dar, der in keinerlei Nachfolge zum nationalsozialistischen Deutschen Reich stehe, erklärte er uns.

Mir fiel der alte Mann aus dem sozialistischen Prag ein. Ob es einem Überlebenden des Holocaust denn wohl leichter falle, sich in einer ostdeutschen, einer antifaschistischen, Stadt aufzuhalten als etwa in Bonn oder Saarbrücken, wollte ich wissen. Wir führten häufig solche Diskussionen in seinem Unterricht. Es war ein souveräner Lehrer, er wollte uns die Lust am Denken beibringen. Nun wies er uns auf die geringe Zahl jüdischer Gemeinden in der DDR hin. Wieder einmal ermahnte er uns, den Anspruch großer Worte und Ideologien an ihrer Wirklichkeit zu überpüfen. Er forderte uns fortwährend dazu auf, ganz gleich, ob die Grünen oder Franz Josef Strauß, ob ein Dissident oder Erich Honecker gesprochen hatten. Meist teilte er dann Reden oder andere Quellentexte aus, und wir sollten die Lücke zwischen Behauptetem und Tatsächlichem selbst entdecken.

Mit meinem Vater aber sprach ich auch dieses Mal nicht über sein Leben als Häftling in der DDR. Er wäre in jeder Unterrichtsstunde ein beeindruckender Zeitzeuge gewesen. Doch selbst wenn ich seine Geschichte gekannt hätte, ich hätte ihn nie in die Schule gebeten. Er war ja mein Vater. Und Eltern empfanden wir damals als eher peinlich.

Er lächelt, als er uns sieht. Er würde seinen Körper gern von der Bettdecke befreien, das Thermometer zeigt dreißig Grad, und die Vorhänge in der Klinik halten die Sonne kaum ab. Auf dem Bildschirm über seinem Bett turnen, schwimmen, laufen durchtrainierte Menschen. Sie sind in Höchstform. Alle Welt blickt in diesem Sommer 2008 auf die Olympiade in Peking.

Mein Vater kann sich nicht bewegen. Seit zwei Tagen liegt er wieder im Krankenhaus. Die Ärzte vermuten erneute kleine Hirninfarkte. Meine Mutter sprach die Nachricht auf den Anrufbeantworter meines Mobiltelefons, als ich gerade aufbrach, um eine Freundin in den USA zu besuchen.

»Es zieht so sehr, im Hals, im Nacken«, sagt er, als wir bei ihm eintreffen. Die Krankenschwestern haben ihm ein T-Shirt angezogen. Wir haben es vor Jahren einmal mit einem Foto bedrucken lassen: Mein Bruder steht da in einer Latzhose mit bunten Flicken auf den Knien, und ich im gepunkteten Kleid. Das Foto gehört zu einem Sommer an der Ostsee. Wir hatten einen Strandkorb gemietet, zwei Wochen lang bauten wir wohl jeden Tag eine Burg aus Sand. Mein erster Milchzahn fiel in diesem Urlaub, und meine Mutter steckte ihn in eine Plastikdose und beklebte sie mit einer Abziehblume von der Prilflasche, die in der Küche der Ferienwohnung stand.

Wir klingeln, weil es ihm nicht gelingt, den Kopf bequemer zu betten. Aber die Krankenschwestern waren gerade erst bei ihm, sie kümmern sich nun um andere Patienten. Wir würden ihn gerne in eine andere Position legen, doch es schmerzt ihn zu sehr. So stützen wir den Kopf mit unseren Händen.

In den Wochen danach erkennt er uns selten. Er redet viel von einem Gefängnis. Die Schwesternschülerinnen, die das Essen austeilen, spricht er als Kalfaktoren an. Sie begreifen nicht, dass er sie für die Handlanger einer Zuchthausdirektion hält, und schon gar nicht verstehen sie die Pein, die ihm dieser Gedanke bereitet. Sie halten es für eine der unerklärlichen Verwechslungen, die ihm nun dauernd unterlaufen. Den Spalt im Vorhang hält er für einen Spatz, den Patienten im Nachbarbett für seinen verstorbenen Bruder, den Rollator in der Zimmerecke für einen Riesenvogel. Die Deckenlampe bereitet ihm Angst. Er hat darin Menschen verglühen sehen, die ihn, der sich nicht bewegen kann, um Hilfe anriefen. »Die waren auf der Flucht«, sagt er zu mir. »Und was ist mit den Kindern, mit dem kleinen Mädchen passiert? Ist es durchgekommen?« Er hebt belegte Schnitten von seinem Abendbrotteller für diese Kinder auf. Dann wieder sind seine Gedanken so klar, dass sie in die Welt der Gesunden passen, und er spricht über den Tod, als trage er aus einer ministeriellen Beschlussvorlage vor: »In Betracht zu ziehen ist ja wohl ebenfalls, dass der als Problemverursacher angesehene Mitbürger mit dem Ende aller Durchsagen auch eine Freiheit gewinnt.« Oder er sagt: »Nun denn. Alle, für die ich einmal zu sorgen hatte, sind dazu mittlerweile zum Glück selbst in der Lage.«

An dem Tag, an dem er uns bittet, ihn gehenzulassen, sollte sich sein Zustand weiter verschlechtern, er habe das Gefühl, es könne bald soweit sein, beschließen die Ärzte, ihn auf eine andere Station zu verlegen. »Um Himmels willen, noch eine Neuaufnahme«, ruft die Krankenschwester, als ein Zivildienstleistender ihn dort in den Flur schiebt. Schimpfend übernimmt sie das Bett. Es sei schließlich Freitag und bereits später Nachmittag. Meine Mutter und ich laufen mit seinem Bademantel und seinem kleinen Koffer hinter dem Bett her. Bevor wir reagieren können, hat mein Vater der Schwester schon geantwortet. »Mir wäre es auch lieber, ich würde Ihnen keine Mühe bereiten.« Seine Stimme klingt wie eine Entschuldigung und Zurechtweisung gleichermaßen. Wir sind glücklich, dass er sich wehrt.

Er scheint es tatsächlich noch einmal aufnehmen zu wollen mit dem Leben. Sein Gefühl, es könne bald soweit sein, aber bleibt bestehen. Auf der neuen Station ist ein Telefon in seiner Reichweite installiert, er muss sich eine Codenummer merken, damit die Leitung freigeschaltet wird. Sechs-vier-sieben-vier-drei-vier-drei. Alle Patienten auf dieser Station für alte Menschen müssen solche siebenstelligen Ziffernfolgen behalten, wenn sie telefonieren wollen. Jeder eine andere, wegen der Abrechnung. Ob dies ein Test für seine Lebenstauglichkeit ist, fragt sich mein Vater. Auch um seinen Platz im deutschen Gesundheitssystem sorgt er sich. Er habe Folgendes überlegt, sagt er zu mir: »Womöglich wollen die Krankenkassen in diesen Krisenzeiten kein Geld mehr in die Zukunft eines alten Mannes verplempern.« Ich weiß nichts zu erwidern. Er möchte dann die siebenstellige Codenummer trainieren, immer wieder sage ich sie ihm vor, immer wieder vertippt er sich. In einer Übungspause klingelt das Telefon. Mein Bruder ist am Apparat, und mein Vater freut sich und bemüht sich um einen guten Eindruck: »Hallo Sohn. Ja, geht ganz gut. Sie pirschen sich langsam an eine Diagnose heran. Nee, nee, beide Beine sind noch dran, eine Amputation kann offenbar vermieden werden. Ich wollte den Experten hier schon eine Therapie mit Dauergips vorschlagen.« Sie lachen, und als sie sich verabschieden, richtet mein Vater den Blick aufwärts, Richtung Zimmerdecke, Richtung Himmel. »Der da oben steht in Dauerbereitschaft«, sagt er.

Am liebsten würde ich meinen Bruder gleich wieder anrufen: Er solle doch bitte noch mal eben mit unserem Vater über Tod und Himmel sprechen. Aber mein Vater meint die Mücke, die sich an der Decke festgesetzt hat. Da lachen auch wir.

»Er ist zurück im Leben«, sagt der Stationsarzt, als er an einem der kommenden Vormittage die Visite abhält. »Wir sollten ihn jetzt mobilisieren.« Er schickt eine Krankengymnastin der Klinik zu dem Patienten.

»Es geht darum, dass ich zurück in meine Wohnung im Erdgeschoss entlassen werde«, erklärt mein Vater ihr, noch sitzt er auf der Bettkante. »Dies sollte das zu verfolgende Ziel sein.« Die Krankengymnastin ist eine resolute Frau, die sich in breitem Stand vor ihm aufbaut. »Prima, dass Sie wissen, was Sie wollen«, sagt sie. »Dann rücken Sie mal nach vorn, rutschen mit dem Fuß in die Schuhe, stellen beide Füße parallel zueinander auf, fest auf den Boden. Gerade stehen, und die Knie strecken!«

Mein Vater bleibt sitzen. »Wenn ich das Kniegelenk durchstrecke, steht das ganze Gewicht meines Körpers auf dem rechten Fuß, und der hat sich zu einem wahren Satansfuß entwickelt«, antwortet er ihr.

»Versuchen Sie es. Liegen und sitzen können Sie noch mehr, als Ihnen lieb ist. Wenn Sie wieder auf die Beine kommen wollen, müssen Sie Ihre Knie durchdrücken. Und nun probieren Sie leichte Kniebeugen.«

Mein Vater lässt sich auf die Bettkante zurückfallen. »Ich schaffe es nicht«, sagt er. Es ist das erste Mal, dass ich diesen Satz von ihm höre.

»Doch. Heben Sie den linken Fuß hoch«, befiehlt die Krankengymnastin.

Sein Gesicht ist verzerrt. Der Fuß verlässt den Boden kaum.

»Das ist die Polyneuropathie«, sagt die Krankengymnastin. »Der Diabetes ist nicht so nett zu Ihren Nerven.«

»Gibt es Trockenübungen, mit denen ich das Auftreten trainieren kann, ohne aufzutreten?«, fragt mein Vater.

»Nein. Sie müssen Muskulatur aufbauen. Und noch einmal hoch: Feststehen, aufrichten, gerade hinstellen. Jetzt links. Sehr gut. Und ein letztes Mal.«

»Bei wie vielen Patienten ist es gelungen, die Gehfähigkeit wieder herzustellen?«

»Die stellen die Patienten selbst wieder her. Ich kenne keine Zahlen. Dass es kein Zuckerschlecken ist, haben Sie ja gemerkt.«

»Das walte Gott.«

»Sehen Sie. Da muss sich jeder selbst überlegen, ob und wie lange er die Zähne zusammenbeißt. Und nun heben Sie Ihren Popo hoch und schwenken Sie ihn nach rechts.«

»Schwenken«, sagt mein Vater. »Wir sind doch nicht am Grill.«

An dem Tag, an dem im Pekinger »Vogelnest« das Olympische Feuer erlischt, schiebt er mit gebeugtem Rücken den Rollator über den Parkweg am Krankenhaus. Er geht. Die Rosen duften, und als ich ihm behilflich sein möchte, die Gehhilfe eine Treppe hinunterzutragen, weist er mich zurück. Am Morgen ist er bereits ohne Hilfe in die Krankenhauskapelle zum Gottesdienst gelaufen, er besucht sonst selten sonntags eine Kirche. Der Pfarrer hatte für seine Predigt einen Text aus dem Alten Testament gewählt. »Jesaja«, informiert mein Vater mich. Er hat aus der Kapelle den Programmzettel mitgenommen, den zieht er aus der Jackentasche. *Die auf den Herren harren, kriegen neue Kraft, dass sie auffahren mit Flügeln wie Adler, dass sie laufen und nicht matt werden, dass sie wandeln und nicht müde werden.* »Ich musste da so Tränchen drücken«, sagt er inmitten der duftenden Rosen. »Ich kenne das gar nicht von mir. Es geht auch nicht mehr weg.«

Meinen Arm schiebt er zur Seite. »Hör auf«, sagt er. »Das fördert den Wasserstrom noch.« Dann wischt er sich mit dem Jackenärmel über die Augen. Sein Lächeln gerät schief, als er mich wieder anblickt. »Nächstes Mal musst du Badelaken mitbringen«, sagt er. »Tempos reichen im Moment nicht aus.«

Acht

Bei der Rückkehr aus dem sowjetischen Untersuchungsgefängnis in Karlshorst fand Horst Thimm ein Päckchen
der Mutter vor. Sie hatte ihm eine Schreibmaschine geschenkt. Er sollte sich von seinen Zielen nicht abbringen
lassen. »Ich denke, es wird für Dich eine riesige Erleichterung sein, wenn Du Dir Deine Arbeiten nun selbst so
schreiben kannst, als immer alles mit der Hand zu erledigen«, ermutigte sie den Sohn in ihrem Brief. Sie kündigte
ihm außerdem ihren Besuch an, sie wollte sich so rasch
wie möglich selbst von seinem Wohlbefinden überzeugen.
»Sonnabend will ich mit den vier Hunden bei Dir über-
nachten. Nun weiter viel Glück Dir und sei herzlich ge-
grüßt von Deiner Mutter.«

Es war die erste mehrerer Schreibmaschinen, die der
Student in den darauffolgenden zwölf Monaten besitzen
würde. Diese würde er behalten, die anderen aber würde er
weiterverkaufen. Die Wochen in Karlshorst hatten ihn
darin bestärkt, den alten Plan umzusetzen. Er wollte für die
Mutter und den jüngeren Bruder ein Leben in Westberlin
vorbereiten. Er hatte alles genau durchdacht: Er würde die
begehrten Schreibmaschinen und optischen Geräte in Ostberlin kaufen und im Westteil der Stadt verkaufen – so
lange, bis der Gewinn für einen Neuanfang der Familie aus-
reichte. Und jene Ware, die er nicht sofort verkaufen
konnte, sollte nahe der Sektorengrenze in Kleinmachnow
bei einer Tante als Wertanlage lagern. Das Geld für den An-
kauf der Geräte konnte die Mutter aus dem Erlös der Hun-

dezucht beisteuern. Und er besaß noch seinen alten Personalausweis. Den brauchte er, denn in den staatlichen HO-Läden musste man sich beim Erwerb gesuchter Ware als Bürger der Deutschen Demokratischen Republik ausweisen. Ein Kontakt zu den Schwarzmarkthändlern im Westen würde sich anschließend leicht ergeben, da war er sicher. Sie liefen am Bahnhof Zoo herum und hatten ihn ohnehin schon mehrmals angesprochen.

Es wurde November, bis er das erste Fernglas in einem Geschäft der staatlichen Handelsorganisation erstand. Er hatte sich in den Wochen zuvor vor allem damit beschäftigen müssen, sein altes Leben wieder aufzunehmen. Er hatte sich bei Otto Suhr, dem sozialdemokratischen Präsidenten des Berliner Abgeordnetenhauses, um ein Praktikum beworben, er war zu Ämtern gelaufen, hatte Stempel gesammelt und sein Währungsstipendium erneuert, er arbeitete wieder bei »Telefoniere und Studenten machen alles« und hörte die Vorlesungen an der Hochschule für Politik. Die Professoren, bei denen er sich zurückmeldete, suchten in seinem Gesicht Anzeichen für Folter. Sie waren überrascht von den kargen Sätzen, in denen der Student von den Wochen in Karlshorst sprach. Doch Horst Thimm, der ohnehin älter war als die meisten Kommilitonen seines Semesters, hatte sich vorgenommen, nun sein Leben voranzutreiben.

So erstattete er nur den Mitarbeitern beim Amt für gesamtdeutsche Studentenfragen im Stadtteil Dahlem ausführlich Bericht. Sie nannten ihm eine Reihe von Namen, lauter inhaftierte Angehörige der Freien Universität. Ob er mehr über deren Verbleib wisse? Auch die Vertreter der Besatzungsmächte forderten ihn zu einem Gespräch auf. In der Maison de France, deren Leuchtreklamen nachts weit bis in die Stadt hinein für Zigaretten warben, drang eine laute Männerstimme durch eine Tür, während er im Flur auf die Unterredung wartete. Er verstand kein Wort, er sprach kein Französisch, doch der Ton, der Duktus, kamen ihm bekannt vor. Er fühlte sich plötzlich wie in Karlshorst. Es waren tatsächlich Angehörige des französischen Geheimdienstes, die ihn vorgeladen hatten. Sie boten ihm Cognac und Zigaretten und eine Mitarbeit als Informant. Die Amerikaner, einige Tage darauf, reichten Kaffee.

Beide Male verhielt der Student sich, als verstehe er das Ansinnen nicht. Er fühlte sich verpflichtet, den Offizieren von den Umständen seiner Verhaftung zu berichten; er hatte in Karlshorst selbst darauf gehofft, dass entlassene Häftlinge im Westen politischen Druck erzeugen könnten. Aber innerlich war er erbost, dass diese Abgesandten der demokratischen Besatzungsmächte ihm eine Tätigkeit verschaffen wollten, die in einem sibirischen Lager hätte enden können. Er wollte sich nicht als Agent betätigen. Er wollte weiterstudieren und die Familie, die ihm geblieben war, so schnell wie möglich in seiner Nähe wissen.

Am 24. August 1954, er war inzwischen dreiundzwanzig Jahre und vier Monate alt, wurde er dennoch verhaftet. Und die Verantwortung lag bei ihm.

Er hatte seine Mutter in einen Laden der staatlichen Handelsorganisation begleitet. Sie suchte seinen Rat, sie wollte ein Fernglas kaufen. Er hatte inzwischen vier Ferngläser, fünf Schreibmaschinen, zwei Kameras und diverse Objektive erworben und, wie geplant, auch wieder verkauft. Er hatte dafür nicht einmal einen Schieberring kontaktieren müssen. Ein Optiker in Westberlin nahm alles, was er ihm brachte. Das Geld hatte er für seine Mutter zurückgelegt und auch eine kostspielige Zahnbehandlung davon bezahlt, nach den Verhören in Karlshorst waren einige

Zähne beschädigt gewesen, und andere hatten vollständig gefehlt. Dieses Glas aber, das er nun aussuchte, wollte die Mutter selbst benutzen und dem Sohn, der gerne die Wasservögel am Wannsee beobachtete, manchmal ausleihen. Zwei Volkspolizisten hielten die beiden an, als sie den Laden verließen. Sie verlangten, das Fernglas zu sehen, und führten Mutter und Sohn in die »Abteilung Information« der Wache im Stadtteil Friedrichshain. Dort nahmen sie die Verdächtigten fest. Die beiden konnten nicht mehr miteinander sprechen. Sie bangten umeinander und um den jüngeren Bruder, der zu Hause in Eberswalde wartete, allein mit den Hunden und zwei Würfen gerade geborener Welpen.

»Ich rede nicht gerne über diese Zeit«, sagt mein Vater. Wir haben das Gespräch schon häufiger verschoben. Auch ich habe mich davor gedrückt, so wie ich die Kopien seiner Prozessunterlagen lange nicht anschaute. Ich hätte in Akte C 94245 längst entscheidende Momente jenes Sommers nachlesen können. *Staatsanwaltschaft von Groß-Berlin, Ermittlungssache, Strafsache* heißt es auf dem Deckblatt dieser Akte, die beim Bundesbeauftragten für die Unterlagen des Staatssicherheitsdienstes der ehemaligen Deutschen Demokratischen Republik archiviert ist. Dann folgen 91 Seiten. Mein Vater hatte den Antrag, seine Akte einzusehen, sollte denn eine existieren, schon bald nach seiner Pensionierung gestellt. Das Übermaß freier Zeit, mit dem er nur schwer umzugehen wusste, hatte ihn in die Vergangenheit geführt. Es dauerte vier Jahre, bis die Anfrage bearbeitet war, und er schickte mir noch in derselben Woche die Kopien. Ich legte sie zur Seite. Einmal nur fragte er nach. Und so beließen wir es.

»Es war im Grunde meine eigene Dämlichkeit, dass ich sechs Jahre meines Lebens vergeudet habe«, sagt er nun. »Ich hätte die Finger von den Geräten lassen sollen, die ich gekauft habe.«

Blatt 72. *Anklageschrift*!

Horst, Hubert, Werner Thimm wird angeklagt, in Berlin und Potsdam vom Januar 1953 bis März 1954 fortgesetzt Verstöße gegen die HSchVO begangen zu haben, indem er optische Geräte und Schreibmaschinen illegal aufkaufte und diese nach Westberlin verbrachte.

Beweismittel

1.) Geständnis des Beschuldigten

2.) HO-Rechnungen

3.) Fernschreiben d. Fa: Zeiss, Jena

Gründe: Auf der letzten durchgeführten Leipziger Messe hat sich gezeigt, dass unsere hochwertigen Präzisionsgeräte, insbesondere der optischen Geräte der Fa. Zeiss, Jena, bei den ausländischen und westdeutschen Käufern ausserordentlich begehrt sind. Durch den illegalen Aufkauf der optischen Geräte entsteht also ein unmittelbarer Schaden für unsere Wirtschaft. Alle diejenigen, die dazu beitragen, dass ein derartiger Schaden eintritt, müssen durch eine entsprechende Strafe belehrt werden, damit sie in Zukunft von ähnlichen Handlungen ablassen. Es wird beantragt, das Hauptverfahren zu eröffnen.

Er wusste, dass es strafbar war, ja. Man sprach darüber in Studentenkreisen, in denen es üblich war, möglichst billig in Ostberlin einzukaufen. Er kannte die Losung vom planmäßigen Aufbau des Sozialismus, auch die Parolen vom großen Feldzug gegen die zersetzerischen Kräfte des Landes kannte er. Doch er wusste nicht, dass die Käufer jener Produkte, die zu den raren Exportgütern der DDR zählten, in einer zentralen Liste vermerkt wurden. Und er hatte sich nie so gesehen – als zersetzerische Kraft.

Noch am Abend der Festnahme verhörten die Volkspolizisten in der Friedrichshainer Wache Mutter und Sohn. Auch Gertrud Thimm stand unter Verdacht, gegen das Gesetz zum Schutz des innerdeutschen Handels verstoßen zu haben.

Blatt drei. *1. Vernehmung einer Beschuldigten.*

Am heutigen Tag verließ ich gegen 07.30 Uhr Eberswalde, um mit meinem kranken Hund in die Klinik nach Düppel bei Machnow zu gehen. Gleichzeitig hatte ich die Absicht, ein Fernglas zu kaufen. Dieses Glas benötige ich, um festzustellen, ob mir ein Sowjetsoldat oder ein kasernierter Volkspolizist entgegenkommt. Meine Hunde greifen jeden Sowjetsoldaten an. Um Unheil zu verhüten, sehe ich immer durch ein Glas. Außerdem sind meine Hunde abgerichtete Jagdhunde, und ich verfolge sie damit bei den Jagden. Leider hatte ich bisher nur ein geborgtes Fernglas. Als ich heute nach Berlin kam, fuhr ich erst zu meinem Sohn Horst, um ihm seine geflickte Wäsche zu bringen. Ich erzählte ihm, daß ich ein Fernglas kaufen möchte. Er sagte zu, um 15.00 Uhr am Bahnhof Friedrichstraße auf mich zu warten. Nachdem wir von dort erst zur Chausseestraße fuhren und nichts bekamen, fuhren wir über den Alex zu HO-Foto-Optik in der Stalin-Allee. Wenn mir vorgehalten wird, dass diese Angaben alle sehr unglaubwürdig klingen, zumal mein Sohn wegen Verstoß gegen das Handelsschutzgesetz gesucht wird, muß ich sagen, daß ich die Wahrheit gesagt habe.

Gelesen, genehmigt und unterschrieben,
Gertrud Thimm

Blatt neun. *1. Vernehmung eines Beschuldigten.*

Horst Thimm streitet ab, bereits andere Ferngläser oder optisches Gerät erworben zu haben.

Blatt elf. *Vermerk.* Nachfrage beim zentralen Register bezüglich der illegalen Aktivitäten des Horst Thimm. Antwort: Horst Thimm hat zweiundzwanzig Aufkäufe in der Zeit vom 24. November 1953 bis 4. März 1954 in Läden der Staatlichen Handelsorganisation getätigt.

Blatt dreizehn. *2. Vernehmung eines Beschuldigten.*

Nachdem mir vorgehalten wurde, dass auf meinem Namen zahlreiche Ferngläser und Schreibmaschinen gekauft wurden, sage ich hiermit klipp und klar: Ich habe diese Dinger gekauft, weil ich Geld brauchte. Ich hätte ja bis zum Letzten streiten können, aber was hat das für einen Zweck! Die Sache ist geschehen, man kann sie nicht mehr rückgängig machen. Ich will auch sagen, dass ich die Sachen am Bahnhof Zoo verkaufte. Es ist ja bekannt, dass dort Schieberringe alles aufkaufen. Mein Verdienst per Stück bewegte sich zwischen 10.– und 20.– Westmark. Ich kann aber versichern, dass meine Mutter damit absolut nichts zu tun hat. Ich betone: Meine Mutter hat nichts damit zu tun. Ebenso wie von mir die Rechnungen gefunden wurden, müßten sie dann ja auch von meiner Mutter vorliegen.

Gelesen, genehmigt, unterschrieben Horst Thimm

Blatt 37. *Schlussbericht.* Die Staatsanwältin lässt den Haftbefehl gegen Gertrud Thimm nach neunzehn Tagen aus Mangel an Beweisen aufheben. Das Verfahren gegen sie wird eingestellt und das asservierte Fernglas ausgehändigt.

Blatt 38. *Wesentliches Ermittlungsergebnis.*

Wenn der Beschuldigte Horst Thimm auch angibt, dass er sich einen Nebenverdienst verschaffen wollte, so dürfte dieses nicht der alleinige Grund seiner Aufkäufe gewesen sein. Er als Republikflüchtiger und als Student der »Politik« in West-berlin hatte nicht nur den Nebenverdienst dabei gesehen, sondern er wollte mit seinen vielen Aufkäufen die Durchführung der Wirtschaftsplanung bzw. die Versorgung der Bevölkerung gefährden. Man kann sagen, dass seine Aufkäufe aufgrund seiner antidemokratischen Einstellung heraus getätigt wurden.

Als der Oberkommissar der Volkspolizei dies so festgestellt hatte, wurde der Student eingesperrt. Die Haftanstalt Rummelsburg, in der Horst Thimm auf das Urteil über seine Zukunft wartete, lag an einer Bucht der Spree. In der Kaiserzeit hatten Bettler in dem Gemäuer Strafarbeit verrichten müssen, die Nationalsozialisten hatten Homosexuelle und Suchtkranke darin eingeschlossen. Heute heißt das Gelände »Berlin Campus«, und ein Immobilienanbieter nennt es ein »einzigartiges Baudenkmal«, ein »Gesamtkunstwerk aus lachsrosa Backstein, blauem Wasser und Berliner Luft … natürlich mit höchstem Wohnkomfort.«

Als es noch brach lag, war mir das Areal vertraut. Ich lebte eine Zeitlang in Berlin, und der Weg entlang der Bucht gehörte zu meiner Laufstrecke. Er führte mich auch an der Kirche vorbei, deren Turm mein Vater durch das hochgelegene Fenster seiner Zelle erblickt hatte. Ich wusste das damals nicht. Als ich ihn aber später fragte, ob er mir auf dem Gelände die damaligen Gegebenheiten erklären könne, lehnte er ab.

Er war jahrelang ein Häftling der DDR gewesen, er blieb

es lebenslänglich. Er mied, was die Erinnerung wiederbeleben könnte.

Einmal nur machte er eine Ausnahme. An einem Sommerwochenende in den frühen achtziger Jahren besuchten uns am Rhein zwei Ehepaare. Die Männer umarmten einander und strahlten; sie begrüßten auch uns Kinder freundlich, und bald saßen wir miteinander auf der Terrasse inmitten von Goldregen und Geranien. Die Gäste bewunderten den Blick hinüber in die grünen Höhenzüge der Eifel, dann wandten die Frauen sich meiner Mutter zu und lobten Kuchen und Kaffee und erzählten von Töchtern, Söhnen, Nichten und Neffen. Die Männer aber sprachen von Wärtern, Knasteintöpfen und dem Schicksal anderer, und ab und an lachten sie mit der wehmütigen Heiterkeit Davongekommener. Wir Kinder spürten, dass dies ein besonderer Tag war, auch für meine Mutter, die gekocht, gebraten und gebacken hatte. Es war ein schöner Tag, getragen von Erleichterung. Er blieb einmalig. Und ebenso wenig, wie mein Vater mit uns vorher über jene Männer gesprochen hatte, sprachen wir anschließend mit ihm über sie.

»Sie waren damals mit mir in Brandenburg«, hatte er sie angekündigt.

»Nun habt ihr zwei wichtige Menschen aus meiner Brandenburger Zeit kennengelernt«, sagte er, als sie sich verabschiedet hatten.

»Brandenburg«, sagte er und meinte damit eines der meistgefürchteten Gefängnisse der DDR. Brandenburg hatte Rummelsburg abgelöst, später, als das Urteil über seine Zukunft längst gefällt war. Aber wir fragten nicht nach an diesem Sommertag.

In Rummelsburg saß er an manchen Tagen allein in einer Zelle, an anderen galt für ihn Gemeinschaftshaft. Dann teilten neunzehn Gefangene einen Raum. Es waren Diebe und Einbrecher darunter, und auch die Fahrer einer Ostberliner Brotfabrik, die mehr Laibe auf ihre Wagen geladen als an den Verkaufsstellen abgegeben hatten. Neunzehn Menschen, die auf ein Gerichtsverfahren warteten, die wussten, dass ihnen hohe Strafen drohten. In einer überbelegten Zelle.

Zuweilen brüllten sie einander an und schlugen zu. Dann erschienen Wachmänner, und setzten die Gefangenen ihr Gebrüll dennoch fort, schlugen auch diese Wachmänner zu. Morgens, mittags, abends Verpflegung; zum Frühstück trockenes Brot und ein Kaffeeverschnitt, gegen zwölf ein warmes Gericht, am Abend eine Teemischung und belegte Brote. Kein Hoffreigang. Die Luft strömte durch das vergitterte Fenster. An manchen Tagen wurde einer von ihnen zum Stadtgericht abtransportiert. Traf er anschließend noch einmal auf die Zellengenossen, raunte er ihnen das Strafmaß zu. Zwei Jahre. Lebenslänglich. Sieben Jahre. Fünfundzwanzig Jahre. Nach allem, was Horst Thimm gehört hatte, rechnete er mit drei Jahren. Er versuchte in jenen Wochen, die Zeit zu verbringen. Verbringen im Sinne von: Na, wenn es doch bloß mal zu Ende wäre.

Zwischendurch meldete sich eine Pflichtverteidigerin und stellte ihm ihre Argumente vor: Seine Jugend, seine Armut, das teure Studium, die korrumpierende Umgebung in Westberlin, die skrupellosen Zwischenhändler. Der Student korrigierte sie nicht. Niemand sollte auf die Idee kommen, er habe die Übersiedlung der Mutter vorbereiten wollen. Als der Gerichtstermin feststand, besuchte die Anwältin ihn erneut. Sie schlug vor, die Urteilsfindung mit neuen Einwänden zu verzögern. Doch der junge Mann wollte einen Schlussstrich unter das Verfahren ziehen. Er wusste, dass die Mutter aus der Untersuchungshaft entlassen worden war. Sie sollte ihr bisheriges Leben fortsetzen und sich in Eberswalde um den jüngeren Bruder und die Hunde kümmern können. Nun, da sich der große Plan für eine Zukunft im Westen zerschlagen hatte, sicherten die Cockerspaniel allen Lebensunterhalt.

Acht Wochen nach der Festnahme brachte ein Gefangenentransporter den Angeklagten von der Haftanstalt Rummelsburg zum Stadtbezirksgericht Prenzlauer Berg. Horst Thimm stand aufrecht und still in der Transportzelle der Grünen Minna an jenem 19. Oktober 1954, einmal nur klopfte er laut an die Tür. Einer der Begleitpolizisten ließ ihn dann die Toilettenzelle des Wagens benutzen, doch auch danach beruhigte sich der Magen nicht. Vergeblich mühte sich der Häftling, durch die Luftlöcher im Dach einen Blick auf Berlin einzufangen. Er suchte Ablenkung. Er hatte Angst. Und er fürchtete, dort, wohin er fuhr, seine Prinzipien zu verraten.

Im Stadtbezirksgericht übernahmen drei Polizisten den Gefangenen. Sie führten ihn in eine Wartezelle und postierten sich vor der Tür. Schließlich rief ein Saaldiener den Tagesordnungspunkt auf, bei dem die Deutsche Demokratische Republik über Horst Hubert Werner Thimm urteilte. Das Verfahren war öffentlich. Mit dem üblen Treiben der Wirtschaftsverbrecher ließen sich alle Versorgungsmängel im Land besser erklären als mit jeder Parole. Auch die Mutter saß unter den Zuhörern. Er blickte sie nicht an. Er wollte sie nicht erneut in Gefahr bringen.

Auf der Holzbank drang die Anklage des Staatsanwalts an seine Ohren. Der Herr des Ermittlungsverfahrens stufte ihn, Horst Hubert Werner Thimm, den Studenten der Politikwissenschaft, als Gegner sozialistischer Institutionen ein. Er nannte die Hochschule ein »amerikanisches Agenteninstitut«, er bemängelte die fehlende Kooperation des Häftlings während der Vernehmungen, er stellte seinen Antrag.

Sieben Jahre.

Die Pflichtverteidigerin ergriff das Wort. Dann urteilte der Richter.

Blatt 72. *IM NAMEN DES VOLKES. Der Angeklagte wird wegen fortgesetzten, gewerbsmässig begangenen Verstosses gegen die Bestimmungen zum Schutze des innerdeutschen Handels zu einer Zuchthausstrafe von 6 – sechs – Jahren und zur Vermögenseinziehung verurteilt. Die erlittene Untersuchungshaft wird auf die erkannte Freiheitsstrafe angerechnet. Die Kosten des Verfahrens trägt der Angeklagte.*

Gründe: Der Angeklagte hat unter Umgehung der dazu berufenen Handelsorgane illegal optische Geräte und Schreibmaschinen nach Westberlin verbracht und, da es sich um eine grössere Menge hochwertiger Geräte handelte, dadurch einen Angriff gegen den legalen innerdeutschen Handel verübt. Da er regelmässig einen Revers unterschreiben musste, die gekauften Geräte nicht nach dem Westen zu verbringen oder an Bewohner des Westens abzugeben, war er sich von Anfang an der Strafbarkeit seines Verhaltens in vollem Masse bewusst. Seine Reineinnahmen müssen sich insgesamt auf 500 – 600 Westmark belaufen haben. Der Angeklagte hat dem Aufbau unserer Friedenswirtschaft schweren Schaden zugefügt. Gerade die optischen Geräte sowie auch die Schreibmaschinen sind wegen ihrer hohen Qualität und ihrer allgemeinen Wertschätzung Gegenstand unserer meisten Handelsverträge, und ihr legaler Export ermöglicht es der Deutschen Demokratischen Republik, Rohstoffe sowie Nah-

rungs- und Genussmittel als Gegenwert zu importieren. Dadurch, dass Westberliner Schieberringe diese hochwertigen Industrieerzeugnisse unter Ausnutzung des künstlich hoch gehaltenen Währungsgefälles billig an sich bringen und in Westdeutschland und im kapitalistischen Ausland auf den Markt werfen, wird unserem Export in empfindlicher Weise die Grundlage entzogen.

Der Angeklagte, der sich gerade mit Fragen der Politik und Wirtschaft eingehend befasst, war sich zweifellos auch über die ökonomischen Folgen seines Tuns in vollem Masse im Klaren. Überdies darf nicht ausser acht gelassen werden, dass der Angeklagte durch seine Schiebertätigkeit auch die allgemeine Arbeitsmoral untergraben hat, da die bewusste Unterstützung des Schieberringes in Westberlin u. a. auch zur Folge hat, dass sich immer mehr Menschen dem Schieben zuwenden, anstatt sich einer produktiven Arbeit zu widmen.

Es bestand der dringende Verdacht, dass der Angeklagte seine Schiebertätigkeit aus bewusster Gegnerschaft gegen unsere Ordnung begangen hat, da er ohne jede Veranlassung nach Westberlin gegangen ist, da er gerade eine Hochschule besucht, die ein Sammelbecken anti-demokratischer Menschen darstellt und da er sogar am 17. Juni 1953, anlässlich des faschistischen Putschversuches, am Haus der Ministerien festgenommen und in Haft gehalten werden musste.

Mit Rücksicht darauf, dass ihn eine gewisse wirtschaftliche Bedrängnis und die allgemeine in Westberlin herrschende Korruption auf den Weg des Verbrechens gedrängt hat, erachtet das Gericht die von der Staatsanwaltschaft beantragte Strafe von 7 Jahren Zuchthaus als überhöht und erkannte auf eine Freiheitsstrafe von 6 Jahren Zuchthaus. Diese Strafe ist aber auch erforderlich, um der Schwere des Verbrechens in objektiver Hinsicht und der Grösse der Schuld des Angeklag-

ten gerecht zu werden. Gerade von einem Studenten muss ein Verhalten verlangt werden, das mit den Interessen der Allgemeinheit, auf deren Kosten er studiert, im Einklang steht. Deshalb konnte es bei der gesetzlich vorgeschriebenen Mindeststrafe von 5 Jahren Zuchthaus nicht sein Bewenden haben.

Mein Vater erinnert sich nicht an das Gefühl dieses Moments. Er weiß noch, dass er es für sonderbar hielt, nun eine höhere Strafe abbüßen zu müssen als ein Dieb. Er fand es auch unlogisch, dass der Ostberliner Richter argumentierte, er verstoße gegen die Interessen der Allgemeinheit, auf deren Kosten er studiere. Er studierte ja nicht im Osten, sondern in Westberlin. Sekundenlang überlegte er, ob ihm Unrecht widerfahre, dann beschloss er, nicht in dieser Kategorie zu denken. Nach den Gesetzen der DDR war ihm Recht geschehen, auch wenn er diese Gesetze für ungerecht hielt.

Er wollte sie nicht anerkennen – also konnten sie ihm auch kein Unrecht antun, das ihn beschädigen würde. Er baute, um sich zu schützen, jeden Tag an diesem Gedankengerüst. Er erinnerte sich an die Flucht aus Masuren, an die Aufräumarbeiten am Kloster Chorin, an die Hamsterfahrten; er sagte sich, dass er diese sechs Jahre nun auch noch überstehen könne. Er hielt es inzwischen für nichts Besonderes mehr, etwas leisten zu müssen, um weiterzuleben. Und in jenem Moment, in dem sich der Gedanke an die Strafe trotz allem wie ein Albtraum auszubreiten drohte, hoffte er auf den Untergang der DDR. Dass dieses System noch lange bestehen könne, konnte er sich nicht vorstellen.

Die Mauer fiel fünfunddreißig Jahre später. Der Vorsitzende Richter des Strafsenats 2 a starb als Gegner des Systems, in dessen Namen er auch über den Studenten Thimm geurteilt hatte. Noch in der DDR war er selbst mit dem Regime in Konflikt geraten, weil er das herrschende Rechtsverständnis in Frage gestellt hatte. Nach der Wiedervereinigung sagte er, mittlerweile 91 Jahre alt, in einem Prozess gegen Richter und Staatsanwälte der DDR aus. Im Gerichtssaal noch setzte sein Herz aus. Die Sachbearbeiterin, die ihm am Stadtbezirksgericht Prenzlauer Berg im Fall des Studenten Thimm assistiert hatte, aber feierte ihren hundertsten Geburtstag in einem Ostberliner Altenheim. Zu ihren Ehrengästen zählten ehemals aktive Mitglieder der SED, die sich mittlerweile der Partei Die Linke zugehörig fühlen.

An den 9. November 1989 erinnere ich mich vage. Der Mauerfall überraschte mich, meine ich, in Frankreich. Es muss so gewesen sein, denn ich besuchte im Spätherbst häufig Freunde in den Cevennen. Sie lebten in einem Dorf wie aus einer Erzählung. Morgens hupte der Bäcker, und beim ersten Ton griffen die Dorfbewohnerinnen ihre Portemonnaies und liefen aus den Steinhäusern, während der Mann einen baguettesbeladenen Citroën unter den Platanen auf dem Dorfplatz parkte. Nachmittags saßen zahnlose Großväter hinter Gläsern mit Pastis auf diesem Platz, oder sie spielten Boule, das im Provenzalischen Pétanque heißt und das sie Petanke aussprachen. Es gab kein Geschäft in diesem Dorf, und es gab keinen Fernsehapparat bei den Freunden. Meist war das Wetter freundlich, und wir wanderten am Ufer des Lac du Salagou und kauften Roséwein in den Kellern der Winzergenossenschaften. Sie zeigten mir Rezepte für eine Bouillabaisse, und ich bereitete deutschen Apfelkuchen. So hielten wir es meistens, wenn ich sie besuchte.

Ob ich es denn gehört habe, muss die Freundin mich an einem dieser Tage im November 1989 gefragt haben, als sie von dem entlegenen Supermarkt zurückkam, in dem sie zweimal im Monat die grundsätzlichen Dinge besorgte. Ich hatte nichts gehört. Mobiltelefone und Mailadressen zählten noch nicht zur Standardausstattung von Studenten. »Le mur est tombé!«, sagte die Freundin.

Natürlich hatte ich die Geschehnisse in der DDR in den Wochen zuvor verfolgt. Doch mein Studium, gerade einmal zwei Semester alt, nahm mich stärker in Beschlag als die deutsche Revolution. Die Tage waren bestimmt von vulgärlateinischen Lautverschiebungen, europäischen Verpackungsvorschriften, den Regeln wissenschaftlichen Zitierens und der Bedeutung des Doppelpunkts im deutschfranzösischen Übersetzungsvergleich. Die Lehrveranstaltungen kamen mir vor wie Teile eines Riesenpuzzles, von dessen künftigem Aussehen ich keine Vorstellung hatte. Es erging mir wie vielen Bonner Studenten. Wir suchten Zimmer in Wohngemeinschaften, wir probierten das Essen in der Mensa, wir beschäftigten uns mit Studienordnungen, wir wiesen das Große Latinum nach, wir lagen auf der Hofgartenwiese. Und ab und an blickten wir in den Osten, von wo aus uns ein neues Wort erreicht hatte, das wir in unseren Sprachgebrauch aufnahmen wie multikulturell, das andere neue Wort jener Zeit.

Montagsdemonstration.

Jeder hatte eine Meinung zu diesen Montagsdemonstrationen, doch die Frage, ob man auf den Fußnotenapparat zugunsten von Quellenangaben in runden Klammern verzichten könne, war im Zweifel wichtiger. Ich habe keinen Dozenten erlebt, der die Ereignisse jener Wochen zum Anlass für eine Diskussion über die Aktualität genommen hätte.

Der Osten bot ein fernes Schauspiel. Die Reporter in den Fernsehnachrichten berichteten über Städte, deren Namen vielen wenig bedeuteten. Halle an der Saale. Karl-Marx-Stadt. Plauen, Rostock, Magdeburg. Woche für Woche riefen dort nun Männer und Frauen: »Wir sind das Volk!«

Auch in anderen Staaten des Warschauer Pakts schien wahr zu werden, was der sowjetische Generalsekretär Michail Gorbatschow bald nach seinem Amtsantritt unermüdlich anmahnte: Glasnost und Perestroika, Offenheit und Umgestaltung. In der Nacht zum 11. September öffnete die ungarische Regierung die Grenze zu Österreich. Am 30. September trat Bundesaußenminister Hans-Dietrich Genscher in Prag auf den Balkon der deutschen Botschaft, und die Männer, Frauen und Kinder, die aus der Deutschen Demokratischen Republik in diese Vertretung des Westens geflohen waren, durften in die Bundesrepublik ausreisen. Am 7. Oktober, während die Parteifunktionäre der SED noch den vierzigsten Jahrestag der Staatsgründung zelebrierten, demonstrierten bereits Zehntausende auf den Straßen der DDR.

So sah es aus, als ich mich aufmachte, die deutsch-französische Freundschaft in einem Cevennendorf zu pflegen. Die Bilder von den Menschen auf der Mauer, von den Trabis, den regungslosen Grenzsoldaten, den Wunderkerzen im Himmel über Berlin, den Deutschlandfahnen, die so viele mit einem Mal so ungehemmt schwenkten, sah ich erst in den Jahresrückblicken von ARD und ZDF. Und fand es nicht einmal merkwürdig, dass ich diesen Moment, irgendwo tief im Westen, verpasst hatte.

Auch die offizielle Wiedervereinigung elf Monate später erlebte ich in Frankreich. Und wieder war ich ohne Fernsehapparat. Ich bewohnte inzwischen ein Zimmer in Paris.

220

Es war mein erster Aufenthalt in dieser Stadt, und die Sehnsüchte jedweder Parisreisender hatten sich in meinem Kopf festgeschrieben. Montmartre, Versailles, das Café de Flore, der Jardin du Luxembourg. Baguette und Wein, die Liebe und das süße Leben. Ich hatte ein klares Bild von den Dingen, die ich während meines Studienjahrs in Paris anzutreffen gedachte. Natürlich kam es anders.

Die Chambre de Bonne, die ich bewohnte, lag an einem der Boulevards am Park von Vincennes. Studentenunterkünfte waren knapp und Wohngemeinschaften kaum verbreitet, es war nicht leicht gewesen, diese acht Quadratmeter zu finden, die im Monat eintausendfünfhundert französische Francs Mietzins kosteten. Die Summe entsprach genau dem Stipendium. Mein Bruder hatte mir beim Renovieren des ehemaligen Dienstmädchenzimmers geholfen, mein Vater anschließend einen kleinen Anhänger voll Umzugsgut gebracht. Als sie abgereist waren, verirrte sich lange niemand mehr zu mir ins Dachgeschoss. Es lebte auch keiner in diesem Haus, bei dem ich mich hätte einladen können: Bonjour, ich komme aus Deutschland, ich studiere Politikwissenschaft und Geschichte, und wir haben Wiedervereinigung. Darf ich einmal Ihren Fernsehapparat benutzen? Undenkbar. Nicht nur, weil der nationale Rausch des einstigen Erbfeinds vielen Franzosen unheimlich erschien. Ich gehörte, genauso wie die portugiesische Concierge und ihre vier Kinder in der Pförtnerwohnung, nicht in die Hausgemeinschaft. Mein Platz war unterm Dach. Es dauerte ein paar Tage, bevor ich es verstand. Auf das Klassenbewusstsein der bürgerlichen Zirkel in Paris war ich so wenig gefasst wie auf die Unnahbarkeit, mit der sich die gewaltige Zentrale meines Urlaubslandes denen präsentierte, die nicht als Touristen kamen. So begegnete ich dem deutschen

Taumel erneut erst in den Sendungen der Rückblicke, zur Weihnachtszeit, zu Hause.

Die Menschenmassen am Brandenburger Tor, wo ich als Kind nur ferne Punkte gesichtet hatte, berührten mich in diesen letzten Tagen des Jahres 1990. Und doch fuhr ich viel später erst nach Berlin. Ich übernachtete bei Freunden, die mehr Pioniergeist gezeigt hatten; sie lebten längst in Prenzlauer Berg, und in ihren Räumen standen Öfen, die sie mit Braunkohle beheizten. Es lag der typische Geruch der DDR in diesen neuen Wohnungen der Kinder des Westens. Da erst grämte ich mich. Ich fand mich merkwürdig und meine Chance vertan. Tagelang noch trug ich den Braunkohlegeruch in der Jacke, und dachte, dass ich diesen Momenten, die schon historisch waren, während sie geschahen, mehr Aufmerksamkeit hätte schenken sollen.

Die Währungsunion immerhin hatte ich in Deutschland erlebt, die letzten Tage davor sogar in Mecklenburg-Vorpommern. Im Sommer 1990 musste ich wegen eines Termins nach Hamburg reisen. Dort hatte mich endlich die Neugierde auf die neue nahe DDR überfallen.

Mein Ziel war ein Badesee und an dessen Ufer ein Backsteinkloster. Die Kontrolleure an der Grenze blickten kaum auf meinen Pass, dann holperte das Auto über gepflasterte Dorfstraßen durch wunderschöne Landschaft und alte Alleen. Der Lindenbaum neben der Kirche war mit einer Holzbank umzimmert, der Kuchen beim Bäcker mit dicken Streuseln belegt, überall hatten die Bewohner Bauerngärten angelegt, und zwischen grauen Giebeln leuchtete neuer Anstrich. Ein Warenhaus lag auch an diesem See. Im Schaufenster standen links, ausgezeichnet in Ostmark, Asco Cola, Bautz'ner Senf, Tempolinsen, Goldbrand und Florena Creme. Rechts waren, versehen mit den neuen Preisen, Kukident, Niveacreme, Maggi, Schwartau Extra, Coca-Cola und Bac-Deostifte aufgebaut. »Ab 1. Juli« kündete ein Schild auf der einen Schaufensterseite. »Bis 1. Juli« auf der anderen. Es war ein Ausflug in ein fernes Land.

Auch ein Auftritt Willy Brandts gehört zu meinen Erinnerungen jenes Sommers. Er war, ein alter Mann schon, aus Unkel in das Audimax der Bonner Universität gekommen und hatte bei den Studenten mit seiner schnarrenden Stimme für die deutsche Einheit geworben.

Unkel, vierundzwanzig Kilometer nahe der Bundeshauptstadt am Rheinufer gelegen, war in der Bonner Republik bekannt für Rotweinberge, Rotbäckchensaft und, amerikanisch ausgesprochen, seinen »Unkel Willy«. Der Politiker hatte sich im Ort ein Haus gekauft. Er fuhr wie alle Einwohner bei Hochwasser mit dem Feuerwehrboot zum Bahnhof, und im Rathaussaal, dort, wo das Kruzifix im Herrgottswinkel hängt, heiratete er seine dritte Frau.

Unkel Willy hatte meine Schulzeit begleitet. Es kamen viele Jungen und Mädchen in meiner Jahrgangsstufe aus dem Ort mit dem Rotbäckchensaft. Sie hielten ihren Nobelpreisträger hoch wie die Rhöndorfer ihren Lokalhelden Konrad. Ex-Bundeskanzler gegen Ex-Bundeskanzler: Wusste ein Unkeler zu berichten, dass Willy Brandt seiner Frau auf dem Stadtfest eine Rose überreicht hatte, konterten sogleich beredt die Anhänger Adenauers: Dass der Alte immer wieder das schwüle Rheinland verlassen hatte, auf nach Cadenabbia, das so luftig am Comer See gelegen sei. Sie redeten über die klimatischen Bedingungen, als reisten sie selbst jedes Jahr in den italienischen Ort. Auch der Streit zwischen Adenauer und dem Rhöndorfer Brötchenbäcker zählte zu den Anekdoten seiner Fans. Der Alte könne ihn am Arsch lecken, hatte der Bäcker dem Kanzler ausrichten lassen, als der seinen Plan vereitelte, eine Seilbahn zum Drachenfels in Auftrag zu geben. Aus Gründen des Naturschutzes, hatte Adenauer erklärt. Weil er nicht wollte, dass ihm Touristen in den Rosengarten gucken, hielt sich hartnäckig das Gerücht.

Obgleich längst verstorben, lebte der erste Kanzler der Republik in unserer Kleinstadt fort. Ein unverheiratetes Fräulein mit Doktortitel und einer Vorliebe für mangoblütenversetzten Earl-Grey-Tee verantwortete die Führungen in seinem Wohnhaus. Sie beherrschte bis in ihr hohes Alter die offizielle Rhöndorfer Geschichtsschreibung. Sie überprüfte nicht nur, ob die Hausfrauen und Schülerinnen, die sie als Besucherführerin auswählte, genügend über internationale Abkommen oder Adenauers Schreibtischdosen zu berichten wussten, sie kontrollierte auch deren Anstand. Penibel achtete Fräulein Dr. Anneliese Poppinga darauf, dass jeder Rock die Knie bedeckte. »*Eine betonte Lässigkeit und Nonchalance sind ebenso deplatziert wie der Versuch, durch aufgesetztes theatralisches und übertriebenes Pathos der Bedeutung der Gedenkstätte entsprechen zu wollen.*« *Leitfaden für Besucherführer, Punkt III.4.*

Wir lebten in jenen Orten rund um Bonn in einer unwiederbringlichen Mischung aus Kleinstadt und dem Flair großer Politik. Mit welcher Hingabe selbst junge Menschen sie verteidigten, bekam Willy Brandt im Bonner Audimax zu spüren. Gleich mehrere Studenten stellten ihn zur Rede. Sie warfen ihm vor, er habe sie mit seinem berühmten Satz verraten: Wie er eigentlich darauf komme, dass zusammengehöre, was da zusammenwachsen solle? Der alte Mann, der ehemalige Kanzler, der große Ostpolitiker reagierte erst verwirrt und schließlich ärgerlich. Als begreife er nicht, welch Geistes Kind so denken könne.

Es stritten damals bereits die ersten Bonner Bürger für den Verbleib der Regierung in der Stadt. Und einige Rheinländer wären am liebsten wohl auch unter sich geblieben. Natürlich klagte niemand lauthals über den Fall der Mauer, und den Besuch des sowjetischen Parteichefs Michail Gorbatschow im Juni 1989 hatten Tausende gefeiert. Sie waren auf den Bonner Marktplatz gedrängt, als der russische Gast in das Goldene Buch der Stadt schrieb und anschließend Heinrich Sebastian Schilling auf den Arm nahm, einen kleinen Jungen aus der Menge. Das Bild vom mächtigen, menschlichen Kremlherrscher rührte viele, und Gorbatschows Politik empfanden sie als Gipfel der Modernität. Aber die Idee einer Wiedervereinigung, gar mit Berlin als Hauptstadt? Lautstark formierte sich eine Macht am Rhein: Rückwärtsgewandt! Überholt! Großmannssüchtig!

Es war eine merkwürdige Gemengelage. Plötzlich warf mein Vater mir Provinzialität vor, weil ich nicht aus vollem Herzen für Berlin stritt. Plötzlich zogen Menschen wie Willy Brandt und Helmut Kohl an einem Strang: eine Ikone der Sozialdemokratie – und ein Politiker der CDU, der so gerne am Wolfgangsee die Tiere streichelte und im Kanzlerbungalow Bauhausmöbel gegen Polsterstühle austauschen ließ.

Keine zwei Jahre hatten die politischen Journalisten in unserem Ort ihm beim Amtsantritt eingeräumt. »Der ist bestimmt bald wieder weg«, hatte auch mein Vater gesagt, als die Bundestagsabgeordneten Helmut Kohl den Weg bereitet und die Kanzlerschaft Helmut Schmidts im Oktober 1982 mit einem konstruktiven Misstrauensvotum beendet hatten. Am Tag des Rücktritts hatten wir auf der Couch im Gästezimmer gesessen, wohin meine Mutter den Fernseher aus pädagogischen Gründen verbannt hatte. Mein Vater hatte über die Wendehälse von der FDP geschimpft, und meine Mutter, als Hallenserin qua Geburt eine Anhängerin des Hallensers Hans-Dietrich Genscher, hatte in einem fort wiederholt, was für ein beeindruckender Mann doch Helmut Schmidt sei.

Helmut Kohl blieb trotzdem ziemlich lange Bundeskanzler. Er und sein Schlagwort von der geistig-moralischen Wende wurden einer ganzen Generation zum Synonym für dieses Amt. Er überdauerte den Einzug der Grünen in den Bundestag und die Wahl des ersten bekennenden homosexuellen Abgeordneten, die Demonstrationen gegen das Kernkraftwerk Brokdorf und gegen die geplante Wiederaufarbeitungsanlage Wackersdorf, die Explosion im Kernkraftwerk von Tschernobyl, und die Angst, auch meine Angst.

In jeder Zeitung jenes unglückschweren Frühlings 1986 war von radioaktiv verseuchtem Grundwasser zu lesen, von radioaktiv verseuchter Milch und radioaktiv verseuchten Blaubeeren. Wir mieden jeden Regentropfen. Wir tranken H-Milch, die vor dem Nuklearunfall abgepackt worden war, es wurden Spielplätze gesperrt und Molkewaggons auf einem Bundeswehrgelände zwischengelagert. Die Katastrophe schien allen Warnungen der Grünen Recht zu geben. Der Kanzler ließ ein Ministerium für Umwelt, Naturschutz und Reaktorsicherheit errichten. Und überdauerte.

»Starr nicht so hin«, ermahnte mich meine Mutter, als er gerade einmal zwei Meter von uns entfernt am Nachbartisch saß, umgeben von Leibwächtern in dunklen Anzügen. Er aß häufiger in dem Rhöndorfer Restaurant, das wir zu hohen Familientagen aufsuchten, und immer parkte dann ein großes dunkles glänzendes Auto mitten auf dem Bürgersteig. Es war sehr eng an dieser Stelle, und eigentlich war es undenkbar, dort einen Wagen abzustellen. »Katja!«, rief

226

auch mein Vater mich zur Ordnung. »Du musst ihm nicht auch noch den Gefallen tun, sich wichtig zu nehmen.«

Und nun wurde dieser Mann, der all das verkörperte, was selbst in der Bonner Provinz provinziell erschien, zur Politikerlegende. Der Vollender der Deutschen Einheit. Der Mann mit dem Mantel der Geschichte. Undenkbar. Doch auch Unkel Willy erschien mir in den Jahren der Wende in neuem Licht. Dass seine Politik der kleinen Schritte seit jeher die Wiedervereinigung hatte vorbereiten sollen, gehört zu jenen Wahrheiten, die sich erst im Nachhinein erschließen.

Als mein Jahr in Paris zu Ende ging, mochte ich mein Land. Meine Zuneigung überraschte mich, und das Eingeständnis fiel mir schwer. Es kam mir vor wie Nationalbewusstsein. Nationalbewusstsein aber war für mich, nach diesem Krieg und den Verbrechen, die Deutschland über die Welt gebracht hatte, ebenso abwegig wie Heimatsinn. Nationalbewusstsein und Heimatsinn waren eine Spielart von Nationalismus. Wir hatten in den Jugendgruppen Collagen gegen Nationalismus angeklebt, als das Wort »Scheinasylant« modern wurde und in den Nachrichten von Gewalttaten gegen Ausländer zu hören war. Ich wollte dieses Land nicht mögen.

Nach der letzten Abiturprüfung hatte ich beschlossen: Ausland! Es schallte Michael Jacksons »Thriller« über den Schulhof, es klang nach großer weiter Welt. Ich wollte weg von den verklinkerten Einfamilienhäusern der Siebziger mit ihren Kellerbars und Schwimmbädern, weg von den Symbolen der Sattheit, mit denen die Generation meiner Eltern ihr Zeichen gesetzt hatte: angekommen!, so wie das Land in der westlichen Welt angekommen war. Die Frauen, die ihre Haare einmal in der Woche zu Betonfrisuren legen ließen. Die überbordenden Damen, die in spitztütigen Büstenhaltern zu Kaffeefahrten aufbrachen. Die Männer mit ihren dicken Bäuchen, kurzen Hosen und geschnürten schwarzen Straßenschuhen. Schrecklich selbstzufrieden hatte ich sie gefunden. Nun, nach zwölf Monaten, in denen um mich herum immerzu von großen Dingen die Rede gewesen war, von den Grands Projets und Grands Présidents, den Grands Vins, den Grandes Écoles und der Grande Nation, kam mir die Bundesrepublik fast zurückhaltend vor. Vor allem aber schätzte ich nun meine Muttersprache.

Paris war die erste Großstadt, in der ich lebte, und nicht nur die großbürgerlichen Hausbesitzer hatten mich verunsichert. Es war die Vergangenheit meines Landes, die mir Selbstvertrauen nahm. »Nazi« und »Heil Hitler« hatte man mir manchmal hinterhergerufen, als ich in Großbritannien Austauschschülerin gewesen war; meist grölten angetrunkene junge Männer von bulliger Statur, die zu unflätig wirkten, um einen ernsthaft verstörenden Eindruck zu hinterlassen. In Paris grölte niemand. Es sagte auch niemand etwas. Und dennoch meinte ich, die Skepsis zu fühlen, selbst in Momenten, in denen niemand skeptisch war. Es war die eigene Scham, die ich da spürte.

Schon während eines ersten Spaziergangs war ich zufällig ins Marais gelangt, in jenes Viertel am rechten Seineufer, in dem so viele Juden leben wie an keinem anderen Ort in Europa. Ich saß auf einer Bank an der Place des Vosges, bewunderte die vierhundert Jahre alten Stadtpaläste und Arkaden, die Heinrich IV. rund um den Platz hatte erbauen lassen; ich schlenderte durch die Gassen, vorbei an schiefen Handwerkerhäusern, Bürgervillen und Ordensrittersitzen, vorbei an der Synagoge und den Läden mit den Mohnstriezeln und Brezeln, denen das Großrabbinat von Paris ein Koscher-Zertifikat verliehen hatte. Aus einem der Tore trat eine Familie. Der Vater trug Hut und Schläfenlocken, die kleinen Jungen waren in weiße Hemden und schwarze Anzüge gekleidet, die Mädchen und die Mutter in dunkle Faltenröcke. Ich musste mich beherrschen, damit ich sie nicht anstarrte. Jahrelang war ich unterrichtet worden, in der Schule, zu Hause, an der Universität. Und doch war ich nie einem orthodoxen Juden begegnet, kannte die Vorschriften seines Glaubens so wenig wie die Unterschiede zwischen liberalem und orthodoxem Judentum. Bei diesem ersten Spaziergang im Marais begriff ich mehr über das Erbe des Nationalsozialismus als in allen Unterrichtsstunden. Es war die Beiläufigkeit dieser Szene, die mich am meisten berührte. Sie wäre in jeder deutschen Stadt undenkbar gewesen.

Anders als bei dem Ausflug nach Prag in Kindertagen wusste ich nun auch genau warum. Die Bilder aus den Konzentrationslagern, die ich gesehen hatte, waren unauslöschlich. Ich hatte gelernt, dass alle Deutschen eine Verantwortung wahrnehmen müssen, und ich wollte sie auch wahrnehmen. Nur wusste ich nicht wie. Es hatte uns niemand beigebracht, wie sie sich im Alltag eigentlich äußern sollte. »Zivilcourage!« war uns eingeschärft worden. Aber nicht jeder Moment bietet sich für Zivilcourage an. Ich hätte gerne mehr erfahren im Marais, doch mein Akzent, meine Nationalität bereiteten mir Unbehagen, Unsicherheit. So scheute ich davor zurück, mich zu erkennen zu geben. Selbst in den Supermärkten kaufte ich inmitten herrlicher Käsetheken wochenlang nur Abgepacktes aus dem Kühlregal, um bloß nichts sagen zu müssen.

Auch während der Übungen und Seminare an der Universität schwieg ich öfter, als ich sprach. Häufig war die Rolle Deutschlands in Europa ein Thema. Die Wiedervereinigung schien in Paris mehr Professoren und Studenten zu beschäftigen als in Bonn. »Le danger allemand«, die deutsche Gefahr, fand Platz in vielen Referaten. Manche Kommilitonen hatten die Idee vom grundsätzlich makelbehafteten und großmannsüchtigen deutschen Nationalcharakter entdeckt und nur geniale Kulturschaffende davon ausgeschlossen. Vor allem Komponisten zählten sie auf: Jean-Sébastien Bach, wie sie sagten, Jean Brahms, Schumann, Schubert. Ich saß im Hauptgebäude der erhabenen Sorbonne auf schweren Holzbänken im Schein von Milchglaslampen und sah das etwas anders, doch so nuanciert, wie es das Thema verlangte, vermochte ich die fremde Sprache nicht zu nutzen. In unzulänglichem Französisch Position zu beziehen erschien mir jämmerlich und wenig erfolgversprechend. So schwieg ich und sehnte mich nach meiner Muttersprache.

Die Verlorenheit wie die Geborgenheit, die Sprache bereithält, hat mir Paris vorgeführt. Es war, welche Ironie, dann mein Akzent, der mir eine Freundschaft schenkte. Ich war in einen Chor eingetreten, sie sangen Jean Bach und Jean Brahms dort, einen Satz nur hatte ich gesagt, da tippte mir die junge Französin, die Deutsch studierte, auf den Rücken. »T'es allemande?«, fragte sie. Sie lud mich ein und zeigte mir die Stadt, sie lieh mir ihren Blick und oft auch ihre Sprache. Irgendwann träumte ich von Paris, nachts, ich sprach Französisch in diesem Traum. Am nächsten Tag ging ich zur Käsetheke.

Die meisten Franzosen, die ich in diesem Jahr der Wiedervereinigung kennenlernte, haben mittlerweile Deutschland besucht. Sie waren in Berlin. In ihren Reiseführern

230

wird »bɛr'li:n« als die angesagteste, die coolste, die internationalste aller europäischen Städte gefeiert. Sie lieben die große Bühne und die große Besetzung: die Künstler, die Literaten, die Politiker und Politikdarsteller, die Pressesprecher, Lobbyisten, Parteigänger, Botschaftsangehörigen, Ministerialbeamten, Staatsbesucher, Journalisten, Touristen und Querdenker; die ganze große Wolke, die Berlin nun wieder ist. Sie schätzen an der alten Hauptstadt, was ihre Eltern und Großeltern nie wieder in Deutschland finden wollten. Die Macht und Herrlichkeit der Metropole.

Anlage 2 steht auf dem zweiten Teil der Akte des Strafgefangenen Thimm, Horst, die bei der Behörde für die Unterlagen des Staatssicherheitsdienstes archiviert ist. Sie enthält die Zeugnisse seiner Gesundheit. Es sind wenige Krankenblätter, er muss ein robuster Häftling gewesen sein. Einige fieberhafte Infekte und Magenschmerzen. Ein entzündeter Rücken mit Abszessen und Fistelgängen. Nach der Therapie, einer vierwöchigen Schälkur im Haftkrankenhaus, empfahl der Arzt zur Weiterbehandlung Bettwäsche, später dann die Ausgabe von Keraminseife. Eine Mandeloperation zu Heiligabend. »Die Rückverlegung erfolgt frei von Ungeziefer und ansteckenden Krankheiten im Sammeltransport.«

Auch als Horst Thimm im Februar 1956 aus der Haftanstalt Rummelsburg in das Gefängnis in Brandenburg an der Havel umziehen musste, wurde er zunächst in die Krankenzelle eingeliefert. »Hochfieberhafter Infekt«, lautet der Eintrag in der Akte für diesen Tag. Er hatte sein Gesicht während des gesamten Transports an ein Luftloch gepresst. Er hatte unbedingt den Himmel sehen wollen.

Das Gefängnis in Brandenburg war zwischen 1927 und

1935 als sicherste Haftanstalt Europas errichtet worden. Eintausendachthundert Gegner des Nationalsozialismus waren auf dem Gelände hingerichtet worden. Auch Erich Honecker hatte als kommunistischer Widerstandskämpfer acht Jahre in dem roten Backsteinbau zubringen müssen. Noch während seiner Amtszeit als Staatsratsvorsitzender blieb das Zuchthaus eines der meistgefürchteten im Land. Hinter den Fenstergittern lebten auf fünf Geschossen gescheiterte Republikflüchtlinge, Teilnehmer des Aufstandes vom 17. Juni, Anhänger der Zeugen Jehovas, Ausreisewillige, Bürgerrechtler, Mörder, Diebe und Betrüger.

In der Krankenzelle lag auch ein ehemaliger Kriminologe. Er war freundlich zu dem jungen Verurteilten. Er hatte in den Jahren der Weimarer Republik eine Reihe von Morden an Förstern untersucht, und zum ersten Mal seit langer Zeit sprach Horst Thimm wieder über Seen, Bienen und Wälder. Doch was ihn in Brandenburg wohl erwarten würde, fragte er den Fremden nicht. Die Furcht, dass sich hinter jedem Unbekannten ein Spitzel verbergen könne, ließ ihn nicht los.

Sobald es ihm besser ging, wurde er in eine Aufnahmestation für Neuankömmlinge verlegt. Dort stufte man ihn als Maschinenarbeiter ein, bergbautauglich, auch unter Tage einsetzbar. Er erhielt dann einen Platz in der Schneiderei zugewiesen, doch da Horst Thimm in der Justizvollzugsanstalt ein Unbekannter war, verblieb er zur Beobachtung noch einige Tage in einer Isolierzelle. Er ging dort tagsüber meist auf und ab, denn ein gesunder Strafgefangener durfte sich nicht auf die Pritsche legen. Bald nahm er trotz seiner Vorbehalte Kontakt zu den Häftlingen in den benachbarten Zellen auf.

»Man kam in Isolationshaft schnell an diesen Punkt«,

sagt mein Vater, als er von dieser Zeit berichtet, wir brauchen viele Nachmittage dafür. »Ich klopfte gegen die Wand, um meinen Namen durchzugeben: Erst achtmal, weil H der achte Buchstabe im Alphabet ist, dann fünfzehn Mal für O, dann kamen R, S, T, und der Familienname.«

Es hatte zuvor an seine Wand geklopft, so hatte er das Knastalphabet gelernt. Als er eine Stimme im Spülklosett vernahm, verstand er auch die anderen Kommunikationswege zu nutzen. Es stand nicht in allen Zellen eine solche Toilette, doch wer eine besaß, pumpte mit der Bürste das Wasser aus dem Knick, rief hinein, und der Bewohner der Zelle im darunter liegenden Geschoss antwortete auf die gleiche Weise. Heikle Botschaften pendelten die Häftlinge, wenn es irgend möglich war, einander zu. Sie wickelten einen Zettel mit einem Faden um einen Stein, kündigten dem Nachbarn die Sendung an, indem sie an der Wand klopften, und schleuderten den Stein an einer Strippe durch das Gitterfenster. Der Empfänger hielt am Fenster nebenan den Putzbesen heraus. Schlug der Faden um den Besenstiel, ließ sich die Botschaft problemlos abnehmen.

Es war verboten, Papier und Stifte zu besitzen. Es war das Erste, das sich auch der Strafgefangene Thimm beschaffte.

Die Kalfaktoren, jene Häftlinge, die beim Putzen der Anstalt halfen, hatten ihm das Schreibwerkzeug gleich nach seiner Ankunft angeboten. Sie hielten es immer so. Sie plünderten beim Staubwischen die Schreibtische in der Gefängnisverwaltung und hielten den Neuzugängen Zettel und Stift im Tausch gegen Zigaretten hin. Es war nur ein Bleistiftstummel. Aber er erfüllte seinen Zweck, bis der Neuankömmling in die Gemeinschaftszelle verlegt wurde.

›Ich bin Horst Thimm. Ich habe sechs Jahre‹, sagte er, als er in dem überbelegten Raum stand. Er gab niemandem die Hand. Er wusste ja nicht, wem er da die Hand geben würde.

Es waren Männer in der Zelle, die sich SMTler nannten, weil sie vom Sowjetischen Militärtribunal verurteilt und zum Vollzug an die Behörden der DDR abgegeben worden waren. Einer von ihnen hatte für den Leipziger Hauptbahnhof gearbeitet; als hohes Tier hatte er gegolten, bis ihm ein Zug abhandengekommen war. Mit einem Mal hatten die Waggons, die nach Russland aufbrechen sollten, nicht mehr auf dem Gleis gestanden, und er war fortan ein Saboteur. Erreichte diesen Mann eine Nachricht von seiner Familie, weinte er bitterlich. »Er weinte wie ein kleiner Hund«, sagt mein Vater. Mehr noch als die Unwägbarkeiten der Haft fürchtete der Mann, seine Frau da draußen zu verlieren. Es teilten viele Häftlinge diese Angst.

Auch ein ehemaliger Kriminaldirektor des Deutschen Reiches saß in der Zelle ein. Er hatte im Nationalsozialismus den Posten eines leitenden Beamten innegehabt und war als Faschist verurteilt worden. Ein Journalist saß dort, der an spinaler Kinderlähmung litt und einen Nachschlag bekommen hatte, weil er verzinkt worden war. So sagten die Strafgefangenen, wenn die Haft länger dauerte, als es das Urteil vorsah. Oft war üble Nachrede der Grund. Dann hatte ein Spitzel unter ihnen dem Verzinkten antisozialistische Propaganda nachgesagt.

Ein Zeuge Jehovas gehörte zu den Männern in der Zelle, einer jener Hunderte der Religionsgemeinschaft, die wegen Hetzerei gegen die Staatsgewalt verhaftet worden waren. Und ein Jugendlicher zählte dazu, fast ein Junge war er noch, er hatte als Interzonen-Brigadier für den Blauen Express gearbeitet. Im Namen der deutsch-sowjetischen Freundschaft fuhr dieser Zug regelmäßig von Potsdam nach Moskau. Die Brigadiere der Freien Deutschen Jugend hatten für Lebensmittel und Getränke an Bord zu sorgen, und einige, auch dieser Junge, handelten nebenbei mit den Waren. So wurden sie Wirtschaftsverbrecher und Verräter der sozialistischen Internationale.

Abwartend blickten die Männer auf den Neuen, der sich da vorstellte. »Ich bin Horst Thimm. Ich habe sechs Jahre.« Sie nickten kurz. Nur der alte Kriminaldirektor wandte sich ihm zu. Wann immer es sich anbot, beim Putzen, im Waschraum, beim Essen, klärte er ihn über die Spielregeln der Zellengemeinschaft auf. Der junge Strafgefangene registrierte es dankbar. Doch obwohl es ihm zusetzte, sich selbst aus der Gemeinschaft auszuschließen, verhielt er sich lange zurückhaltend. Er hatte immer gefunden, dass man Fremde nicht gleich umarmen müsse; und diese Fremden, stetig rief er sich die Warnung ins Gedächtnis, könnten ebenso gut als Spitzel für die Zuchthausverwaltung arbeiten. Sollten sie ihn, aus welchen Gründen auch immer, anschwärzen, würde er es zu spüren bekommen. In der allgemeinen Gefangenenhierarchie hatten die Gegner des Staates ohnehin einen schlechten Stand. Meist behandelten selbst die Kalfaktoren, die bei der Essensausgabe halfen, die gewöhnlichen Diebe und Verbrecher besser. Staatsfeinde erhielten selten zwei Scheiben Käse zum Abendbrot. Nur die Sittlichkeitsverbrecher waren noch schlechter gelitten. Kinderschänder und Vergewaltiger standen auch im Gefängnis außerhalb der Gesellschaft.

»Vielleicht war es das Putzen«, sagt mein Vater. »Vielleicht war das Putzen einer jener Momente, in denen ich mich wohl gefühlt habe.«

Es bedeutete viel Aufwand, bis der Boden aus rötlich braunem Stragula-Kunststoff glänzte. Die Häftlinge scheu-

erten ihn erst nass, ließen ihn trocknen, fegten ihn anschließend noch einmal, weil immerzu Halme aus den Strohsä-
cken rieselten, die sie nachts als Matratzen nutzten, strichen
dann Bohnerwachs aus und banden Lappen unter ihre Füße.
Wie Schlittschuhläufer rutschten sie über den Boden, immer wieder, bis er wie ein Spiegel wirkte. Je zwei Häftlinge
verrichteten die Arbeit, wenn die Wärter Wachs, Einreibe-
lappen und die Reste einer alten Decke zum Polieren ausgaben. Die anderen saßen, voll guter Ratschläge, in ihren
Mehrstockbetten wie auf einer Hühnerleiter. Und die Wachtmeister, die sonst tagsüber jeden aus dem Bett scheuchten,
ließen sie gewähren.

Horst Thimm mochte die Pritsche, die ihm zugewiesen
worden war. Sie lag ganz oben, es war eigentlich kein be-
gehrter Platz. Jedes Mal musste er sich hochhangeln, weil es
keine Leiter gab. Aber die Luft war besser dort oben, und er
fühlte sich weniger beobachtet. Die Pritsche war der einzige private Rückzugsraum, und abends liefen manchmal
Tränen. Niemand sollte sie sehen. »Nein, uns gegenseitig
trösten, das taten wir nicht«, sagt mein Vater, als er erzählt.
»Vielleicht hätten wir einander auch überfordert. Mit welcher Hoffnung hätten wir uns denn trösten sollen?«

Einmal suchte ein Mitgefangener dennoch seine Nähe.
Er hatte in einem Anfall rasender Eifersucht die eigene
Frau umgebracht. Immer wieder bat er weinend, in ihm
den Menschen und nicht den Mörder zu sehen. »Ich weiß
nicht, ob ich da die richtigen Worte fand«, sagt mein Vater.
»Ich hätte gern selbst jemanden um Rat gefragt. Jedenfalls
fühlte ich mich ziemlich hilflos. Ich konnte ihm seine Tat ja
nicht vergeben.«

Stündlich wechselte an manchen Tagen die Stimmung in
der Zelle. Die Hitzköpfe im Raum verwickelten sich in

kleine Schlägereien. Sie taten einander nicht richtiggehend Gewalt an, doch immer wieder verlor einer die Nerven. In der Zelle stand kein Wasserklosett, sondern ein Topf mit Deckel, und einige Zellenbewohner setzten sich regelmäßig zur Essenszeit auf diesen Topf. Es roch ohnehin in diesem Raum, in dem manchmal zwanzig Männer auf engem Platz vor sich hindösten, von üblen Gedanken getrieben und von Kohlsuppe ernährt. Mehrmals erhob sich Häftling Thimm während des Essens von seinem Hocker. »Das geht doch nicht, das ist Ferkelei«, sagte er zu den Kübelnutzern. »Ich werde krank, wenn ich nicht auf meinen Stuhlgang achte«, erhielt er dann zur Antwort.

Wer zuschlug, kam an die Esse. So hieß das untere Ende des Schornsteins, an dem ein abgeschlossener Trakt mit Einzelzellen lag. Sie waren sehr klein: ein Hocker, eine Pritsche mit Lattenrost, ein Strohsack; morgens brachte der Wärter auch eine Schüssel mit Waschwasser. Tagsüber wurde die Pritsche an der Wand hochgeklappt, abends zog der Häftling sie wieder herunter. Anschließend entkleidete er sich bis auf die Unterhose und legte den Sträflingsanzug ordentlich gefaltet auf den Hocker. So war es Vorschrift. In den Gemeinschaftszellen gehörten zum Nachtlager immer eine Pferdedecke und ein Laken, aber an der Esse fehlte dieses Zubehör oft. Manchmal fehlte auch der Strohsack, dann lag der Häftling in der Unterhose auf der blanken Pritsche. Nachts entzündeten die Wachleute Licht. Sie sagten, sie wollten nachsehen, ob sich jemand erhängt habe.

Doch das eigentliche Charakteristikum der Esse war, dass dort Wärter ihren Dienst verrichteten, die als Schläger verrufen waren. Meist blieb ein Häftling einundzwanzig Tage in dem Trakt.

»Ich war ein paarmal an der Esse«, sagt mein Vater. »Nein, nicht, weil ich zugeschlagen hatte, einmal hatte ich zwar spontan die Hände geballt, ich merkte richtig, wie sich mein Verstand verabschiedete, aber zum Glück konnte ich mich beherrschen. Doch ich trat nach Auffassung der leitenden Volkspolizisten immer wieder provozierend auf.«

Jeden Monat durfte er einen privaten Brief schreiben. Er hatte als Adressatin eine Studienfreundin gewählt, und manchmal formulierte er Sätze, die dem Volkspolizisten, der die Briefe zensierte, nicht gefielen. Sie klangen kompliziert und erschienen dem Mann verdächtig.

Manche Gefangene ließen in ihre Korrespondenz tatsächlich Argumente für ein mögliches Gnadengesuch einfließen. Doch der junge Strafgefangene hatte sich angewöhnt, auf jenen zwanzig Zeilen, die ein Standardbogen vorsah, vor allem mitzuteilen, dass es ihm gut gehe und er noch lebe. Die Antworten, die er auf seine Briefe erhielt, bedeuteten ihm so viel, dass er kein Schreibverbot riskieren wollte – obwohl der zensierende Wärter auch diese Antwortbriefe bearbeitete und schwärzte. Oft las der Mann die korrigierte Fassung in großer Runde vor. »Es waren grausame Momente. Und dummerweise faselte ich in solch einer Situation einmal etwas von Briefgeheimnis«, sagt mein Vater.

Einundzwanzig Tage an der Esse.

Ein anderes Mal provozierte er während eines Freigangs. Die Gefangenen wurden im Gänsemarsch über den Hof geführt, einer hinter dem anderen, es war ein warmer Tag, und Häftling Thimm hatte seine Mütze in die Gesäßtasche gesteckt. Meist waren die Hosentaschen abgeschnitten, damit niemand etwas darin verstecken konnte, aber diese war intakt geblieben. Ein Gefängniswärter, den sie wegen seiner

Augenstellung »Schielewipp« nannten, griff in die Hose des Gefangenen und zog die Kappe heraus. Was ihm einfalle, ihn derart zu bedrängen, fragte der junge Häftling den Wärter, er verkniff sich gerade noch ein »Schielewipp«.

Er habe zu grüßen, herrschte der Wärter ihn an.

Er würde sich beim Stationsleiter über das unsittliche Verhalten beschweren, entgegnete der Strafgefangene Thimm.

Es wurde ihm als Verleumdung eines Wachtmeisters ausgelegt. Einundzwanzig Tage.

Er hatte sich wehren wollen. Sexuelle Absichten hatte er Schielewipp nicht unterstellt. Es hätte nicht zum Selbstverständnis dieser Männer gepasst, die meinten, ein schwuler Volkspolizist sei kein guter Volkspolizist. »Es war eher so, dass sich unter den Gefangenen sexuelle Kontakte entwickelten«, sagt mein Vater. »Auch unfreiwillige. Manche, vor allem die jungen Männer, wurden so lange schikaniert, bis sie es auch gegen ihren Willen zuließen. Aber ich habe so etwas nie erlebt.«

Sexualität war in der Zelle selten ein Thema. Manche Mithäftlinge besaßen ein Bild, an dem sie sich erregten, und einer erzählte immer wieder von den Heldentaten seines ausgeprägten Organs, dank dessen er sich da draußen der Frauen gar nicht habe erwehren können. In manchen Nächten schaukelte die Pritsche dieses Mannes in rhythmischer Bewegung. Doch die meisten verbannten das Thema Sexualität.

»Was soll ein Mensch auch tun, wenn er niemanden hat, mit dem er sie haben kann? Er kann und muss sie vergessen.« Die Nächte verliefen so gleichförmig wie die Tage.

Solange man nicht in Einzelhaft saß, wo jede Tätigkeit verboten wurde, bestimmte vor allem Arbeit den Tag. Die Schneiderei der Haftanstalt war ein Volkseigener Betrieb;

in drei Schichten produzierten die Häftlinge dort Pelzwesten, Pelzjacken und feldgraue Paradeuniformen für die Nationale Volksarmee. Der eine nähte den Saum, der nächste den Reißverschluss, der dritte die Ziernähte. Die ratternden Nadeln gefährdeten die Finger, aber jeder beeilte sich, auch, um die Verdienstmöglichkeiten der anderen nicht einzuschränken. Man konnte im Akkord nur weiterarbeiten, wenn alle nachlieferten.

Wir ackern hier wie die Pferde, weil uns der Gedanke treibt, im Zuchthausladen Margarine einzukaufen, dachte Horst Thimm an manchen Tagen. Eine Zeitlang nähte er außer Paradeuniformen auch Kleidung für Häftlinge aus ausgedienten Uniformen. Er musste die Hosen an der Außennaht mit roten oder gelben Stoffbalken versehen, wie er sie selbst an der Hose trug. Die gelben Streifen kennzeichneten normale Gefangene, die roten wiesen Langzeithäftlinge aus oder unbequeme, fluchtgefährdete Gefangene. Wer an die Esse kam, trug rote Streifen.

Manchmal erschien es Horst Thimm merkwürdig, eigenhändig jene Kleidung zu erstellen, die ihn als Außenseiter der Gesellschaft kennzeichnete. Aber eigentlich mochte er die Tätigkeit in der Schneiderei. Viele Gefangene arbeiteten unter härteren Bedingungen als er; sie gossen schwere Eisenteile für Panzer und Traktoren oder hämmerten und bohrten im Uranbergbau. Uranerz war ein wichtiges Exportgut, und wer die Norm im Berg nicht erfüllte, galt schnell als Saboteur. Horst Thimm suchte trotzdem einmal um einen Posten im Bergwerk nach, denn die Arbeit dort war so schwer, dass sich die Haftzeit zum Ausgleich um einige Wochen verkürzte. Doch die Anstaltsleitung lehnte seinen Wunsch ab. Der Strafgefangene Thimm war ein schwerer Fall. Er sollte keine Vergünstigungen erhalten.

Es war der Aufseher in der Schneiderei, der ihm schließlich zu einem besseren Stand verhalf. Er hatte gesehen, dass der Häftling mit der Nummer 147 sich zu helfen wusste, wenn der Faden abriss oder das Pedal der Maschine stotterte. Er beförderte ihn zum Schichtmechaniker. Der Aufseher war ebenfalls ein Gefangener, es hieß, er habe für den amerikanischen Geheimdienst spioniert. Aber in der Nähwerkstatt besaß er eben doch die Macht des Vorgesetzten.

Es führte außerdem ein ziviler Schneidermeister die Häftlinge an, und dieser Mann behandelte Horst Thimm wie jeden durchschnittlichen Lehrling. Er sagte Sätze wie: ›Hör mal, du nähst die Ärmel gerade so ein, dass sie nicht passen können. Sie müssen nach vorne zeigen.‹ Der junge Strafgefangene empfand diese Normalität als Wohltat. Während der Nachtschichten, wenn es ruhiger zuging, ergaben sich in der Werkstatt sogar vertraute Gespräche. Dann konnte es geschehen, dass Horst Thimm das Gefängnis vergaß und sich fühlte, als gehörte er nach draußen, in die Welt.

Jede Schicht brachte eine Pause und jeder Tag einen Aufenthalt auf dem Freizeithof. Diese Regel war unumstößlich. Die Anstaltsleitung konnte das körperliche Wohlbefinden der Häftlinge nicht zu sehr vernachlässigen, denn die Männer mussten ein Produktionssoll erfüllen. Sogar Volleyball spielten die Gefangenen auf dem Freizeithof. Manchmal fabrizierten sie nach der Arbeit auch Cremetorten, jedenfalls nannten sie diese Gebilde so, zu denen jeder etwas beisteuerte. Sie kauften von ihrem Lohn Kekse, Margarine, Zucker, und, falls es der Verkäufer im Gefängnisladen gerade führte, auch frisches Obst. Dann rührten sie die Margarine und den Zucker in einem Essteller schaumig und strichen die Masse auf den Keksen aus. Kekse, Creme,

Kekse, Creme, Kekse, Creme, und obenauf das Obst. Als ein Journalist in der Öffentlichkeit bekanntmachte, dass die Staatsfeinde im Gefängnis Torten backten, während die braven Bürger nicht einmal gefüllte Krapfen beim Bäcker vorfanden, verbot der Anstaltsleiter die Produktion.

Zweimal verließ Horst Thimm in diesen Jahren das Anstaltsgelände. Beide Male brachte ihn ein Gefangenentransporter nach Leipzig in das Haftkrankenhaus.

»Im Grunde war ich heilfroh, wenn ich das Gefängnis nicht verlassen musste«, sagt er. »Ich hatte an jeder Hand einen Volkspolizisten, und die Bevölkerung, die mich so sah, unterschied nicht zwischen Delikt und Strafe.«

Auch die Ärzte im Haftkrankenhaus behandelten ihn wie jeden anderen Verbrecher. Jedenfalls erlebte er es so. Als sie ihn am 24. Dezember 1957 wegen einer Mandeloperation in der Leipziger Gefängnisklinik aufnahmen, wünschte ihm keiner Glück oder Segen. Schweigend lag er auf einer Pritsche, bis der Heilige Abend vorübergezogen war. In den Tagen danach teilte er die Krankenzelle mit William Borm – einem Mann, der später Alterspräsident des Deutschen Bundestags war und viel später, nach seinem Tod, als Agent des Staatssicherheitsdienstes enttarnt wurde. Als der junge Häftling, von Halsschmerzen geplagt, sein Essen zurückgehen ließ, sprach dieser Mann ihn an, das sei doch Verschwendung. Sie verabredeten ein Handzeichen. Fortan griff William Borm an jenen Tagen, an denen Horst Thimm nicht schlucken konnte, unauffällig nach dessen Teller und aß die doppelte Portion. Er dankte es ihm später, er war bereits Vorsitzender des Landesverbands der Freien Demokratischen Partei in Berlin, mit einem Empfehlungsschreiben. »Herr Horst Thimm ist mir bekannt geworden in gemeinsamer politischer Haft in der Sowjetzone.

Ich habe ihn dort als einen stets hilfsbereiten und aufrichtigen Kameraden schätzen gelernt. Ich habe seinen Weg verfolgt und bin erfreut, dass der vorzügliche Eindruck, den ich in der Haftzeit gewonnen hatte, sich weiterhin vertieft hat.«

Die Welt drang selten durch die Gefängnismauern. Eine Zeitlang bezog der Strafgefangene Thimm das *Neue Deutschland*, er bezahlte das Abonnement von seinem Häftlingslohn aus der Schneiderei. Eine Westberliner Tageszeitung wäre ihm lieber gewesen, doch selbst das linientreue Zentralorgan der SED kam an manchen Tagen als Schnipselwerk in seiner Zelle an. Dann hatte der zensierende Wachmann alle Artikel herausgeschnitten, die vom Leben jenseits der DDR handelten. Einige Male ließ die Anstaltsleitung auch Rundfunksendungen von Kulturereignissen über die Lautsprecher übertragen. Es spiele das Dresdner Kreuzcorps ein Konzert, kündigte ein Wachmann einmal solch eine Übertragung an. Er meinte den Kreuzchor und wusste es nicht besser, und als in den Zellen Gelächter schallte, legte der Mann nach: »Ich mache darauf aufmerksam, dass in den Zellen Ruhe zu herrschen hat und dass diejenigen, die sich nicht daran halten, kongresspflichtig gemacht werden.« Da johlte es noch lauter.

»Es war ja eigentlich nicht so lustig«, sagt mein Vater heute. »Aber es war befreiend, über die Dummheit dieser Figuren zu lachen, die einen da festhielten.«

Alle drei Monate durfte er die Mutter oder den älteren Bruder sehen. Sie erhielten den Termin per Post mitgeteilt. Manchmal musste der Bruder den Anstaltsleiter auch daran erinnern. Er gewährte nie mehr als eine Stunde Besuchszeit.

»Wenn der Tag anbrach, klopfte das Herz schon ziemlich

stark«, sagt mein Vater. Irgendwann hieß es: ›Strafgefangener Thimm, treten Sie heraus, Sie haben Besuch.‹ Jedes Mal merkte ich dann, in welchem Maß ich meine Familie vermisste. Aber zeigen wollte ich es nicht.« Die Mutter sollte sich nicht sorgen, und die Volkspolizisten, die jedes Treffen vorzeitig beenden konnten, sollten auch nicht bemerken, wie wichtig ihm diese Begegnungen waren.

Ein Eisengitter trennte sie. Auf der einen Seite saß der Besucher, auf der anderen der Häftling, ihm zur Linken und zur Rechten zwei Wächter. Es war verboten, einander zur Begrüßung zu berühren. Man hätte Nachrichten austauschen können. So lächelten sich Mutter und Sohn an, er erkundigte sich nach den Hunden und nach dem kleinen Bruder, und sie erzählte von den Jagdprüfungen der Cockerspaniel oder von den Reparaturen, die in der alten Villa anfielen, das Dach, die Treppe, die Öfen. Sie fragte auch nach seinen Wünschen, sie ließ bei jedem Besuch eine Geschenkkiste mit Marmelade, Wurst und Keksen im Gefängnisladen für ihn zusammenstellen. Was beide wirklich bewegte, konnten sie in Gegenwart der Wachleute selten besprechen. Doch wenn sie ihn sah, wusste die Mutter immerhin, dass der Sohn noch lebte.

Sie weinte nie. Sie trug ihre Emotionen nicht nach außen, und der große Bruder hielt es ebenso. Der Häftling weinte auch nicht, einmal nur, beinahe, da hatte der Bruder geheiratet. Die neue Ehefrau arbeitete als Chefsekretärin beim Freien Deutschen Gewerkschaftsbund, und der Bruder war in die Partei eingetreten. Bei seinen Besuchen sprachen ihn die Wachleute im Gefängnis nun mit Genosse an.

»Mein Bruder war tatsächlich umgefallen«, sagt mein Vater. »Er empfahl mir sogar ein Buch, ›Wie der Stahl gehärtet wurde‹. Das war Standardliteratur für jedes neue

244

SED-Mitglied: Ein tapferer Rotarmist erblindet, verliert aber den Kampfesmut nicht. Und die Moral der Geschichte: Der Mensch muss sein Leben dem Herrlichsten auf der Welt, dem Sozialismus, widmen. Ich hab' das nie gelesen.«

Der Bruder schrieb Gnadengesuche, auch die Mutter formulierte Briefe an den Generalstaatsanwalt. Sie berichteten von ihren Bemühungen bei ihren Besuchen, und der junge Häftling hoffte auf Begnadigung. Eine andere Möglichkeit existierte nicht. Erst 1962, zwei Jahre nach dem Ende seiner Haftzeit, begann die Bundesregierung, Gefangene freizukaufen.

Alle um ihn herum hofften auf Gnade. Ein Mitgefangener setzte immerzu Briefe an Wilhelm Pieck auf: »Sehr geehrter Herr Präsident, dem alle Schwächen des Lebens bekannt sind, Sie bitte ich: Reduzieren Sie meine Strafe!« Er habe Fortschritte im Verhalten des Strafgefangenen Thimm wahrgenommen, schrieb der ältere Bruder, der nun ein Genosse war, an den Generalstaatsanwalt: »Sein Wille, sich auch auf ideologischem Gebiet mit dem Wesen unserer Gesellschaftsordnung vertraut zu machen, beweist das Studium der Werke des Marxismus, die ihm als Sondervergünstigung zugänglich gemacht wurden.«

Horst Thimm hatte wirklich um die Bücher gebeten. Er wollte sich im Studium politischer Theorien weiterbilden. Doch die Idee des Bruders, er könne als geläuterter Bürger in die DDR zurückkehren, womöglich als SED-Mitglied, wies er von sich. Er wollte in den Westen entlassen werden. Die Mutter akzeptierte diese Haltung, und sie musste dafür büßen. Immer herrischer traten die Staatsbediensteten ihr gegenüber auf. Anfangs klang der Ton noch höflich, wenn sie die Gnadengesuche ablehnten. *Werte Frau Thimm, ich kann Ihre persönlichen Sorgen und Nöte verstehen.* Bald hieß es nur noch: *Das Gesamtverhalten Ihres Sohnes gibt keinen Anlaß*. Oder sie schrieben: *Aufgrund der schlechten Führung kann Strafaussetzung nicht gewährt werden*. Öffnete sie die Post, fühlte sich Gertrud Thimm, als sei ihr Sohn ein Schwerverbrecher. Und manchmal, wenn sie ihm davon berichtete, empfand er es selbst so. Immer wieder schrieb die Mutter an den Generalstaatsanwalt. Irgendwann antwortete er gar nicht mehr.

Er ging langsam nach diesen Besuchen, gedankenverloren, und die Wachleute trieben ihn an: Strafgefangener Thimm, Tempo, Tempo, Beeilung. »Ich war geschafft«, so sagt er heute. »Die Begegnungen waren etwas Besonderes. Meine Familie kam, trotz aller Einschränkungen, aus der heilen Welt. Vor allem mein Bruder, der nach der Eheschließung im Gleichklang mit dem System lebte, das ihn umgab. Dass es einen Zustand von Lebenszufriedenheit geben könnte, vergaß man im Zuchthaus schnell. Brachte man mich nach dem Abschied in die Zelle zurück, erschien mir selbst das große Zuchthaus, die DDR, als ein angenehmer Ort.«

Es verrichteten auch freundliche Wärter Dienst im Gefängnis. Für einen von ihnen empfand der Häftling sogar Sympathien. Dieser Mann arbeitete in der Küche. Beaufsichtigte er die Essensausgabe, achtete er penibel darauf, dass jedem Strafgefangenen dieselbe Menge zuteil wurde. Niemand schleuste die Kartoffelschälkolonne so routiniert durch die Zellenblöcke wie dieser Wärter. Er kannte die Koordinaten eines Häftlingslebens, im Nationalsozialismus war er selbst in diesem Zuchthaus inhaftiert gewesen. Einmal sprach er mit Horst Thimm sogar darüber, wie die Zeit nach der Entlassung aussehen könnte. Ein anderes Mal tröstete er ihn gleichsam, weil der Stationsleiter erneut einen Brief nicht akzeptiert hatte. »Aber Thimm«, sagte dieser

Wachmann, »Sie wissen doch, dass man so kompliziert nicht schreiben sollte.«

»Thimm«, sagte er, allein mit Namen sprach er ihn an, obwohl die übliche Anrede »Strafgefangener Thimm« lautete. Es tat dem jungen Häftling wohl. Aber auch dieser Vollzugsbedienstete durfte nicht den Eindruck erwecken, sich mit einem Gefangenen zu solidarisieren. Horst Thimm überlegte manchmal, warum dieser Mann wohl im Gefängnis arbeitete. »Womöglich war er auch ein armer Hund«, so dachte er. »Man kann in die Menschen ja nicht hineingucken. Ein Wachtmeister mit Anstand hat im Knast jedenfalls eine schwierige Rolle. Der macht keine Karriere mehr.«

Andere Wärter waren ein bisschen dumm. Einen, den sie »Knattermann« nannten, verlachten sie, wann immer es sich anbot. Knattermann beaufsichtigte die Putzkolonne auf dem Freizeithof, und an einem heißen Tag erlaubte er den Häftlingen, den Boden dort mit Wasser zu besprengen. Die Gefangenen führten den Strahl so lange durch die Luft, bis ein Regenbogen entstand. Knattermann, der, so unwahrscheinlich es klingt, nichts über Regenbögen wusste, informierte aufgeregt und ernst seine Kollegen: »Wir müssen aufpassen! Die Jungs können Fluchtbrücken herstellen.«

Es bewachte sie auch einer, den nannten sie »Spitzmaus«. Hart und unnachgiebig war er, und es entging ihm nichts.

Auch an jenem Abend, an dem der Strafgefangene Thimm Besuch von seinem Mithäftling »Mucki« erhielt, stand Spitzmaus auf dem Posten. Mucki war benannt nach seinen müffelnden Füßen, er kam oft in die Werkstatt zum Plaudern. Als Student der Veterinärmedizin war er für Freiheit und Recht in der DDR eingetreten. Nun musste er in der Schneiderei an den Kleidungsstücken für jeden einzelnen Knopf die richtige Stelle markieren. Etwas mehr noch als ein Jahr Gefängnisstrafe lag vor Horst Thimm, als Mucki ihn an jenem Abend aufsuchte und die beiden auf der Werkbank die Beine baumeln ließen und wieder einmal die Welt verbesserten. Sie malten sich aus, wie sie nach ihrer Entlassung den Untersuchungsausschuss Freiheitlicher Juristen unterrichten würden, sie wussten, dass die Menschenrechtsorganisation die rechtsstaatswidrigen Verhältnisse in der DDR anprangerte. Sie fabulierten, wie sie sich an das Presse- und Informationsamt der Bundesregierung wenden würden, wie sie frei von Repressalien über alle kritischen Themen Auskunft geben könnten. Und einmal im Jahr würden sie sich treffen, bei russischem Kastenbrot und Wodka der Vergangenheit gedenken. Sie redeten sich in einen Freiheitsrausch, sie lachten, sie vergaßen das geöffnete Oberlicht.

Spitzmaus hörte alles. Noch in derselben Nacht wurden die beiden als Verschwörer eingestuft und in den roten, den entlegenen Flügel gesperrt. Ihre Strafe lautete Einzelhaft auf unbestimmte Zeit. Sie zählte zu den internen Sanktionsmöglichkeiten des Zuchthauses. Horst Thimm wusste an jenem Abend nicht, wie lange er in der Isolierzelle bleiben würde. Er wusste nur, dass seine reguläre Haftzeit im August 1960, ein gutes Jahr später, beendet sein sollte. Er hatte Angst, dass der Anstaltsleiter das Strafmaß nun heraufsetzen würde.

Er verbrachte die gesamte verbleibende Haftzeit in der Einzelzelle. Sechs Quadratmeter. Die Wand roh verputzt und weiß geschlemmt. Ein Klappbett daran, auch ein Regal, auf das der Häftling die Essschüssel stellen durfte. Ein Klapptisch.

Über ein Jahr lang unterhielt er sich mit seinen Gedanken. Er wartete darauf, dass die Nacht kam, und war sie da, wartete er darauf, dass sie verging. Er lebte von Unterbrechung zu Unterbrechung. Morgens brachten ein Becher Kaffee und trockenes Brot die Abwechslung, mittags das normale Anstaltsessen, abends das, was vom Mittagsmahl übriggeblieben war. Oder ein Brot. Oder eine Suppe. Einmal am Tag führten ihn die Wärter zwanzig Minuten lang über den Freizeithof. An den Tagen, an denen die Anstaltskleidung gewaschen wurde, blieb er in der Zelle. Er erhielt eine Ersatzunterhose und im Winter Ersatzfußlappen, Dreieckstücher, die er sich wie alle Häftlinge um die Füße wickelte. So wartete er, bis die Kleidung getrocknet war.

Er ritzte Striche in die Wand, um sich abzulenken, jeden Tag einen Strich. Gegen die Zukunftsangst halfen sie nicht, aber er hatte begriffen, dass die Zeit, die hinter einem liegt, im Gefängnis mehr zählt als die Zukunft. Er ritzte auch das große Einmaleins hinein, bald konnte er es auswendig. Und er war dankbar über jeden Putztag. Wenn er den Boden bohnerte, konnte er sich einreden, wie zivilisiert er doch lebe, weil er alles so sauber hielt.

Die Zeremonie des Waschens bereitete ihm ein ähnliches Gefühl. Ein Gefängniswärter brachte ihn morgens in den Raum voll langer Tröge und einige Male auch an den Duschhahn. Der Wärter stand in Uniform da, während der Häftling nackt herumlief, und nach dem Säubern übergab er dem Strafgefangenen ein Handtuch aus derbem Leinen. Es war alles unangenehm. Und dennoch legte Horst Thimm großen Wert auf diese Prozedur. »Es war ein ordentliches Stück Selbstbetrug in diesem Reinlichkeitswahn«, sagt er. »Doch er half mir, die Selbstachtung zu wahren. Ich konnte mich abgrenzen von denjenigen, die es mit der Sauberkeit nicht so genau nahmen.«

249

Lesen durfte er. Aber er erhielt selten die Erlaubnis, Bücher in Empfang zu nehmen. Auch nach der Bibel fragte er vergebens. Er hatte sich vorgenommen, die Geschichten im Alten und Neuen Testament nachzulesen, es hätten damit viele Stunden vorübergehen können. Ein etymologisches Lexikon, das er die ganze Gefängniszeit hindurch besaß, durfte er behalten. Er beschäftigte sich viel mit der Herkunft der Wörter in diesem Jahr.

Mit den Wärtern sprach er wenig, sie verstanden sich auch nicht als seine Unterhalter. Beim Gottesdienst bot sich die Gelegenheit, anderen Gefangenen zu begegnen, doch die Teilnahme wurde ihm selten genehmigt. Der Bruder oder die Mutter kamen einmal im Vierteljahr.

Er hielt Einzelhaft in jener Zeit für das Schlimmste, das einem Menschen passieren kann. Aber als dreißig Jahre später nach dem Zusammenbruch der DDR die Geschichten von Verrat und Spitzelei an die Öffentlichkeit drangen, fand er beinahe Trost in dem Gedanken, dass er in seiner Isolierzelle immerhin nicht hatte verraten werden können.

Einen Mann gab es, der ihm in dieser Abgeschiedenheit ein Freund wurde. Dieser Mann, er hieß Otto, war sein Halt.

Otto lebte in der Nachbarzelle, sie führten Gespräche durch das Toilettenrohr und pendelten einander Botschaften zu: Was hattest du in der letzten Post? Gibt es etwas Neues zu Hause? Hat deine Frau eine Arbeit gefunden? Ihr zentrales Thema waren ihre Hoffnungen. Die erhoffte Entlassung, die erhoffte Pleite der DDR, die erhofften Lichtblicke gegen ihre miese Stimmung. Es funktionierte hervorragend.

»Immer, wenn ich das Gefühl hatte, trotz allem ein Homo sapiens zu sein, klopfte ich an die Wand. Klopfte

Otto zurück, begann unsere Unterhaltung. Wir hielten uns nicht mit Höflichkeiten auf. Wir sprachen immer sofort über das Wichtige, das Dringliche. Wir waren emotional schon ein bisschen verwaist.«

Manchmal spielten sie auch Schach. Sie stellten sich jeder ein Brett vor und nannten einander die Spielzüge durch das Toilettenrohr. Und als Horst Thimm neunundzwanzig Jahre alt wurde, knetete Otto die winzigen Schachfiguren aus Brot, die der Beschenkte nie verloren hat. Er nähte den kleinen karierten Beutel, legte die Schachfiguren hinein und pendelte ihn, von Einzelzelle zu Einzelzelle, am 6. April 1960 an einer Strippe durch das Fenster. Es ist nicht zu erklären, wie er dies alles unbemerkt von den Wächtern bewerkstelligte.

Horst Thimm verwahrte den Beutel im Strohsack, in der Matratze, auf. Obwohl die Häftlinge ihre Strohsäcke regelmäßig ausleeren und neu stopfen mussten, konnte er den kleinen Beutel immer behüten. Er sah sich die Figuren kaum an, weil er Angst hatte, jemand könne sie entdecken. Doch das Wissen, dass da dieses Geschenk lag, tröstete ihn.

»Diese Nächte waren nicht immer ein Vergnügen«, sagt mein Vater heute. »Aber andererseits schlafe ich jetzt manchmal schlechter als im Gefängnis. Damals lebte man auf den Entlassungstermin hin. Heute sträubt man sich gegen den Tag, an dem man aus der Welt entlassen wird. Der Gedanke trifft mich manchmal. Aber bitte, lassen wir das.«

Hin und wieder weinte er.

»Es ergeht mir heute nicht anders. Aber man kann es wohl nicht vergleichen. Im Gefängnis trieb mir die Behandlung als solche die Feuchtigkeit in die Augen.« Es konnte passieren, dass der Stationsleiter ihm vier Wochen lang keine Unterwäsche zum Wechseln gab.

Es bedrückte ihn, dass es für seine Lebenswünsche womöglich schon zu spät war: Für eine gute Arbeit, einen ordentlichen Verdienst, eine Familie. Seine Furcht, nach der Entlassung ein Nichts vorzufinden, war groß. Er hatte zudem erfahren, dass die Studenten an der Hochschule für Politik nun doch ein Abitur nachreichen mussten. Er hielt es an manchen Tagen kaum aus in der Einzelzelle. Er durfte nicht schlafen, wann er wollte; er durfte sich nicht setzen, obwohl ein Hocker darin stand, er durfte sich nicht gegen die Wand lehnen. Stundenlang ging er wie ein Raubtier im Käfig auf und ab, sah tausend Stäbe, und keine Welt.

»Und das macht, nun ja, kaputt. Und wer seinen Kummer nicht in sich einschloss, wurde womöglich noch von wiehernden Wachtmeistern verhöhnt. Man musste sich eine innere Barriere bauen, die nicht bei jedem Kontakt mit dem Wachpersonal umfiel. Sonst war man sehr schnell orientierungslos.«

Er nahm sich deshalb vor, unter keinen Umständen mit den Volkspolizisten im Gefängnis zusammenzuarbeiten. Er war sich sicher, dass sie ihn, wäre erst ein Anfang gemacht, ausquetschen würden wie eine Zitrone. Sie versuchten, ihn mit Vergünstigungen zu locken. Eine zusätzliche Käsescheibe. Ein zusätzlicher Hofgang. Er kämpfte, um bei seiner Haltung zu bleiben.

»Aber ich hatte ja nur sechs Jahre. Vielleicht hätte auch ich mich kooperativer verhalten, wenn das Strafmaß ›zweimal lebenslänglich‹ gelautet hätte. Es ist schwer darüber zu urteilen.« Rückblickend empfindet er es als befreiend, widerstanden zu haben. »Anders hätte ich die Zeit wohl kaum überstanden«, sagt er. »Man fällt in einem Verhör schneller um, wenn man sich bereits wertlos und schäbig fühlt. Wenn man kein Selbstbild mehr hat, an dem man festhalten müsste.«

Einmal verlangten zwei Mitarbeiter der Staatssicherheit nach dem Häftling mit der Nummer 147. »Strafgefangener Thimm, kommen Sie mal«, hatte der diensthabende Wärter zu ihm gesagt und ihn in einen Gefängnisraum geführt, der fast anheimelnd wirkte. Polstermöbel, Stehleuchten, Zimmerschränke. Wie in einem Schauraum für Wohnkultur fühlte sich Horst Thimm mit einem Mal, und mittendrin standen die beiden Männer, die seine IM-Karriere vorbereiten wollten. Ihn überraschte der Antrag nicht, es hatten ihm früher bereits Häftlinge von ähnlichen Treffen berichtet. Manche plädierten sogar für eine Zusammenarbeit mit der Staatssicherheit. Sie argumentierten, man müsse die Stasi nutzen, um ausschließlich Gutes zu melden und so das Leben aller zu erleichtern. Der Strafgefangene Thimm sah es anders. Er hatte im Zuchthaus immer bewusst die Bekanntschaft derjenigen gesucht, die ähnlich dachten. Ein Techniker war darunter, lebenslänglich verurteilt, weil er als Hobbyfunker Kontakt mit aller Welt aufgenommen hatte, es galt als Vorbereitung eines Krieges. Die Narben am Körper dieses Mannes hatten Horst Thimm genug über die Arbeitsweisen der Staatssicherheit erzählt. Es beeindruckte ihn, derart die eigenen Maßstäbe gespiegelt zu sehen. »Um es mal hochtrabend zu formulieren: Die Aufrechten um mich herum gaben mir die Kraft, bei meiner Haltung zu bleiben«, sagt er.

Nach 2192 Tagen, exakt sechs Jahre nach seiner Verhaftung, öffneten ihm die Wachhabenden in Brandenburg an der Havel um achtzehn Uhr das Gefängnistor. Spät am Abend dieses 24. Augusts 1960 erreichte Horst Thimm Westberlin. Die Kleidung, die er 1954 zur Verwahrung hatte abgeben müssen, saß locker an seinem Körper, und tief in der Jackentasche steckte ein Zettel. *Entlassungsschein* stand auf dem Blatt Papier. *Dieser Schein hat als vorläufiger Ausweis eine Gültigkeit bis zum 27. 08. 1960. Ein Betrag in DM der Deutschen Notenbank in Höhe von 5,00 DM ausgehändigt. Keine Freifahrtsberechtigung!*

Er kannte den Weg nicht, der vor ihm lag. Er war neunundzwanzig Jahre und vier Monate alt, und er hatte Angst vor der Freiheit.

Das Passbild von jenem Tag klebt noch immer in der linken oberen Ecke auf dem Zettel. Er hat es in der Dokumentenmappe aufbewahrt. Schmal und ernst ist das Gesicht, daneben verbleichen, in Tinte gestempelt, Hammer und Zirkel.

»Für das Leben war es vielleicht lehrreich, menschliches Verhalten unter Extrembedingungen kennengelernt zu haben«, sagt er noch, bevor er unser Gespräch über das Kapitel Brandenburg für beendet erklärt. »Und sicherlich lindert es den eigenen Kummer, wenn man das eigene Elend nicht allzu oft in den Mittelpunkt allen Elends dieser Welt stellt.«

Neun

Das neue Zimmer ist nicht größer als zwanzig Quadratmeter und kostet so viel, dass von der Pension eines ehemaligen Ministerialrats wenig übrigbleibt. Mein Bruder baut das zartgrau gebeizte Regal auf, und obwohl die Hälfte der Bretter keinen Platz findet, wirkt es beinahe wie zuvor. Meine Mutter kauft sonnengelbe Vorhänge. Die masurische Oberförsterei in Wasserfarbe hängt nun über dem Bett, und der Teppich mit den Motiven der Stadt Olsztyn findet Platz über dem Sessel. Der neue Sessel ist lederbraun und einer mit Aufstehhilfe, wir fanden keinen Händler, der das Modell in Rot vertrieb. Man kann dieses Möbel per Knopfdruck in die Senkrechte schieben und braucht, von der Lehne gestützt, dann weniger Kraft beim Aufstehen. Onkel Hans kommt ins Regal, und auch das Porträtfoto der Mutter. Daneben reihen sich die Brockhausbände. Wenigstens dieses Wissen soll meinem Vater verfügbar bleiben.

Das Hirschgeweih zieht nicht mit um. Es hatte im Dämmerlicht zu oft bedrohlich wie ein Feind gewirkt.

Wir hatten in den Wochen, in denen mein Vater im Krankenhaus lag, eine neue Bleibe für ihn gesucht. Sollte er diese Zeit überleben, so war unser Vorsatz, dann sollte er an einen Ort zurückkehren, der wenigstens so ähnlich aussah wie die beiden Zimmer im Erdgeschoss des Altenheims. Dass er dort nie wieder würde wohnen können, war gewiss.

Doch alle Zimmer auf Station 2 waren mittlerweile belegt. Alle Einzelzimmer in allen Pflegeheimen im Großraum Bonn waren in diesen Wochen belegt. Überall setzten die Verwaltungsangestellten seinen Namen auf die Warteliste. Und in der Zwischenzeit? »Übergangspflege«, antworteten sie.

Auf Stationsfluren für Übergangspflege liegen mehrere einander fremde Menschen in einem Zimmer. Es verbindet sie, dass sie alle dringend untergebracht werden müssen. Wir wollten kein Übergangspflegebett. Wir waren ratlos und wütend über den Pflegenotstand, der aus einem alten Menschen ein Verschiebeproblem macht. Dann verstarb eine alte Dame. Sie räumte einen Platz für meinen Vater auf dem Flur von Station 2.

Es stellt sich das Leben anders dar auf Station 2, wenn einer selbst dazugehört. Der Schmuck der Jahreszeiten, die Weihnachtskrippe, die Kürbisgesichter zu Erntedank, und zur Karnevalszeit die Papphütchen wirken mit einem Mal nicht mehr wie im Kindergarten. Selbst der Mann, der nicht mehr spricht, der sich mit verzogenem, verschobenem Gesicht im Rollstuhl durch den Flur schiebt, scheint weniger verloren. Und legt ihm ein Pfleger die Hand auf die Schulter, lächelt er.

Aber auch auf Station 2 werden die Gesten manchmal knapp, weil die Zeit fehlt. Auch auf Station 2 herrschen manchmal Unverständnis und Unkenntnis. Wenige wissen die bösen Bilder zu deuten, die meinen Vater heimsuchen, wenige die bedrohlichen Gegenstände zu entzaubern. Die Ballonlampe, diesen giftigen Waffenpilz. Die Zinnen auf den Häusern gegenüber – lauter Scharfschützen im Anschlag. Die Flüchtlinge in den Dokumentationen des Fernsehkanals Phoenix – sein Treck, kurz vor Kahlberg.

Phoenix sendet mehr Würde in ein Pflegezimmer als die Dauerunterhaltung eines Privatsenders, und doch frage ich

mich zuweilen, ob es für meinen Vater besser wäre, umzu-
schalten. Oft ist niemand in der Nähe, der die Erinnerungen seines Lebens verstehen könnte, die das Programm
wachruft. Die Pfleger und Schwestern aus Polen, Weißruss-
land, Ecuador, Kolumbien, der Ukraine, der Türkei oder
Italien kennen andere Erzählungen vom Krieg als jene, die
mein Vater in sich trägt. Ihre Eltern oder Großeltern haben
auf anderen Seiten gekämpft. Begriffe wie Haff, Königsberg
oder Staatssicherheit gehören nicht zu ihrem Sprachschatz.
Aber auch Vokabeln wie Urne oder Krematorium bedeuten
manchen kaum etwas. Nicht allen gelingt es, die bösen Bilder mit Herzlichkeit zu durchdringen. Ein Psychologe, der
sich mit der Seele dementer Menschen auskennt, ist, obwohl unumstritten wichtig, nur selten im Stellenplan eines
Altenheims vorgesehen.

Der Tod beschäftigt meinen Vater, und diesmal meint er
nicht ein fernes, künftiges Ereignis. »Ich möchte die Urne
abholen«, sagt er an einem der ersten Tage in der neuen
Unterkunft, die nun wirklich seine letzte sein soll. Er meint
die Urne seines Vaters. »Die von Arnold Leopold Thimm.«

»Papa. Der ist doch längst begraben.«

»Im Krematorium ist eine Beisetzung auf den Namen
Thimm geplant«, antwortet er da. »Dann muss wohl ich
den Part des Leichnams übernehmen.«

An einem nächsten Tag erwartet er mich voller Tränen.
Halb sitzt, halb liegt er dabei in einem Rollstuhl, in jenem
Aufenthaltsraum, den er vor Monaten einmal besichtigt
hat. Die Frau, die ständig auf den Tisch klopft, ist mit ihm
in diesem Raum, auch die Frau, die mit dem Kopf webt und
der Mann ohne Worte. »Gut, dass du kommst«, begrüßt
mich mein Vater. Inzwischen lebe ich in Bonn, ich kann ihn
oft besuchen. Unruhig blickt er auf die anderen Bewohner,

und Angst spiegelt sich in seinen Augen. »Hier wartet die Gruppe für den Transport ins Krematorium«, flüstert er. »Der erste Bus war bereits um drei Uhr da. Aber ich gehöre da doch gar nicht hin. Kannst du das denen einmal sagen?«

Ein Gerontopsychiater, ein Arzt für die Seelen alter Menschen, hat mir geraten, seine Sorgen aufzugreifen.

»Warum hast du Angst?«, frage ich also, und mein Vater antwortet mir, er habe doch wohl allen Grund dazu. »Es muss noch alles geregelt werden, und ich kann mich um die Einzelheiten nicht mehr kümmern.«

»Wenn du mir die Einzelheiten nennst, können wir sie zusammen regeln«, sage ich.

»Nein«, antwortet er. »Ich bin doch längst in der Urne.«

»Papa! Du redest doch gerade mit mir.«

»Ich bin tot.«

»Nein, du redest mit mir.«

»Ja«, antwortet er. »Aber als Asche.«

Der Gedanke an die Urnen lässt ihn nicht los. Bald hält er meinen Bruder für verstorben, bald meine Mutter. Sie leben, erwidere ich, und wähle ihre Telefonnummern, und nur der Anrufbeantworter springt an. »Eben das meine ich«, sagt mein Vater und verharrt in seinen Gedanken. An dem Tag, an dem er zum letzten Mal von den Urnen spricht, vorerst, nimmt er meine Hand. »Ich bitte dich um einen Gefallen«, sagt er. »Ich würde es sehr begrüßen, wenn du den Antrag stelltest, den Tod der Mama, also eurer Mutter, hinauszuzögern. Sie ist ja eigentlich schon tot. Aber ich habe es selbst erlebt, dass man diesen Antrag trotzdem stellen kann.« Das sei schon erstaunlich, sagt er.

Dieses Mal meldet sich meine Mutter am Telefon. Mein Vater bittet darum, den Antrag dennoch zu stellen. Vorsorglich.

In den folgenden Wochen fragt sich Horst Thimm, wo er hingehört. Er fühlt sich als Gast in der neuen Umgebung, in der er seine Stunden verbringt, im Bett oder im Rollstuhl. Obwohl eine Krankengymnastin zweimal in der Woche mit ihm trainiert, läuft er nur noch selten. Ihm fehlt die Kraft. Er mag die Therapeutin, doch an manchen Tagen versetzen ihn ihre Besuche in Unruhe. Auch mich schickt er manchmal wieder weg. Er wolle die unbekannten Gastgeber, bei denen er untergekommen sei, nicht mit unserer Anwesenheit überstrapazieren, sagt er.

Ich lege ihm den Kontoauszug mit dem Abbuchungsnachweis für die Unterkunft im Altenheim vor. Er sieht seinen Namen auf dem Auszug, er fühlt sich dennoch nicht zu Hause. Dann träumt er von einem ehemaligen Staatssekretär des Bundesfinanzministeriums. Der Mann möchte ihn aus dem Zimmer verdrängen und hängt ein Schild an das Bett: »Thimm, Horst, unerwünscht in dieser Kemenate.«

»Warum hast du Angst, dein Zimmer zu verlieren«, frage ich, getreu den Regeln des Gerontopsychiaters.

»Weil diesen Staatssekretären im Bundesfinanzministerium alles zuzutrauen ist.«

Wenige Tage danach fragt er, der Abend ist schon angebrochen, ich will nicht lange bleiben, nach einem Pullover. Er trägt einen Schlafanzug und liegt bereits im Bett. »Den blauen«, sagt er, »den will ich anziehen.«

»Ist dir denn kalt?«

»Nee. Aber ich muss ja noch rüber, über die Straße.«

»Das musst du doch gar nicht.«

»Natürlich. Ich muss in das andere Zimmer.« Unwirsch strampelt er die Bettdecke weg.

»Aber Papa, guck dich mal um. Was siehst du?«

»Eine Wand.«

»Und daran?«

»Bilder.«

»Deine Bilder.«

»Natürlich meine Bilder. Sie zeigen Kulk am Lenksee.«

»Das bedeutet doch, dass du in deinem Zimmer bist. Wo sollten diese Sachen sonst hängen? Ich mache jetzt das kleine Licht an und das große aus. Möchtest du vielleicht den Fernseher anschalten, für die Nachrichten.«

»Nee.«

»Gibt es noch etwas, was ich für dich tun kann?«

»Ja, den Pullover.«

Ich bin nicht in der Lage, anders zu reagieren. Ich denke an Schnupfen, Lungenentzündung, Krankenhaus und beginne von vorn.

»Ist dir doch kalt?«

Seine Stimme wird laut. »Nein. Ich möchte ihn haben. Und, Herrgott sakra, ich kann ihn mir nicht alleine holen. Du weißt das.«

Ich reiche ihm den Pullover. »Ich will etwas am Körper haben«, sagt er, während er versucht, den Pullover über den Kopf zu ziehen.

»Dann ist dir doch kühl?«

»Ja«, sagt er. »Ja!«

Ich helfe ihm, den Pullover über Kopf und Arme zu ziehen. Bloß kein Krankenhaus.

Mein Vater streicht über den wollenen Stoff. »Eine Hose habe ich aber noch nicht«, sagt er dann.

»Aber die brauchst du im Bett doch wirklich nicht.«

»Im Bett nicht. Auf der Straße schon.«

Mein Vater schiebt die Beine aus dem Bett. Die Luft in seiner Matratze schaukelt, wenn er sich bewegt, sie ist für Menschen gedacht, die viele Stunden am Tag liegen. Bei

260

heftigen Bewegungen verursacht die gequetschte Luft Geräusche. Sie klingt immer lauter an diesem Abend.

Wir auch.

»Papa, bitte! Es ist doch Schlafenszeit!«

»Ja, eben! Deshalb muss ich ja hier raus!«

»Ja, eben nicht! Wenn Schlafenszeit ist, bleibt man im Bett! Und ich muss da bald auch hin, und deshalb verabschiede ich mich jetzt.«

»Du willst gehen? Und ich soll hierbleiben?«

»Das ist doch dein Zimmer.«

»Mein Zimmer? Ich kann diesen Quatsch nicht mehr hören. Du wirst mir ja wohl nicht die Möglichkeit verwehren, am Ende des Tages in meine Wohnung zurückzukehren.«

Die Nachtschwester rettet uns. Es ist eine von den resoluten. Sie trägt einen strähnigen Pferdeschwanz, ihr Kittel riecht nach Arbeit, und sie findet den richtigen Ton.

»Na, Herr Thimm, wo wollen Sie denn hin?«, fragt sie.

»Na, in das Mutterhaus«, antwortet er.

»Sie sind doch hier zu Hause, in Ihrem Bett, in Ihrem Zimmer.«

»Also ich kann mich mit dieser Interpretation nicht anfreunden«, entgegnet ihr mein Vater. »Ich meine, ich gehöre ins Erdgeschoss.«

»Sie müssen sich nicht ins Erdgeschoss begeben, Herr Thimm. Heute geht es nirgendwo mehr hin.«

Als er nach seiner braunen Umhängetasche greift, die er auf dem Nachttisch verwahrt, greift auch die Schwester zu. »Geben Sie die mal her«, sagt sie. »Die lege ich hier auf den Tisch. Sonst erhängen Sie sich nachts noch damit. Und erhängte Leichen am Morgen hab' ich nicht so gern.«

»Dann kriegen Sie einen Schreck«, sagt mein Vater.

»Wenn einer der liebenswürdigsten Bewohner sich an der eigenen Tasche aufhängt.«

Erleichtert schließe ich die Tür. Und fliehe aus dem Altenheim.

Wir schauen viele Fotos an in diesen Wochen. Der Gerontopsychiater meint, sie könnten einen Weg in jene Wirklichkeit weisen, die mein Vater mit uns teilt. Die Rialtobrücke in Venedig. Meine Mutter, jung und schick, auf dem Markusplatz. Ein imposantes rundes Gebäude. »Ravenna«, erklärt mein Vater. »Das Grabmal für den toten Goten. Einen König.« Er hat recht. Immer öfter wechseln Klarheit und Verwirrung, oder sie vermischen sich.

Der Gerontopsychiater meint auch, man solle die eigenen Antworten den Wahrnehmungen des alten Mannes anpassen. Es ist ein guter Rat. Sobald ich die Welt meines Vaters nicht dauernd korrigiere, entstehen stimmige, oft lustige Gespräche. Er habe eine Ausstellung auf der Drachenburg eröffnet, erzählt er mir, im Namen der Bundesgesundheitszentrale, gerade gestern. Und weil der Chruschtschow, Nikita, von dem hätte ich doch sicher schon gehört, auch zu den Gästen zählte, habe er ein paar russische Witzchen in seine Begrüßungsrede eingeflochten.

Bemühen Sie vertraute Rituale, hat der Gerontopsychiater gesagt. So setzt mein Vater sein Kreuz für die Kommunalwahl, die Bundestagswahl und die Europawahl. Auf einem Bildband mit Fotografien aus Masuren streicht er die Formulare glatt, zieht behutsam zwei schräge Striche, und trägt mir auf, sie bloß rechtzeitig zur Post zu bringen. Am liebsten würde er selbst zum Briefkasten laufen. Er setzt weiterhin alles daran, den Einschränkungen zu entkommen. Mittags schiebt er sich an seinen alten Platz im großen Speisesaal im Erdgeschoss, er braucht eine gute halbe

Stunde für die Strecke: Zimmer-Fahrstuhl-Esssaal. Manchmal bestellt er ein Taxi für Rollstuhlfahrer an der Pforte des Altenheims, zieht los in die Stadt, kauft Geschenke für verbliebene Freunde, es regnet und er wartet, in Hemd und ohne Jacke, eine Stunde darauf, dass ihn der Taxifahrer wieder abholt. Wir sind dankbar über seine Tatkraft, aber sie erschreckt uns. Als wir uns ausgemalt haben, was alles passieren könnte, bitten wir widerwillig die Angestellten an der Pforte, Herrn Thimm nur noch in Begleitung bekannter Personen Ausgang zu gewähren. Bald darauf höre ich die Stimme meines Vaters auf dem Anrufbeantworter, flach und traurig. »Hier ist Horst Thimm, er bittet die Katja Thimm, ihn freizugeben zu einem Ausflug. Wenn du keine Bedenken hast, gib das doch bitte der Pforte zur Kenntnis.« Als ich zurückrufe, sitzt er noch immer im Rollstuhl neben dem Telefon am Eingang des Altenheims. Er will ein Taxi bestellen, nach Kulk am Lenksee. »Du weißt doch«, spricht er zu mir durch den Hörer, »dort, wo ich einmal zu Hause war.« Ich rede vom Sturm draußen, von der Dunkelheit und der späten Stunde. »Du hast doch bestimmt schon zu Abend gegessen«, sage ich.

»Ja«, antwortet mein Vater. »Aber ich will ja in Kulk auch nicht zu Abend essen.«

Zuweilen wirft er uns vor, ihn zu Unrecht in die Schranken zu verweisen. »Das Leben ist jetzt wie ein Knast im Kleinen«, sagt er dann, und dass man sich über die Situation eines Heimbewohners eben doch keine Illusionen machen dürfe. Jeder Spaziergang, jeder Termin, den es in der Stadt zu erledigen gilt, erinnert ihn an seine Würde. Einem kraftlosen Rollstuhlfahrer eine dicke Jacke anzuziehen kann fünfzehn Minuten dauern. Dem Urinbeutel des Dauerkatheters mit einer Stofftasche ein unauffälligeres Aussehen zu verleihen nimmt weitere Minuten in Anspruch. Mütze, Handschuhe, das braune Täschchen, alles an den richtigen Platz: zehn Minuten. Mein Vater verabscheut diese Prozedur.

An einem Nachmittag in der Osterzeit beginnt es während der Vorbereitungen zu regnen. Wir überlegen, den Spaziergang zu verschieben, aber nach so viel zähem Aufwand brechen wir schließlich auf. Mein Vater setzt kleine Trippelschritte auf die Straße, während ich ihn im Rollstuhl schiebe. Es strengt ihn an, die Beine so schnell zu bewegen, doch er möchte zu der Unternehmung beitragen. Einhundertsechs Kilo, sagt er, leider. Einhundertsechs Kilo, Bordstein rauf, Bordstein runter, der Regen ist nun Graupel, und mein Vater öffnet einen altrosa Stoffschirm über uns. Als wir ein Geschäft für Süßigkeiten passieren, bittet er um einen Halt. »Eine Bonbonniere!«, sagt er, »die könnten wir den Pflegeschwestern mitbringen.« Es führen Stufen zum Laden. Ich stelle den Rollstuhl unter dem Vordach ab, mein Vater lässt den altrosa Regenschirm sinken, ich arretiere die Bremsen, er kramt das Portemonnaie aus der Tasche und sucht, wie vor den Eisläden meiner Kindheit, danach, mir den passenden Betrag in die Hand zu drücken.

Ungelenk zieht er den Personalausweis aus der Geldbörse. Den Mitgliedsausweis der SPD. Eine Kreditkarte. Einen Barscheck, einen Geldschein. Ich denke an Aktenzeichen XY, an Nepper, Schlepper, Bauernfänger, und an den Hausierer, dem er billige Teppiche zu Höchstpreisen abkaufte, weil dessen traurige Geschichte ihn an die eigenen Hamsterfahrten der Nachkriegszeit erinnerte. Ob er mir nicht das Täschchen kurz überantworten wolle, frage ich. Mein Vater stopft Personalausweis und Parteipass, Kreditkarte und Barscheck zurück und reicht mir den Geld-schein. »Wir machen es lieber so«, sagt er.

Die Verkäuferin gibt mir eine Pfefferminzstange für den Mann da draußen. »Ach, das ist Ihr Vater«, sagt sie. »Das nächste Mal holen wir aber die Rampe! Dann kann er mit in den Laden, damit er mal was anderes sieht.«

Ich will nicht unfreundlich sein und drücke Anerken-nung aus. Nur wenige kleine Geschäfte verfügen über eine Rollstuhlrampe.

»Ohne geht es gar nicht«, antwortet mir die Frau. »Die Straßenauslagen mit den Ostereierregalen sind so schwer, die könnten wir sonst gar nicht bewegen.«

Als die Tage sonniger werden, bittet mein Vater mich wäh-rend eines Telefonats um einen Besuch. Der Tag ist noch nicht weit fortgeschritten. Ich bin beschäftigt und vertröste ihn auf den Abend. »Du musst wissen, dass es womöglich die letzte Gelegenheit sein wird«, sagt er daraufhin.

»Wie meinst du das?«

»Heute Abend kommt der Abtransport. Kurz gesagt, mit Herrn Thimm geht es zu Ende.« Wer noch etwas zu klären habe mit ihm, müsse das nun tun. Ob ich meine Mutter mit-bringen könne? Mein Bruder, sein Sohn, sei ja wohl in Mün-chen.

Er sitzt draußen im Park, bei der Rotbuche. Die Kran-kengymnastin ist bei ihm, wie immer dienstags um diese Zeit, auch ihr hat er seinen Abschied angekündigt. Mit dem Hausmeister des Altenheims hat er ebenfalls gesprochen. Er hat ihn gebeten, die Hortensie von seinem Balkon am kommenden Tag in das Gesamtgefüge des Parks zu ver-pflanzen.

»Da bist du«, sagt er. »Ich wollte dich noch einmal se-

265

hen.« Seine hellblauen Augen blicken klar. Er sieht gut aus. Sein Hemd ist blütenweiß, die Schuhe glänzen.

Die Krankengymnastin nickt mir zu und reicht ihm die Hand. »Bis Freitag, Herr Thimm.« Er nimmt die Hand, aber eine Antwort gibt er nicht. »Bis Freitag«, wiederholt sie, und er schweigt. Als sie gegangen ist, umarme ich ihn. »Die himmlische Verwaltung hat es gestern schon mit mir versucht«, sagt er da. »Aber gestern hat es nicht geklappt.«

»Und wie kommst du auf die Idee, der Termin sei heute Abend?«

»Ich höre so Zwischentöne. Ich habe schon lange einen Zustand erreicht, der meine Existenz auf dieser Erde nicht mehr rechtfertigt. Es muss ja auch mal ein Platz frei werden.«

Meinen Bruder erreichen wir in der Münchner U-Bahn, meine Mutter ist verreist. Ich hinterlasse eine Nachricht auf dem Anrufbeantworter ihres Mobiltelefons. Wäre es nicht mein Vater, dieser Spötter und Verfechter aller Vernunft, ich wäre skeptischer. Stumm, in sich gekehrt, blickt er auf die Rotbuche. Ob ich einen Kaffee trinken möchte, fragt er nach einer Weile. Ich möchte keinen Kaffee trinken.

Durch meine Gedanken rauschen Augenblicke der zurückliegenden Wochen. Sie scheinen plötzlich etwas zu bedeuten. Mehrmals hat er einen Stoffbeutel gepackt, hat den Rollstuhl am Regal entlanggeschoben, und ausgesucht: Das braune Täschchen, das Schachspiel aus Brot, eine Banane, Zahnbürste, Socken, Fotos und den Mitgliedsausweis der SPD. Er habe geräumt, erzählte er mir anschließend, und ich war froh, dass er sich mit handfesten Dingen beschäftigte statt mit imaginären Urnen.

Einige Male träumte er von Ratten, die an Menschen nagen, einmal hielt er, rot vor Anstrengung, den Griff über dem Pflegebett mit beiden Händen umklammert. Er sei dabei, sich zu rüsten, erklärte er mir und schickte mich weg: »Ich quäle mich auch ohne dich genug.« Nun fasst er nach meinem Arm. »Ich würde mich gerne hinlegen«, sagt er.

Die Klingel an seinem Bett funktioniert, gerade an diesem Tag, nicht. Die diensthabende Schwester weiß nicht, warum. Mein Vater schaltet den Fernsehapparat an, Phoenix, die Völkerschlacht bei Leipzig, ein dokumentarischer Spielfilm. Viele Schüsse, viele Tote.

Ist das nun gut oder schlecht, denke ich. Lenkt es ihn ab, oder ängstigt es ihn? »Was genau war das gleich, die Völkerschlacht?«, frage ich beiläufig, ich suche nach einem Eindruck seines Gemüts. »Österreich, Preußen und Russland. Die haben sich von Napoleon befreit. Aber die Franzosen waren trotzdem ziemlich stark«, antwortet er, ohne den Blick von den opulenten Kostümbildern zu wenden.

Zum Abendbrot isst er mit beruhigendem Appetit. Als ich die Joghurtreste von seinem Schlafanzug pule, zieht er meine Hand an sein Gesicht. »Gute Nacht«, sagt er und drückt fest zu. »Bis morgen.«

Der Tag rückt in Vergessenheit. Bis zu einem anderen, einem heißen Tag im Hochsommer. Ich treffe meinen Vater in seinem Zimmer im Rollstuhl an, und über seinem Kopf, der zur Seite sackt, nach rechts, nach links, nach rechts, liegt ein Handtuch ausgebreitet. Er habe Durst, sagt er, furchtbaren Durst. Zwei leere Wasserflaschen rollen auf dem Nachttisch. Der Kasten steht in einer Zimmerecke auf dem Fußboden. Man muss sich hinunterbeugen können, um die Flaschen darin zu erreichen. Es gelingt meinem Vater nur an manchen Tagen. Wieder wird die diensthabende Schwester Ziel meiner Wut. Aber ich weiß auch, dass es kein Mensch schaffen könnte, alle Bewohner auf diesem Flur immer bestmöglich zu versorgen. Als mein Vater getrunken hat, Wasser und Kaffee und auch ein Glas voll Birnensaft, den er sich wünscht, scheint es ihm besser zu gehen. Nachts bekommt er Fieber. Der hausärztliche Notarzt wird gerufen, blickt auf Horst Thimm, den er zum ersten Mal sieht, diagnostiziert Demenz und Fieber, beschwert sich über die Störung und belässt es dabei. Meine Mutter, längst pensioniert und noch länger nicht mehr seine Hausärztin, weist meinen Vater am Tag darauf in ein Krankenhaus ein. Er bittet sie darum. Er atmet da bereits so schwer, dass sie ihn kaum versteht.

Die Rettungssanitäter, die ihn in die Klinik transportieren sollen, brauchen zwanzig Minuten, bis sie abgefragt haben, was ihre Vorschriften vorgeben. Versicherungsname, Versicherungsnummer, Wohnanschrift, Rechnungsanschrift, Geburtsdatum. Dann messen sie den Blutdruck, und, plötzlich sehr zügig, die Sauerstoffsättigung im Blut. Binnen weniger Minuten treffen zwei weitere Sanitäter und ein Notarzt ein. Der Notarzt sticht in den Handrücken, links, rechts, links, rechts, er findet keine Vene, in die er Medikamente spritzen könnte, »Sättigung schlecht«, wiederholt einer der vier Sanitäter, »Sättigung schlecht«, und auf dem Zimmerboden häufen sich sich die Papierfahnen des tragbares EKG-Geräts. Irgendwann atmet der Notarzt tief durch, und mein Vater reißt die Augen auf. Ein Schlauch führt nun in seinen linken Arm, ein anderer zu der Sauerstoffmaske auf Mund und Nase. Zwei Sanitäter heben ihn auf die Transportliege. Er lächelt meine Mutter an und mich, und bittet, wir mögen bei ihm bleiben.

Im Krankenhaus breitet sich, vor dem Fenster des hochgelegenen Zimmers, in das sie ihn schieben, die Krone einer Linde aus. Er freut sich noch darüber. Dann umfängt ihn unruhiger Schlaf.

Akute Lungenentzündung. Akuter Wasserrückstand in der Lunge.

Demenz, Diabetes, Hochdruck, Immobilität.

Atemunterstützung durch eine Sauerstoffmaske? Ja.

Antibiotikum? Ja.

Aktive Beatmung? Nein. Wir sprechen uns gegen jede invasive Intensivmedizin aus.

Der Stationsarzt findet unsere Entscheidung richtig.

Mein Bruder reist an und verbringt die Nacht auf einer Gartenliege im Krankenzimmer. In der folgenden Nacht liegt meine Mutter darauf. Wir hören auf sein Röcheln, wir versichern ihn unserer Anwesenheit; wir schrecken auf, wenn er schwer atmend durch die Bettdecke wühlt, wir legen uns zurück, wenn sein Atem sich beruhigt. Wir wissen nicht, was wir ihm wünschen sollen. Bei jedem Besuch nehmen wir Abschied. Es zehrt, immer wieder Abschied zu nehmen.

Nach zwei Tagen sinkt das Fieber, nach vier Tagen normalisieren sich die Entzündungswerte. »Wie gut, dass es dir besser geht«, sage ich am fünften Tag. »Das finde ich auch. Ich freue mich darüber sehr«, entgegnet er, und ich frage mich, wie ich ihm zwischendurch den Tod habe wünschen können.

»Gott, was war ich groggy«, sagt er an dem Tag, an dem er einen Teller voll Suppe und den Tafelspitz zu Mittag isst, den Quark zum Nachtisch und eine Hand voll Weintrauben. In den Tagen zuvor hat er er eine Stunde lang an einem halben Käsebrot gekaut und schluckte die Tabletten nur, wenn wir sie in Joghurt versteckten. Er hatte keine Lust auf Pillen. Ich hätte seine Abneigung am liebsten respektiert.

Doch ein Arzt, der ihn gut kennt, sah das anders. Wer sich derart aggressiv dem Tod verweigere, den müsse man beim Leben unterstützen, meinte er. Am Abend dieses Tages, an dem mein Vater Suppe und Tafelspitz isst, singt er, mit schwacher Stimme noch, die Internationale. Als ich mich verabschiede, frohgemut, hält er mich zurück. »Die Seebestattung«, sagt er. »Ist das eigentlich geklärt? Und das Lied? ›Ännchen von Tharau‹?«

Der Reeder, spezialisiert auf Hoheitsgewässer außerhalb des deutschen Staatsgebietes, klingt freundlich am Telefon. Ohne Pathos, aber mit Gefühl. Er würde meinem Vater gefallen.

»Ostpreußen?« sagt er. »Kein Problem. Wenn die Urne im Frischen Haff versenkt werden soll, legt das Boot in Tolkmicko ab. Soll die letzte Ruhestätte in der Ostsee sein, wäre Abfahrt in Danzig.«

Der Reeder, der das Schifferklavier spielt, sorgt auch für die Musik an Bord. Wir werden keinen iPod brauchen. Ich frage nach »Ännchen von Tharau«.

»Lässt sich einstudieren«, sagt er.

»›Großer Gott, wir loben dich‹?«

»Kein Problem.«

Wird eine Urne ins Wasser gelassen, läutet der Kapitän mit vier Doppelschlägen die Schiffsglocke. Es ist das Signal der Seefahrt für den Wachwechsel. Die Angehörigen werfen der Urne Blumen nach, anschließend umkreist das Schiff dreimal die Position. Wer mag, spricht ein Gedenken, dann verteilt der Kapitän Schnaps. Alle Anwesenden leeren das Glas zur Hälfte und gießen den Rest als letzten Gruß ins Meer.

»Es dürfte kein Schnaps sein«, sage ich. »Sondern Bärenfang, ostpreußischer Honiglikör.«

270

»An Bord befindet sich Schnaps«, erwidert der Mann am Telefon. »Aber bringen Sie mit, was Sie wollen.«

Drei Wochen später wird mein Vater aus der Klinik entlassen. Er ist elf Kilo leichter und dankbar für sein Leben. Wir fragen uns, und vorsichtig auch ihn, dennoch, ob er ein weiteres Mal in ein Krankenhaus eingeliefert werden sollte. Wir zweifeln daran, dass er eine solche Prozedur noch einmal überstehen wird. »Das muss ich ja nun aber auch nicht mehr«, antwortet er da. »Wir haben doch jetzt Seebestattung gebucht.«

Von den Jahren nach der Haft und seinem neuen Leben hat mein Vater nicht mehr viel berichten können. Wir fanden nach den Aufenthalten im Krankenhaus nicht zurück zu Fluss und Stimmigkeit.

Einiges, das mir in meiner Kindheit unerklärlich vorgekommen war, erschien mir nun, da ich mehr wusste, erklärlicher. Ich reimte mir Gründe zusammen. Sein sperriges Verhalten bei rheinischer Geselligkeit, seine Abneigung gegen jede unbekümmerte Duzerei, auch sein Widerwille gegen alle Verbrüderung, die das Rheinland zu Kirmes, Karneval, Weinfesten und Schützenfeiern beherrscht – vielleicht entsprangen sie der Erfahrung, dass sich hinter leutseligem Verhalten eher ein Spitzel, eher ein Verräter als ein Freund verbirgt. Auch Polizisten und anderen Uniformträgern begegnete er grundsätzlich renitent. Jedes Jahr um die Osterzeit erlebten wir eine Probe seines Unmuts in den Ferien, die wir in einem schmalen österreichischen Tal verbrachten. Ich lernte dort das Skilaufen und mich der Sturheit meines Vaters zu schämen. Nahezu jeden Tag stritt er vor der Bergbahn mit dem Parkplatzeinweiser, der über seinem Schneeanzug einen orangefarbenen Überwurf mit der Aufschrift »Wachpersonal« trug. Mein Vater fuhr grundsätzlich auf einen anderen Stellplatz als auf jenen, den ihm dieser Mann zuwies. Er ließ den Wachmann zetern und uns auch. Es hatten bereits zu viele Wärter über sein Leben bestimmen dürfen. Vielleicht gestand er auch deshalb so ungern Fehler ein. Vielleicht hatte er zu intensiv erfahren, dass jeder Fehler weitere Strafe bedeutete.

Die Jahre nach der Haft aber müssen voll von Erfolg, voll von Zutrauen und Selbstversicherung gewesen sein. Mit einem Mal war Horst Thimm nicht mehr der Strafgefangene Nummer 147, sondern ein lieber Heimkehrer und sehr geehrter Herr. Willy Brandt, damals Regierender Bürgermeister von Berlin, schickte eine Einladung auf fein geprägtem Büttenpapier und bat Herrn Horst Thimm »zu einer Kaffeestunde mit den im Jahre 1960 aus der Sowjetzone entlassenen politischen Häftlingen«. Der Untersuchungsausschuss Freiheitlicher Juristen und dessen Hilfskomitee für politische Häftlinge der Sowjetzone forderten, die Strafvollstreckung gegen Herrn Horst Thimm für unzulässig zu erklären. Der Oberstaatsanwalt am Westberliner Kammergericht stellte die Unzulässigkeit einen Monat nach der Entlassung fest.

Es ist sein Zettelkasten, der die Geschichte vom Wiederaufbau seiner Existenz erzählt. Bescheide, Formulare, Auflagen, Widersprüche, Rechtsbelehrungen. Und Anfragen, immer wieder Anfragen. 1960, im Jahr seiner Entlassung, muss sich ein Netz von Informationen über ehemalige ostdeutsche Häftlinge durch die Bundesrepublik gezogen haben. Ob er in Brandenburg auf Vermisste getroffen sei, erkundigten sich Mitarbeiter des Suchdienstes vom Deutschen Roten Kreuz bei ihm, und der Beauftragte des Rates der Evangelischen Kirche in Deutschland für Kriegsgefangenenarbeit schickte die Namen von 267 Strafgefangenen. Letzter bekannter Aufenthaltsort: Brandenburg. Weiterer Verbleib: unbekannt. Könne der Heimkehrer denn die Liste einmal durchgehen?

Gleich in den ersten Tagen hatten Mitarbeiter der Westberliner Behörden damit begonnen, Zeugnisse seiner Gesinnung zu sammeln. Ob Herr Horst Thimm dem »sowjetzonalen Regime« Vorschub geleistet habe, wollten sie wissen, und ob er während der »Gewahrsamszeit gegen die Grundsätze der Menschlichkeit oder Rechtsstaatlichkeit« verstoßen habe. Am 1. September sagte ein ehemaliger Zellennachbar aus: »Während all dieser Jahre war Thimm stets ein aufrichtiger, ehrlicher Kamerad. Als junger Student in den Gewahrsam der SBZ-Organe gekommen, hat er stets den Standpunkt aller dort inhaftierten politischen Gefangenen vertreten und diesen auch bis zum letzten Tag trotz Schikanen und Nackenschlägen, die für sein junges Leben wohl ausschlaggebend waren, durchgehalten. Oft sind Kameraden durch seine Verschwiegenheit von irgendwelchen Repressalien oder Strafen verschont geblieben.«

Bald urteilte mein Vater ähnlich über andere. »Herr K. zeigte sich in dieser Zeit als guter Kamerad. Mir ist bekannt, daß aus seinem Stillschweigen der Volkspolizei gegenüber andere Kameraden sowie auch ich vor weiteren Strafverfolgungen und Repressalien der Volkspolizei bewahrt wurden«, so tippte er auf jener Schreibmaschine, die ihm die Mutter geschenkt hatte, damals, sieben Jahre zuvor, als er nach den Unruhen des 17. Juni aus dem Gefängnis der sowjetischen Besatzer in Karlshorst zurückgekehrt war.

Über einen anderen Häftling schrieb er: »Herr S. war stets hilfsbereit und ein vorbildlicher Kamerad. Verhielt er sich auch ruhig und im Hintergrund, so war er doch einer der zuverlässigsten Mitgefangenen in Augenblicken, in denen es darauf ankam, Charakterstärke und politische Standhaftigkeit zu beweisen. Mir persönlich ist nicht bekannt, daß Herr S. sich in irgendeiner Weise vor den Karren des kommunistischen Systems hat spannen lassen oder Handlungen begangen hat, die mit dem Prinzip der Rechtsstaatlichkeit unvereinbar sind.«

Die Einschätzungen der ehemaligen Mithäftlinge legten die Grundlage für jede Sonderleistung, die, so heißt es in Paragraph 1 des Häftlingshilfegesetzes, denjenigen als Eingliederungshilfe zusteht, die »aus politischen und nach freiheitlich-demokratischer Auffassung von ihnen nicht zu vertretenden Gründen« außerhalb der Bundesrepublik Deutschland »in Gewahrsam genommen wurden«. Es waren keine Gefälligkeitsgutachten. Als der Kreisinspektor des Vertriebenenamtes in Unna um ein Zeugnis für einen jener Männer nachsuchte, die als Kalfaktoren Spitzeldienste für die Volkspolizei geleistet hatten, schrieb mein Vater:

»Aus eigener Kenntnis und allgemeiner Meinung unter den Strafgefangenen kann ich nur sagen, daß sich Herr L. während seiner Haftzeit ausgesprochen unkameradschaftlich seinen Mitgefangenen gegenüber benommen hat. Bekannt und auffällig wurde, daß Herr L. oft aus seiner Zelle und von seinem Arbeitsplatz zu Unterredungen in die Diensträume der Wachtmeister gerufen wurde. Verwundert bin ich darüber, daß sich, trotz aller Unkameradschaftlichkeit und starker Zweifel in seine Person, Bürgen gefunden haben, die seine einwandfreie Haltung bezeugt haben.« Dreimal schrieb ihn der Inspektor an, immer wieder stellte er Fragen, ein Jahr dauerte das Verfahren. Schließlich hatten sechs ehemalige Strafgefangene gegen den Kalfaktor ausgesagt und drei für ihn Partei ergriffen. Nach Ansicht seiner Gegner zählten diese drei ebenfalls zu den Spitzeln. Über den Ausgang des Verfahrens findet sich nichts im Zettelkasten.

Der ehemalige Strafgefangene Thimm, Nummer 147, erhielt bis 1974 vier Auszahlungen von insgesamt 18 280 Mark »Eingliederungshilfe« und »Ausgleichsleistung« für die Jahre der Haft. Vorerst aber lebte er, ohne Beruf und ohne staatliche Unterstützung, von Gelegenheitsarbeiten und von der Familie.

Die Lieblingsschwägerin der Mutter hatte sich seiner angenommen. Sie war Witwe geworden und verbrachte viel Zeit mit der eigenen Mutter, einer älteren Dame mit weißem Dutt und gedeckten Kostümen, die in einer Zehlendorfer Wohnung nahe des Grunewalds lebte. Bei ihr bezog der entlassene Häftling ein Zimmer. Er holte Kohlen aus dem Keller, reparierte, was anfiel, unterhielt und verehrte die beiden Damen, die ihm ein Zuhause boten. Gleich im September, einen Monat nach dem Ende der Haft, begann er mit einer Arbeit als Drehbankschleifer bei der Porzellan-Manufaktur in Berlin. Drei Monate glättete er tagsüber die Standflächen der weißen Vasen, Teller und Figuren. Vor Sonnenaufgang lud er Früchte und Gemüse in die Kühlhäuser des Großmarkts, abends saß er auf der Schulbank eines »Instituts zum Erwerb der Hochschulreife«, in den Ferien arbeitete er in Ludwigshafen. Als ehemaliger Häftling wollte er das Gebiet der DDR nur überfliegen. Eine Boeing der amerikanischen Luftfahrtgesellschaft PanAm brachte ihn nach Stuttgart, von dort fuhr er weiter in die Pfalz. Doch der Lohn, der Aushilfskräften in einem dort ansässigen Unternehmen gezahlt wurde, rechtfertigte allen Aufwand.

Er sah nicht viel von der Bundesrepublik bei diesem ersten Aufenthalt im Westen. Er hatte zu tun. Dank der Fürsprache eines Professors hatte sich sein großer Wunsch erfüllt, und er hatte das Studium wieder aufnehmen können. Er sollte nur das Hochschulzeugnis möglichst rasch nachreichen. So lernte er Englisch für die Abiturprüfungen, wann immer es die Schichten zuließen, eine ihm noch nahezu unbekannte Sprache. Er feilte an den Semesterarbeiten, tauchte ein in »Hitlers Außenpolitik« und »Bismarcks Innenpolitik«, in das »Wachstum der Entwicklungsländer« oder die »Wirtschaftsmacht Bank«. Es zog ihn an die Universitäten Harvard oder Princeton, er bewarb sich um ein Stipendium in Amerika, gelangte bis auf Platz zwei, plante eine Doktorarbeit. Er absolvierte ein Pensum, als habe er sich sechs Jahre lang dafür ausgeruht. »Ich bin froh, zu sehen, wie heiter und zuversichtlich Du Deinen Weg gehst«, schrieb ihm ein Freund in jener Zeit, der ihn seit den Kinderjahren kannte.

Seine Mutter in Eberswalde sah er nicht wieder. Zwei Monate, nachdem die DDR ihre Grenzen mit Mauern und Stacheldraht verschlossen hatte, starb Gertrud Thimm. Seinen letzten Gruß im Oktober 1961, einen Kranz aus Tanne und Chrysanthemen, brachte Fleurop. »Nichts trennt uns, solange wir uns verbunden sind. Dein Sohn Horst« hatte er auf die Schleife drucken lassen. Er besitzt ein Foto von dem Grab mit diesem Kranz, und den letzten Brief der krebskranken Mutter. Sie hatte vier Wochen im Krankenhaus Eberswalde gelegen und auch von dort der Lieblingsschwägerin geschrieben. Seit einem Jahr war da ihr Sohn kein Häftling mehr. Erleichtert stellte sie fest, dass er Brandenburg tatsächlich hinter sich gelassen zu haben schien. Seine Tatkraft tröstete sie. »Erzähle Horst nun, er soll sich keine

Sorgen machen und ruhig erst sein Abitur bauen, ehe er schreibt. Herzliche Grüße, Deine Trudel.«

Im Oktober 1962 bestand der Sohn das Abitur. Im November 1963 erlangte er das Diplom an der Freien Universität Berlin, wo aus der ehemaligen Hochschule für Politik das Otto-Suhr-Institut geworden war. Bald darauf feierten Freunde Hochzeit, und am Spülbecken ihres Küchenraums lernte er seine zukünftige Frau kennen. Sie fanden beide, irgendjemand auf diesem Fest müsse sich ja um die schmutzigen Gläser kümmern. Meine Eltern spülten ziemlich lange an diesem Tag.

Manchmal gelingt uns in Bruchstücken eine Rückkehr zu den früheren Gesprächen. Meist schafft ein Wort, ein Geruch, ein Gegenstand Einlass. Das Parteibuch der SPD gehört dazu, seit 1965 kleben darin die Marken. Hält mein Vater es in den Händen, fällt ihm die passende Geschichte ein. »Eine Story für sich«, so sagt er, »wie ich ein Sozi wurde.« Gleich nach dem Studium arbeitete er für das Europa-Haus Berlin und unterrichtete Abendschüler im Fach Politik. Er wurde nicht müde, das Engagement in der Bürgergesellschaft zu beschwören, und die jungen Erwachsenen, die schon einen Arbeitstag im Betrieb hinter sich hatten, wenn sie am Abend vor ihm saßen, konnten es bald nicht mehr hören. »Und sagen Sie bitte, Herr Thimm, wo engagieren Sie sich?«, fragte einer von ihnen, und der Referent geriet in Erklärungsnot. Er sei Mitglied im Sozialdemokratischen Hochschulbund, antwortete er, mäanderte, erklärte, betonte, er schätze die sozialen Komponenten in der Politik. Doch er fand die Frage, die an ihm nagte, berechtigt. »Da bin ich in eine Partei eingetreten. Und es kam keine andere in Frage.«

Auch der verzerrte Harlekin aus weißem Porzellan führt ihn in jene Westberliner Jahre zurück. Er ist die Lieblingsfigur seiner kleinen Sammlung von Miniaturen der Königlichen Porzellan-Manufaktur. Manchmal bittet mein Vater darum, den Harlekin so auf dem Regal zu positionieren, dass er ihn vom Bett aus betrachten kann. Als er zum ersten Mal die Standfläche eines solchen Mannes ebnete, als Drehbankschleifer in Berlin, nahm er sich vor, einen wie ihn auch einmal zu besitzen. Er hält den weißen Clown für ein Sinnbild des Menschen. »Hin- und hergerissen und verklemmt. Der strahlt keine Ruhe aus, der wirkt nicht gefestigt. Und trotzdem steht er gerade.«

Die Urkunden, die ihn in die Bonner Republik zurückversetzen, verwahrt er im Zettelkasten. Sie sind aus cremeweißem Karton, und jede trägt vornauf einen goldfarbenen Bundesadler.

Er war achtunddreißig Jahre alt, als er *durch Urkunde vom 16. Juli 1969 in das Beamtenverhältnis auf Probe versetzt* wurde. Zwölf Monate später hatte er sie bestanden. *Im Namen der Bundesrepublik Deutschland. Beamter auf Lebenszeit. Der Bundesminister für Jugend, Familie und Gesundheit Käte Strobel.*

Siebenundzwanzig Jahre Staatsdienst. Fünfmal cremeweißer Karton. *Im Namen der Bundesrepublik Deutschland:* Ernennung zum Regierungsdirektor. *Im Namen der Bundesrepublik Deutschland:* Ernennung zum Ministerialrat. *Im Namen des Deutschen Volkes:* Glückwünsche zum 25. Dienstjubiläum. *Im Namen der Bundesrepublik Deutschland:* Abschied.

Der Ministerialrat Horst Thimm tritt nach Erreichen der Altersgrenze mit Ende des Monats April 1996 in den Ruhestand.

*Für die dem Deutschen Volke geleisteten treuen Dienste
spreche ich ihm Dank und Anerkennung aus.
Berlin, den 7. März 1996
Der Bundespräsident*

Roman Herzog, der damals Schloss Bellevue bewohnte und
den Abschiedsgruß mit Tinte unterschrieb, hatte recht: Der
Beamte Horst Thimm hatte treue Dienste geleistet. Er hatte
sich immer an jene Tugenden gehalten, die mir lange allein
deshalb suspekt waren, weil sie als preußisch galten. Disziplin. Fleiß. Pünktlichkeit.

Mein Vater rechnete jedes private Ortstelefonat, das er
vom Büro aus führte, privat ab. Aber eigentlich fand er, man
dürfe während der Dienstzeit ohnehin nicht telefonieren.
Mit dem Image des faulen Beamten musste er leben, auch
mit dessen Vertretern. Es entsetzte ihn ernsthaft, wenn sich
Kollegen freitags am frühen Nachmittag ins Wochenende
verabschiedeten, obwohl noch Wichtiges zu besprechen
war. In seinem Selbstverständnis konnte zwar jeder nach
seiner Façon selig werden, aber nicht auf Kosten der Allgemeinheit.

Vierzehn Jahre arbeitete er unter sozialdemokratischen
Ministern. Dreizehn Jahre regierten CDU und CSU bis in
die Akten auf seinem Schreibtisch. Er musste Entscheidun-
gen mittragen, die er für unsinnig hielt, er kam wütend und
wortkarg nach Hause, seine Zuneigung zur SPD behinderte
sein Fortkommen, doch seine Arbeit erledigte er mit immer
gleicher Sorgfalt. Seine Loyalität galt dem Land, das er
mochte, und dem politischen System, dessen Prinzipien er
hochhielt. Er wollte das Beste für diesen Staat, den besten
der drei deutschen Staaten, die er kennengelernt hatte. Und
er schätzte, nach den Unwägbarkeiten seiner ersten neun-

undzwanzig Lebensjahre, auch die sichere Existenz eines deutschen Beamten.

Sein Traum aber blieb die Arbeit des Försters. All die Jahre hielt er meinen Bruder und mich an, unsere Berufe sorgfältig zu wählen. Der richtige Beruf mache einen Menschen äußerlich und innerlich unabhängig, glaubte mein Vater. So durften wir immer alles lernen. Meine Eltern bezahlten Sprachkurse und Sportkurse und Musikstunden und Reisen; sie finanzierten unsere Studienzeit, und als ich zweifelte, ob Medizin, Jura, Politikwissenschaft, Geschichte oder doch lieber Germanistik, ermunterte mich mein Vater, mehrere Fächer auszuprobieren.

Er, dem vom Wohlstand seiner Familie nichts geblieben war, fand, dass Eltern ihren Kindern in Wirklichkeit nur ein einziges Erbe mitgeben können. Er hatte früh vorgesorgt. Auf einem Notizzettel vom Februar 1974 findet sich der Vermerk, es sei trotz der angespannten Finanzlage der Familie gelungen, zweitausend Mark für die Ausbildung der Kinder zu einem Zinssatz von neun Prozent anzulegen.

»Ich habe mich darum bemüht, meine Sache anständig zu erledigen«, sagt er nun zu mir. »So gut es ging. Aber wer weiß.«

Manchmal, wenn die Melancholie jeden Winkel dieser zwanzig Quadratmeter auszufüllen droht, in denen mein Vater nun mit seinen Erinnerungen lebt, breiten wir eine abgegriffene Ledermappe mit bröckelnder Goldprägung vor ihm aus: *Dokumente.* Die Zeugnisse von Vorarbeitern, Universitätsprofessoren und Vorgesetzten zeichnen das Bild eines ungebrochenen Menschen.

»Ich war tief bewegt von seiner Energie, all das nachzuholen, was er versäumt hatte.«

»Zuverlässig. Vertrauenswürdig.«

»*Stets hilfsbereit und aufrichtig.*«

»*Humorvoll. Ein ausgeprägtes Gefühl für Gerechtigkeit.*«

»*Mit wehmütiger Erinnerung an schöne Tage denke ich an seine Arbeit.*«

»Nun lass gut sein«, sagt mein Vater dann nach kurzer Weile, peinlich berührt und dennoch getröstet. »Du weißt doch am besten, wie geduldig Papier ist.«

Er zweifelte lange an meiner Berufswahl. Er glaubte an die Macht der Sprache, doch nicht unbedingt an die Unabhängigkeit von Journalisten. In den ersten neunundzwanzig Jahren seines Lebens hatten Worte im Dienst zweier Diktaturen geholfen, eine passende Wirklichkeit zu erschaffen. Und später, als Referent für Öffentlichkeitsarbeit der jungen Bundesrepublik, lernte er die Berichterstatter auch nicht nur als Helden der Demokratie kennen. Er hatte in seinem Leben jene getroffen, die wegen ihrer Überzeugung im Gefängnis saßen, und solche, die gegen ihre Überzeugung anschrieben. Beides mochte er sich für seine Tochter nicht vorstellen.

Meist schwieg er, wenn ich protestierte, ich doch nicht! Er tat mir den Gefallen, und auch sich selbst. Sonst hätte er erzählen müssen, wieviel Kraft es kosten kann, Unbeugsamkeit nicht nur zu behaupten. Das hätte viel zu viel Bohei bedeutet.

An einem herbstwarmen Sonntag im Oktober ruft morgens eine Schwester aus dem Altenheim an. Mein Vater ist auf dem Weg ins Krankenhaus. Der Katheter funktioniert nicht mehr.

Wir hatten vereinbart, dass die Schwestern anrufen, sobald sich sein Zustand verändert. Wir wollten mit darüber entscheiden, ob er in ein Krankenhaus gehöre. Auf jeden

Fall sollte er nie mehr allein in einem Rettungswagen liegen. Die Schwester hatte daran nicht gedacht.

Meine Mutter macht sich auf und begleitet meinen Vater nach dem Katheterwechsel auf dem Rückweg im Krankenwagen. Er zittert während dieser Fahrt, er zittert so sehr, dass der Rettungssanitäter wieder umdreht. Der Eingriff hat eine Entzündung ausgelöst. Ein geschwächter Körper reagiert schnell auf Bakterien.

Welche Behandlungen wir wünschen, fragt der diensthabende Arzt der Intensivstation.

Keine invasiven Eingriffe, sagen wir. Antibiotikum ja, auch eine Sauerstoffsonde unter der Nase. Aber keine Beatmung. Man kann sich, es ist merkwürdig, daran gewöhnen, solche Sätze auszusprechen.

Der Arzt ist voller Eile. »Sie sollten in Betracht ziehen, dass es möglich ist, dass der Patient in den nächsten Minuten verstirbt«, sagt er noch, bevor er die braune Tür zu der verschlossenen Station hinter sich zuzieht. Es befindet sich eine Gegensprechanlage an dieser Tür. Zwei Stunden warten wir, scheuen den Klingelknopf und die Sprechanlage, starren auf die Klinke, laufen auf und ab. Als der Arzt uns hineinbittet, schüttelt er den Kopf. Es geht ihm besser, sagt er. Eingefallen und bleich liegt mein Vater in dem Krankenhausbett.

Erneut wechseln meine Mutter und ich uns ab. Wir reichen Essen, Wasser, Tee. Meist weist er es zurück. An manchen Tagen besuchen wir ihn gemeinsam, die Besuche fallen uns dann leichter. Jedes Mal müssen wir Kittel, Haube, Handschuhe und Mundschutz über unsere Kleider ziehen. Wie grüne Gespenster sehen wir aus, und als wir uns gegenseitig mit der Kamerafunktion im Handy fotografieren, hilft es unserer Stimmung. Nachts reißt mein Vater die

Schläuche aus seinem Körper. Die Schwestern binden seine Hände ans Bett, aber das erfahren wir erst viel später. Nach sechs Tagen hat sein Körper zu normaler Temperatur zurückgefunden. »Ich schaffe es nicht, mit Pauken und Trompeten abzutreten«, sagt er an diesem Tag. »Ich bin nur im Wartesaal ein bisschen weiter nach vorne gerückt.«

Im Altenheim, zurück auf Station 2, erfreut ihn sein Zimmer. Er liegt dort Tag und Nacht. Das Knie schmerzt ihn, der Rücken, die dünnen Beine; die Muskeln sind kaum noch zu erkennen. Er ist nun ein Patient der Pflegestufe 3.

»Danke«, sagte mein Vater, als wir ihn vorsichtig massieren. »Und ich habe noch einen Wunsch. Ich möchte nicht als Behandlungsmodell dienen.«

»Der Organismus ist an seinem Ende angelangt«, sagt auch der Hausarzt. »Wir machen jetzt nur noch palliativ.«

Im Schwesternzimmer schreibe ich einen Zettel. »Im Falle von zum Beispiel hohem Fieber und Luftnot bitte ich darum, einen Arzt zu rufen, wenn möglich den behandelnden Arzt. Mein Vater soll alle lindernden Medikamente erhalten wie Antibiotika oder solche, die ihm das Atmen erleichtern. Ich weiß, dass es der mutmaßliche Wille meines Vaters ist, in einem solchen Fall nicht mehr in ein Krankenhaus eingeliefert zu werden.« Die Stationsleiterin heftet den Zettel an die Patientenverfügung. Drei Jahre liegt der Notartermin zurück. »Es ist ja nur für den Fall«, hatte mein Vater damals gesagt. »Es ist ja an der Zeit, so etwas zu regeln.«

Die Frau, die sich im Altenheim um Palliativpatienten kümmert, kommt mit einem Golden Retriever. Der Hund ist ausgebildet für den Dienst, den er leisten soll. Er klettert auf einen Stuhl, damit Horst Thimm ihn besser sehen kann, und schiebt den Kopf in dessen Hand. Dann schließt mein Vater die Augen.

Zweieinhalb Tage bewegt er sich nicht. Er liegt da, in ein hellblaues T-Shirt gekleidet, das weiße Haar noch immer dicht, er atmet flach und bewegt sich nicht.

Meine Mutter und ich wechseln uns ab. Als er sich räuspert, nach zweieinhalb Tagen, ist es gerade meine Zeit. »Katja«, sagt mein Vater. »Gibst du mir etwas zu trinken? Ich habe schrecklichen Durst.«

Es sei nicht so schlecht gewesen an diesem Ort, an dem er war, erzählt er, als er ein Glas Wasser getrunken hat, und noch eins, und auch Birnensaft. Dann bespricht er ein letztes Mal die Einzelheiten der Beerdigung. Seebestattung. Frisches Haff. Schifferklavier. Bärenfang. »Wird der Kapitän auch wirklich ›Ännchen von Tharau‹ spielen?«

»Das wird er.«

»Dann ist es gut. Und Katja. Du musst nicht weinen.«

Zehn

Beinahe ein Jahr ist seither verstrichen. Mein Vater hatte in dieser Zeit gute und schlechte Tage. Er sagt, sie halten sich die Waage. Er weint oft, und er lächelt oft, und anders als in meiner Kindheit zeigt sich sein Gemüt meist so weich, wie es ist. Jeden Tag erlebt er sein Leben. Der See, der Wald, der Krieg, das Gefängnis, das Ministerium und das Haus im Siebengebirge gehören zu seiner Wirklichkeit wie die Pfleger und Schwestern auf Station 2.

Besuche ich ihn, kann es passieren, dass er mich ungeduldig und freudig empfängt. Aber möglich ist auch, dass er mich wieder wegschickt. Einmal störte ich mitten in einer wichtigen Sitzung. Angetan mit einem gebügelten Hemd saß er im Rollstuhl vor dem Fernsehapparat; eine Sendung über Verhütung und Aufklärung.

Mit einer ausholenden Handbewegung wies er auf mich. »Meine Tochter« stellte er mich einer imaginären Runde vor.

Ja doch, antwortete er gleich darauf in meine Richtung, eine Birnensaftschorle nehme er gerne, aber dann müsse ich mich wirklich verabschieden. »Wie du siehst, werden hier gerade Konzepte für eine Erweiterung des Jugendschutzgesetzes verabschiedet. Nimm es nicht persönlich, aber die Versammlung braucht Ruhe.«

Mit der gleichen Ernsthaftigkeit beobachtet er Scharfschützen auf den Zinnen am Haus gegenüber. Dann kann es geschehen, dass er weint, wenn ich ihn besuche, weil er mich eben noch tot hat da liegen sehen, erwürgt von Partisanenkämpfern, und im Sessel, unter der rotweiß gestreiften Decke, zerschossen meinen Bruder. Ich reiche ihm in solchen Augenblicken seine Brille. Nicht immer lässt er sich davon ablenken. Aber manchmal sagt er doch, er müsse wohl dringend mal einen Optiker aufsuchen.

Häufig bemühen wir die unbeschwerten Jahre seiner Kindheit. Ich habe mich verbündet mit Ostpreußen, jener Gegend, die ich früher nicht einmal beim Namen nennen wollte. Im System der Kundenauswertung beim Online-Versandhandel werde ich als »lieber Freund einer vergessenen Vergangenheit« geführt, ich habe dort Fotobände mit »Aufnahmen aus Masuren vor 1940« bestellt und CDs mit Titeln wie »Ostpreußischer Humor« oder »Klänge aus der Heimat«. Noch vor ein paar Jahren hätte ich so etwas grundsätzlich nicht verschenkt. Doch meinem Vater helfen die Dinge, die Erinnerungen zu finden, die ihn bergen.

Immer noch lebt er an vielen Tagen in der Wirklichkeit des Augenblicks. Bei Sonnenschein trägt er manchmal eine Gärtnerschürze über Hemd und Hose und zupft, die Rotbuche im Blick, vom Rollstuhl aus ein wenig Unkraut auf dem hochgelegenen Beet gegenüber dem Goldfischteich. Der Gärtner des Altenheims hat dort Kräuter ausgesät, und samstags kommt ein Küchenjunge und schneidet für den Eintopf Maggikraut. Am Abend, bei den Vorbereitungen zur Nachtruhe, erzählt mein Vater den Pflegeschwestern manchmal von der Arbeit im Garten. »Die macht ja auch ein bisschen müde«, sagt er zu ihnen. Und wünscht ihm eine der zwei, die ihn betten, beim Abschied einen besonders schönen Traum, erwidert er: »Dann träume ich am besten wohl von Ihnen beiden. Ich will ja keinen Ärger.« Den handgeschriebenen Zettel an der Patientenverfügung, der jeden weiteren Krankenhausaufenthalt ausschließt, haben wir vorerst entfernt.

Er hat es nie so haben wollen: Pflegeschwestern, die ihn reinigen; ein grüner Herr, der ihn ehrenamtlich unterhält; eine ehemalige Kollegin, die ihn treu besuchen muss; Kinder, denen er Mühe bereitet; eine Ehefrau, die nun ihm in den Mantel hilft. Er hat es nie so haben wollen, doch er hätte es jederzeit verteidigt. Das ist der Kleister, der unsere Gesellschaft zusammenhält, hätte er gesagt.

Und fragt ihn einer, der ihm nahesteht, warum er so lange nicht erzählt hat, was da jetzt nachzulesen ist, blickt er ihn an, und auch auf sich, und hin und her, und antwortet: Na ja. Selber schuld.

»Vatertage« handelt von der Geschichte meines Vaters. Es erzählt Auszüge jener Wirklichkeit, die das Leben eines Menschen ausmacht und die sich aus der Summe seiner Gefühle, Erfahrungen und Erlebnisse speist. So beruht das Buch, neben Dokumenten, Akten, Briefen, Telegrammen, Zetteln und Beobachtungen, vor allem auf Erinnerungen.

Die meisten Schriftstücke sind in gekürzter Fassung wiedergegeben. Ihren Sinn haben sie behalten. Alle Quellen wurden sorgfältig geprüft. Vereinzelt finden sich in ihnen unterschiedliche Angaben für ein und denselben Sachverhalt. Zum Beispiel ist in den Ermittlungsakten der Ostberliner Generalstaatsanwaltschaft an einer Stelle von fünf, an einer anderen von sechs unrechtmäßig erworbenen Schreibmaschinen die Rede. Auch die Dauer der Untersuchungshaft in Karlshorst variiert. So ist einmal von fünf Wochen zu lesen, doch auch von sechs Wochen oder von zehn.

Soweit es uns möglich war, haben mein Vater und ich in diesen Fällen seine Erinnerung befragt und ihr vertraut. Immer war uns dabei auch Plausibilität ein Kriterium.

Vor allem solche Erinnerungen, die mit starken Gefühlen verbunden sind, bleiben lange im Gedächtnis des Menschen verhaftet. Als innere Bilder bestimmen sie sein Wissen darüber, wer er eigentlich ist. Sie sind das Gerüst der eigenen Identität. Rückblickend fügen sie sich, auch wenn sie im Detail einmal trügen mögen, zu einer stimmigen Geschichte des eigenen Lebens – trotz aller Zufälle, trotz aller Merkwürdigkeiten, trotz aller Brüche, die ein Mensch erfahren hat. Das Gehirn gibt diesen Weg vor.

Ich danke meinem Vater für seine Geschichte. Verankert in Erinnerungen an das ehemalige Ostpreußen, an Eberswalde, Berlin, Brandenburg an der Havel, Bonn und das Siebengebirge, ist es eine deutsche Geschichte geworden.